Claus-Daniel Bartel

The Best Year of my Life

Ein Jahr als Gastschüler

Tagebuch · Erfahrungen · Informationen

Verlag Piribauer

Fotos:
Claus-Daniel Bartel

Karte S. 146:
Suntrek Tours GmbH, www.suntrek.de

Grafik und Umschlaggestaltung:
Claus-Daniel Bartel

Verlag Piribauer
Ottendorf 57
A-8312 Ottendorf an der Rittschein
Telefon: 0043-650-289 17 11
Telefax: 0049-721-151 203 283
www.verlag-piribauer.com
kerstin@verlag-piribauer.com

1. Auflage 2006

ISBN-10: 3-9502140-0-3
ISBN-13: 978-3-9502140-0-0

Druck: Tesinska Tiskarna, a. s., Cesky Tesin
Printed in Czech Republic

Die im Tagebuch beschriebenen Ereignisse beruhen auf persönlichen Eindrücken und Erlebnissen Claus-Daniel Bartels. Die genannten Daten entsprechen dem realen Datum des Eintrags. Alle Firmennamen, Slogans und Internetauftritte sind Eigentum des jeweiligen Besitzers. Diese wurden nur der Vollständigkeit halber erwähnt und dienen der Information und Orientierung des Lesers. Von den persönlichen Eindrücken und Meinungen des Autors bleiben sie unberührt.
Der Informationsteil wurde sorgfältig und gewissenhaft recherchiert. Autor und Verlag übernehmen aber keinerlei Gewähr für die Aktualität, Richtigkeit und Vollständigkeit der Angaben. Ebenso wird für die Inhalte der genannten Webseiten keinerlei Haftung übernommen.

Für

meine geliebten Eltern

und meine wunderbare Gastfamilie,

„die Luceros“

For

my lovely parents

and my wonderful host family

“Los Luceros”

Inhaltsverzeichnis

Das Tagebuch

Vorbereitungen

Juli bis August 2004: Willkommen in Amerika!

Juli bis August 2005: Große Reise zurück in die Heimat

Zurück in Deutschland

Wissenswertes

Grußwort aus dem Deutschen Bundestag

Liebe Leserin, lieber Leser,

es ist selten, dass einem jungen Autor ein derart spannender und ehrlicher Bericht gelingt über ein Erlebnis, das seine persönliche Entwicklung entscheidend geprägt hat. Ein ganzes Jahr in den Vereinigten Staaten – dies ist ein Traum vieler junger Menschen.

Als Abgeordneter unterstütze ich es nach Kräften, dass manche von Ihnen eine Chance erhalten, diesen Traum zu verwirklichen. Seit vielen Jahren nehme ich am „Parlamentarischen Patenschafts-Programm" teil, das vom Deutschen Bundestag und vom Kongress der Vereinigten Staaten von Amerika ins Leben gerufen worden ist. Als parlamentarischer „Pate" für zahlreiche Schüler und junge Berufstätige, denen durch dieses Stipendium ein Aufenthalt in den USA ermöglicht wurde, ist mir bewusst geworden, dass es kaum einen besseren Weg gibt, zu einer dauerhaften Verständigung zwischen Deutschen und Amerikanern beizutragen.

Ungeachtet politischer Differenzen, die es immer gab und immer geben wird: Deutschland und die USA pflegen eine freundschaftliche Zusammenarbeit, die auf gemeinsamen kulturellen und ethischen Wertvorstellungen beruht. Diese Freundschaft dürfen wir nicht aufs Spiel setzen. Claus-Daniel Bartel hat auf seine Weise dazu beigetragen, sie zu vertiefen, und ich hoffe, dass ihm viele junge Leute folgen und die Courage aufbringen, selber diese existentielle Erfahrung zu machen. Ich hoffe, dass sein Buch Sie, liebe Leserinnen und Leser, zur Neugier und zum Aufbruch ermuntert, damit auch Sie rückblickend sagen können: Dies war das beste Jahr meines Lebens.

Ihr
Thomas Rachel MdB
Parlamentarischer Staatssekretär
im Bundes-Bildungs- und Forschungsministerium

Grußwort von Kay Weber (EF)

Liebe Leserin, lieber Leser,

zu jedem guten Buch gehört nicht nur ein spannender Inhalt, sondern auch ein interessierter Leser. Das vorliegende Exemplar erfüllt sicher beide Voraussetzungen.

Jedes Jahr verbringen tausende deutscher Schüler ein Schuljahr im Ausland. Dort sammeln sie ähnliche Erfahrungen, wie sie im folgenden Buch von Claus-Daniel Bartel beschrieben werden.

„Das beste Jahr meines Lebens" trägt dazu bei, mehr Jugendliche für einen Auslandsaufenthalt zu begeistern.

Es macht Lust, Schule einmal anders zu erleben. Es motiviert, sich auf eine andere Kultur einzulassen, es bestärkt Schüler, ihren Traum für eine Zeit im Ausland zu leben, auch zu realisieren. Auslandserfahrungen sind heutzutage von unschätzbarem Wert, nicht nur der Sprachkenntnisse wegen, sondern auch im Hinblick auf die persönliche Entwicklung.

Im Namen von EF Education, der Organisation, die sich seit 40 Jahren für internationale Schüleraustauschprogramme einsetzt, wünsche ich Ihnen eine spannende Lektüre.

Kay Weber
EF High School Year

Vorwort des Autors

Liebe Leserin, lieber Leser,

nicht umsonst habe ich das Jahr 2004/2005 „das beste Jahr meines Lebens" getauft. Mich erwarten sicher noch viele tolle Jahre, aber dieses war ein ganz besonderes. Ich möchte dich einladen, mich auf meiner großen Reise zu begleiten und dir zeigen, warum diese Zeit in den USA so einmalig war.

Für viele Jugendliche kann ein Schüleraustauschjahr sicher ein wichtiges Sprungbrett für die spätere Karriere werden. Dieser große Schritt in ein anderes Land bietet die Möglichkeit, das eigene Denken entscheidend zu verändern, zu erweitern – erwachsener zu werden. Unsere Welt wächst zusammen und wird immer kleiner, wir leben nicht allein auf dieser Erde. Ein Jahr im Ausland fördert das Verständnis für andere Kulturen, deren Traditionen und Interessen.

Dieses Buch ist nur ein Beispiel, welches Wissen man in einem Jahr erlangen kann, welche Entwicklung das eigene Leben nehmen kann. Jedes Austauschjahr – egal ob man in die USA, nach Australien oder Neuseeland reist – wird immer ein ganz besonderes und individuelles sein! Auf den folgenden Seiten könnt ihr miterleben, wie ein solches Jahr aussehen könnte, worauf es schon bei der Planung ankommt, was unbedingt zu beachten ist und welche Emotionen einen begleiten – das Ganze ergänzt mit subjektiven Kommentaren, praktischen Tipps und kleinen Hilfen, die dieses Buch zu einem wichtigen Partner für ein unvergessliches Jahr machen. Wann immer du Fragen hast, ich bin für dich da. Unter www.daniel-bartel.de findest du weitere Informationen und die Möglichkeit, mich direkt zu kontaktieren.

Nun aber viel Spaß beim Lesen und Entdecken einer völlig neuen Lebensweise in einer doch eher unbekannten Kultur, obwohl wir alle glauben, sie richtig zu kennen. Es folgen zwei Jahre meines Lebens, über die Vorbereitungen, das Erleben der Präsidentschaftswahlen, Auffinden von neuen Tatsachen und Kuriositäten, High-School-Leben, bis hin zur Warnung vor einer „Sekte" in New York City.

Claus-Daniel Bartel — Juni 2006

Der Anfang einer großen Reise ...

Hallo! Mein Name ist Claus-Daniel Bartel, ich lebe in einem kleinen Dorf bei Linnich. Das liegt im Kreis Düren. Düren liegt wiederum genau zwischen Aachen und Köln.
In der Städtischen Realschule Linnich nennen mich auch viele einfach nur Danny. Am 23. September 2003 – ich bin jetzt 16 Jahre alt – habe ich mir erstmals ernsthaft Gedanken um meine Zukunft gemacht. Ich entschied mich alles zu tun, um die Fachoberschulreife zu erwerben. Meine Tätigkeiten in der Freizeit haben einfach viel mehr Spaß gemacht. Ob Sportschießen, Rotes Kreuz oder einfach nur die Finanzleitung eines Schülerunternehmens: Die Schule musste darunter leiden. In den Hauptfächern musste ich im Schnitt auf Drei stehen. Ich sah voraus – Mathe: Drei, Deutsch: Zwei und Englisch: Vier. Ja das würde so klappen. Doch in Englisch nur ein Ausreichend, wird das fürs Abi später reichen? Fest stand, die monatelange Nachhilfe hatte mich gerade noch vor einem Mangelhaft gerettet. Doch berauschend war das nicht.
Meine Eltern machten sich auch Gedanken, wie denn der geliebte Sohn seine Zukunft bestreiten sollte. Da dachte meine Mutter an ihre Nichte Sabine, die vor einigen Jahren ein Schüleraustauschjahr gemacht hatte. Ihr Ziel waren damals die USA, Bundesstaat Washington. Meine Cousine hatte sich daraufhin schlagartig verbessert – nicht nur in Englisch. Warum sollte ich nicht auch so etwas machen? Eine nette Idee, aber ich war mir sicher, dass es niemals so weit kommen würde. Warum sollte ich auch in die USA? Ich war mal zwei Wochen auf einem „Sprachcamp" in England gewesen, das war der reinste Horror.
Mittlerweile war es Oktober geworden. Meine Mutter schnitt zum Thema Schüleraustausch einige Zeitungsartikel zusammen. Doch dann kam eine Einladung des Gymnasiums meines Bruders: ein Infoabend zum Thema Schüleraustausch.
Am nächsten Donnerstag saß ich mit meinem Vater auf dieser mehr oder weniger schuleigenen Veranstaltung. Ich hatte mich als mein Bruder ausgegeben. Fast zwei Stunden dauerte die spannende Veranstaltung. Eine ehemalige Austauschschülerin berichtete. Ich öffnete trotz Müdigkeit immer weiter meine Augen. Gierig griff ich nach den ausgelegten Prospekten verschiedener Veranstalter und Organisationen. Zu Hause angekommen, war sich meine Mutter bereits sicher: Du wirst ein Jahr in die USA gehen!
Das Durchstöbern der bunten Prospekte dauerte nicht lange. Mulmig war mir schon: Ein Jahr weg! Ein Jahr seine Freunde verlassen. Ein Jahr ohne meine Eltern! Doch die Beschreibungen der einzelnen Organisationen

munterten mich auf. Ein paar Kreuze auf das Bewerbungsformular setzen und per Post versenden ...
Vier Organisationen haben sich gemeldet. Zwei davon nahm ich in die engere Auswahl. Beide boten ein unverbindliches Vorstellungsgespräch an. Das erste fand schon im Dezember statt. Vierzig Minuten von mir entfernt fand ich die kleine Niederlassung. Mann, war ich aufgeregt. Was würde man mich fragen? Und wieso jetzt schon, ich hätte doch noch sechs Monate Zeit bis zu den Sommerferien?!
Die zwei jungen Mitarbeiter waren sehr nett und überzeugend. Sie erklärten mir das A und O eines solchen Jahres, Verhaltensregeln und den generellen Verlauf. Nach diesem kurzen Gespräch machte ich einen Test. 50 Minuten eine englische Kassette anhören und parallel dazu Fragen auf einem Fragebogen beantworten. Das war sauschwer. Hatte ich die Fünf in Englisch doch verdient?
Eine Woche später bekam ich den Vertrag der Organisation zugesandt, samt Auswertung meines Tests. Mir wurde ausführlich erklärt, wo ich mich zu verbessern hätte, und dass die Leistungen insgesamt die mögliche Untergrenze für einen Schüleraustausch seien. Mit Unterschrift Vertragsbindung! Da wartete ich lieber noch auf das Vorstellungsgespräch der anderen Organisation. Dort kamen verschiedene „Bewerber“ zusammen. Wir mussten in Englisch schreiben, warum wir einen Schüleraustausch machen wollten. „Bessere Schulnoten, interkultureller Austausch ...“: Diese und andere Beweggründe zog ich mir aus der Nase. Dann folgte auch noch die Aufgabe, einen Willkommensbrief (wieder auf Englisch) an eine „imaginäre Gastfamilie“ zu schreiben. Alle schrieben drauf los, ich brauchte fünf Minuten länger, da mir zuerst nichts einfiel. Noch ein kurzes „Interview“ in Englisch, und ich durfte gehen. Die Eltern der Bewerber wurden in der Zwischenzeit von anderen Mitarbeitern der Organisation mit allen notwendigen Informationen versorgt.
Eine Woche später wieder Post. Zwar keine Auswertung der Briefe, aber dafür sehr sympathische Vertragsformulare, die unsere Familie dann dazu bewogen haben, bei dieser Organisation zu unterschreiben. Nun musste mein Vater viel sparen – und ich meine Qualifikation für die gymnasiale Oberstufe erarbeiten. „Danny goes to the USA!“ Aufregend! Wer hätte das gedacht, so schnell ging das!

Das Tagebuch

Vorbereitungen

Willkommen in meinem Tagebuch

Samstag, 28. Februar 2004, 21:30 Uhr

So ...
Ich habe mich bei einer Organisation namens EF angemeldet für einen elfmonatigen Aufenthalt als Gastschüler in den USA! Das Bewerbungsgespräch habe ich erfolgreich bestanden. In den nächsten Tagen werde ich meine Unterlagen nach Amerika senden, wo sich hoffentlich eine nette Familie meine Bewerbung durchliest.
Gerade mache ich einen Gesundheitstest beim Arzt und ne Impfung gegen „Amerikaritis".
Meine Cousine war bereits ein Jahr erfolgreich Gastschülerin. Ich hab ein Kribbeln im Bauch, andererseits freu ich mich, doch Angst vor zu viel „Stress" hab ich schon, ein Jahr ist ziemlich lang ...
Danach werde ich vermutlich weiter zur Schule gehen, auf das Wirtschaftsgymnasium in Düren.
Ich habe mich bereits bei Zeitungen als USA-Reporter beworben ... mal sehen, ob man mich nimmt.
Jetzt heißt es: Englisch lernen – und Wissen über die USA aufstocken!

Noch ein langer Weg

Dienstag, 2. März 2004, 22:41 Uhr

Hallo!
Ich hab's in Englisch noch so grad auf ein Ausreichend geschafft.
Meine Bewerbung ist nun irgendwo in Amerika, und ich hoffe, dass eine nette Familie in Colorado ein Herz für mich hat!
Am meisten werde ich wohl unser gutes Mischbrot und das Jugendrotkreuz vermissen. Ich bekomme jeden Monat ein „Monthly Mailing", wo vieles über die Reise ins „Land der unbegrenzten Möglichkeiten" zu lesen ist. Dazu lese ich gerade „Stupid White Man" von Michael Moore.

Letzte Woche bekam ich meine nächste Tetanus- und HI-A- und -B-Impfung. Ich habe außerdem fleißig für meinen Autoführerschein gespart: Denn dieser kostet in den Vereinigten Staaten nur zwischen 20 und 200 Dollar!

Es wird spannender von Tag zu Tag

Dienstag, 16. März 2004, 22:15 Uhr

Hi!
Na ja. Ich warte immer noch auf meine Gastfamilie. Sicher ist nur, dass ich in die USA komme. Und zwar fliege ich am 17. oder 18. Juli auf die andere Seite der Erde ...
Ich hab mich weiter wegen des Führerscheins informiert: Laut Straßenverkehrsordnung, FeV 25 – Anlage 11 wird der viel günstigere amerikanische Führerschein hier übernommen! Je nach Bundesland sogar ohne Prüfungen!
Bevor ich nun bald in die freie Wildbahn ausgesetzt werde, mach ich bei einem Vorbereitungstreffen in Düsseldorf mit, das Pflicht für alle Austauschschüler ist. Meine Eltern werden auch dabei sein. Es ist genau dort, wo ich vor ein paar Wochen einen Test zur Bewerbung machen musste.
Nur noch eine Spritze, und ich bin gegen Hepatitis A und B geimpft.
Wir kaufen bereits jetzt Popcorn-Eimer und 5-Liter-Getränkekanister ein – zum Eingewöhnen!
Irgendwie freue ich mich! Und wenn ich zurück bin, möchte ich ein neuer Mensch sein!
Auch wenn es viel Kritik gegen die USA gibt, ich gehe ja nicht aus politischen Gründen dahin. (Okay, ich werde die Wahlen live miterleben und eine Wahlbestechung für meine Freunde anstreben!)

Vom Visum und anderem

Donnerstag, 1. April 2004, 22:27 Uhr

So ...
Mal wieder viel nette Post meiner Organisation. Ich habe mich jetzt für ein Vorbereitungscamp entschieden, wo ich schon zwei Wochen früher den Atlantik überquere, um mich in diesem so genannten Language & Culture Camp auf den „Wilden Westen“ vorzubereiten.
Ich muss noch eine Versicherung in Höhe von 750 Euro abschließen, damit

ich bei einem Unfall nicht gleich mit dem „Todesschuss“ erlöst werde. Denn ohne ausreichenden Versicherungsschutz gibt es auch keine Einreise.
Mein Reisepass ist auch wieder aktuell, und die Impfungen gegen Mumps und Röteln hab ich auch bald hinter mir ...
Heute habe ich die Unterlagen zum Beantragen des Visums für die USA erhalten: Drei Seiten für ein „Certificate of Eligibility for Exchange Visitor (J-1)“ muss ich in Englisch ausfüllen.
Ein Visum für ein Jahr kostet zirka 85 Euro (Preistendenz steigend!). Ganz schön viel Geld für einen Aufkleber im Reisepass.

Da stehen Fragen wie zum Beispiel:
- In welche Länder sind Sie seit 1994 gereist?
- Sind Sie aktiv bei Wohltätigkeitsorganisationen?
- Waren Sie in einen bewaffneten Konflikt (Krieg) verwickelt?

Männliche Einreisende ab 16 müssen noch ein zusätzliches Formular ausfüllen:
- Haben Sie Reisepläne?
- Have you ever been arrested or convicted for any offense or crime?
- Do you seek to enter the U. S. to engage in export control violations, subversive or terrorist activities, or any other unlawful purpose?
- Are you member or representative of a terrorist organization as currently designed by the U. S. Secretary of State?
- Have you ever participated in persecutions directed by the Nazi government of Germany; or have you ever participated in genocide?

Zum Passfoto:
- Falls ich aus China, Kuba, Russland oder Vietnam käme, müsste ich statt eines Fotos zwei einschicken.
- Der Kopf auf dem 50 × 50 Millimeter großen Passbild muss mindestens 50 Prozent der Fläche ergeben.
- Beide Ohren müssen sichtbar sein.
- Weißer Hintergrund.
- Von der Kinnspitze bis zu den Haaren darf nur 25–35 Millimeter sein.
- Es muss neuer als sechs Monate sein.
- Die Augenhöhe sollte sich bei 28–35 Millimeter befinden.
- Kopfbedeckungen sind nur zulässig, wenn man dazu von der Religion her verpflichtet ist.

Mit diesen Formularen muss ich einen Termin bei der US-Botschaft in Frankfurt oder Berlin machen. Dazu gibt es eine 0190-Nummer, die 1,86 Euro pro Minute kostet. Weiterhin darf ich in die US-Botschaft keine

Sachen mitführen (Handy etc.) außer einer klaren Kunststoffhülle mit den Formularen. Aber vorher muss ich noch nach Köln zu einem weiteren Infogespräch seitens meiner Organisation.
Weiterhin plane ich eine „Kommunikationsbrücke" zwischen dem hiesigen Deutschen Roten Kreuz und dem American Red Cross (ARC).

Besuch der US-Botschaft

Freitag, 16. April 2004, 00:17 Uhr

Hi!
Gestern war ich in Frankfurt bei der US-Botschaft. Leider kann man das US-Visum nur in Frankfurt oder Berlin anfordern, was bundeslandabhängig ist.
Angekommen, übersieht mein Vater erstmal die Sicherheitssperren: Da saßen wir dann zwischen zwei Polizisten mit Maschinengewehren in der Hand. Rückwärtsgang – und dann weiter entfernt geparkt.
Vorbei an den Betonabsperrungen, Panzern und Wasserwerfern muss ich mich in einer Reihe anstellen und anmelden. „Next, please!", hieß es dann.
Ich durfte hinein. Alle Gegenstände musste ich ablegen, Handys waren verboten. Endlich drinnen und bewacht von fünf Kameras begab ich mich in eine weitere Schlange. Dann – nach zirka 20 Minuten – zeigte ich die Unterlagen vor. Ich dürfe mich setzen. Puh! Es war ziemlich warm im Gebäude ... oder war das meine Aufregung?!
Links und rechts hängen US-Flaggen und Bilder von US-Präsident Bush und Co.
Endlich wurde ich wieder aufgerufen. Ich stellte mich an, um meine Unterlagen wiederzubekommen.
In einer weiteren Warteschlange stand ich dann noch einmal so zirka 30 Minuten.
Am Fenster wurden meine Unterlagen kontrolliert, ein paar kleine Fragen im deutsch-englischen Mix gestellt und Fingerabdrücke gemacht. „Okay, Sie bekommen ein Visum!" Nun muss ich auf das Visum via Post warten, das in ungefähr einer Woche kommen sollte.
Angestrengt gehe ich hinaus. Wir haben uns dann noch „Von Hagens Körperwelten" angeschaut. Diese umstrittene Ausstellung wird bald auch in Amerika gezeigt. Jedoch sind Amerikaner wohl auch ziemlich distanziert, wenn es um das Thema Tod und „echte Barbiepuppen" geht.
Heute bekam ich wieder Post von EF aus Berlin. Wir sind zu einem vierstündigen Meeting in Düsseldorf eingeladen. Das dazugehörige Handbuch auf Englisch müssen sich auch meine Eltern durchlesen. Nur

leider können sie kein Englisch. Na ja, ich kämpf mich dann mal durch die Seiten und freue mich trotzdem schon auf das Meeting.
Ach ja: Heute hab ich die Impfung gegen Mumps, Röteln und Ähnliches bekommen. In den Hintern!!! Auuaaa!!!
Irgendwie freue ich mich immer mehr! Ich weiß nicht warum, aber ich finde es spannend. So ziemlich alle meine Freunde sind gegen meine Wegreise. Der eine meint: „Die spinnen doch, die Amis! Wenn du einen Schritt zu viel gehst, hast du eine Kugel im Kopf!" – Andere meinen: „Werde doch Verhaltensforscher!"
Ich lese mir gerade eine sehr informative Broschüre über die USA durch. Die ist auch ziemlich aktuell. Nun verstehe ich schon ein bisschen mehr. Ganz nach dem Spruch meiner Organisation: „It's not wrong, it's not right – it's just different!" Und so sehe ich das auch!

Final Destination: New Mexico?

Mittwoch, 28. April 2004, 22:42 Uhr

Hallo!
Heute habe ich wieder Post bekommen! Vorgestern erst erreichte mich schon das nächste Monthly Mailing.
Aber in dem heutigen Brief wurde mir mein Betreuer (ein RC, Regional Coordinator) in den USA vorgestellt! Von ihm hängt es nun ab, in welche Familie ich komme. Übrigens habe ich bereits Kontakt zu einem Sachbearbeiter, der mir viele Fragen beantwortet, hergestellt.
Ich werde im 47. Staat der USA, in New Mexico, unterkommen! Geniale Landschaft, Cowboys, Indianer, Sliver City, Wilder Westen, Santa Fe und vieles mehr erwartet mich! Das kleine Örtchen, wo der RC wohnt, heißt Estancia, genau in der Mitte New Mexicos. Eine tolle Website dazu: www.newmexico.org.
New Mexico hat zirka 1,8 Millionen Einwohner, und die Temperaturen

liegen zwischen –5 und +35 Grad Celsius. Und in den Bergen kann man Ski fahren – meine Leidenschaft!
Jedoch ist noch nicht 100-prozentig garantiert, dass ich auch wirklich nach New Mexico (Kürzel: NM) gehen werde. Irgendwie habe ich meine Bedenken. Ich bin zwar total offen – aber ein Jahr in einem der ärmsten Bundesstaaten der USA? Die offizielle Homepage zeigt Indianer beim Teppichknüpfen und Perlenaufziehen im Schatten eines Lehmhauses. Werden so auch meine Gasteltern sein?!

Update

Dienstag, 4. Mai 2004, 21:38 Uhr

Hallo!
Ich bin gerade dabei, mich ein wenig auf mein Austauschjahr (auch gerne mit ATJ abgekürzt) einzustellen. So findet man auf meiner privaten Homepage das aktuelle Wetter von New Mexico und eine Tabelle mit den günstigsten Call-by-Call-Anbietern, um mich in den USA zu erreichen: Das geht schon ab einem Cent pro Minute!
Nuevo México ist so groß wie Deutschland, hat aber nur die Einwohnerzahl von Hamburg. Es wird auch „Land of Enchantment" (Land der Verzauberung) genannt.
Bereits lange vor der „Entdeckung" des Gebiets durch Europäer war die Gegend von Indianerstämmen bewohnt. Sie siedelten an Flüssen und im Hinterland. In den Jahren zwischen 1000 und 1300 nach Christus entstanden im Südwesten der heutigen USA bedeutende Kulturen, darunter die Kultur der Anasazi und der Chaco. Diese endeten – vermutlich unter anderem wegen veränderter klimatischer Bedingungen – im 13./14. Jahrhundert. Als der spanische Eroberer Coronado auf der Suche nach den sagenhaften sieben goldenen Städten von Cibola das Land durchquerte, lebten dort Pueblo-Indianer, insbesondere Hopi und Zuñi. Den Eroberern folgten spanische Missionare und Siedler. In der Folge kam es immer wieder zu Auseinandersetzungen

zwischen Indianern und den Eingewanderten. Wie bereits in Mexiko wurden die Indianer von den Spaniern schon bald unterdrückt und vertrieben. Nachdem sich die Pueblo-Indianer mit den Apachen verbündeten, gelang es ihnen 1680 zwar, die Spanier kurzzeitig zu vertreiben, aber letztlich setzten sich die Eroberer durch. Bis 1821 stand New Mexico unter spanischer Herrschaft, danach bis 1846 unter mexikanischer. Nach dem Mexikanisch-Amerikanischen Krieg musste Mexiko das Gebiet von New Mexico an die USA abtreten, die es als Territorium eingliederten. 1853 wurde der südlichste Teil des Bundesstaates mit dem Gadsden-Kauf von Mexiko erworben. Mit dem Bau der Atchison, Topeka and Santa Fe Railway in den 1880ern erlebte Neu-Mexiko einen ersten Aufschwung. Am 6. Januar 1912 schließlich erhielt das Gebiet den Status eines Bundesstaates und wurde 47. Staat der USA. Der Fluss Rio Grande teilt das Land. Im Nordwesten grenzt New Mexico an Arizona, Utah und Colorado. Das ist der so genannte Four Corners, der einzige Punkt in den USA, wo sich vier Staaten treffen. Der Bundesstaat Texas grenzt im Westen an und Mexico im Süden. Die Zeit rückt näher ...

Spannendes Vorbereitungstreffen

Sonntag, 9. Mai 2004, 23:10 Uhr

Hallo!
Heute, am Muttertag, war wieder ein anstrengender Tag! Ich war zum vierstündigen und wirklich interessanten Meeting (Vorbereitungstreffen) in Düsseldorf! Zwei ehemalige Austauschschüler und ein Repräsentant von EF aus den USA erklärten uns den weiteren Ablauf und gaben viele Infos ... Ich habe viel gelernt ... vom Dating über Fast Food bis hin zur Kommunikationskette bei Problemen.
Amerika ist ja bekanntlich prüder: Hast du ein Date, musst du für sie bezahlen, und dich erst bei den Eltern vorstellen. Gehst du auf eine Party, wo Alkohol fließt, lauf so schnell du kannst! Sonst darfst du zurück in die Heimat.
Weitere Infos gab es auch über den Dress Code auf High Schools, über Pflichten, Gesetze und Kultur der Amerikaner.
Ich bin so ziemlich die einzige Socke, die nach New Mexico reist! Aber die Angst vor einer Indianerfamilie und Teppichknüpfen wurde mir genommen, weil es mir da bestimmt nicht schlechter gehen wird als zum Beispiel in Großstädten. Jährlich verbringen zirka 6000 deutsche Schüler ein halbes oder ein ganzes Jahr in den USA.
Ich freu mich auf jeden Fall und werde mit der Lufthansa in die USA fliegen.

Weiteres Planen und Vorbereiten

Sonntag, 20. Juni 2004, 00:48 Uhr

Hallo!
So lang nicht mehr gemeldet ... Habe halt viel zu tun!

- Ich war gerade mit meinen Freunden dabei, einige meiner Einrichtungen, wie zum Beispiel verschiedene Bücher und Spiele, auf dem Flohmarkt zu verscherbeln.
- Habe die Homepage noch ein bisschen verbessert.
- Ich habe mir einen Anzug für die Schulabschlussfeier und für die USA gekauft.
- Meine Gastfamilie ist noch nicht bekannt. Das liegt daran, dass sich die Familien in Amerika zum Beispiel überlegen: „Ziehen wir dieses Jahr um? Können wir uns einen Austauschschüler momentan leisten? Was machen unsere Kinder dieses Jahr? ..." Aber es ist hundertprozentig garantiert, dass ich im Bundesstaat NM einen Platz finde ...
- Ich hab mir einen Reiseadapter gekauft, um Geräte unserer Spannung dort laufen zu lassen.
- Meine letzte Hepatitis-A/B-Impfung hab ich hinter mir!
- Ich verkaufe meinen PC bei Ebay.
- Eine Abschiedsparty an der Sophienhöhe (ein kleiner Berg in unserer Nähe) ist geplant!

Langsam Abschied nehmen

Sonntag, 4. Juli 2004, 00:31 Uhr

Hallo!
Hier meine Abflugdaten:

17.7. LH 833 ab Düsseldorf 9:40 nach München: Ankunft 10:50
LH 424 ab München 11:30 nach Boston: Ankunft 14:00 (sechs Stunden Zeitverschiebung)

Treffpunkt der Gruppe am Flughafen ist um 7:30 Uhr, Terminal A – also früh aufstehen.
Am 2. Juli hatte ich meine Abschiedsfeier bei einer Grillhütte. Viele waren da: meine Abschlussklasse und ein paar Lehrer, viele Freunde und Bekannte. Ich werde sie alle vermissen.
Mittwoch, 14. Juli gibt es noch ne kleine Party am örtlichen Kulturbahnhof „Kuba". Somit habe ich sicher allen „Auf Wiedersehen" gesagt.
Zu meiner Gastfamilie: Diese ist eher eine Willkommensfamilie: zwei

Rentner (wie nett!) und eine 20-jährige Tochter. Im 1500-Seelendorf Estancia (zirka 30 Kilometer von Albuquerque, südlich der Hauptstadt Santa Fe). Na ja, mal sehen, wie es wird! Vorurteile sollte ich wirklich nicht überbewerten.
Die Familie „Lucero" entscheidet sich erst, wenn ich da bin, ob sie mich haben will oder nicht! Dies ist halt eine so genannte Arrival Family.

Erster Kontakt zur Gastfamilie

Mittwoch, 7. Juli 2004, 12:20 Uhr

Hallo!
Da ich nun die Adresse meiner Willkommensfamilie habe, habe ich dort mal angerufen. Dieser Schritt war schwer, und ich war nervös. Es war nur ein Zwei-Minuten-Small-Talk. Die Frau hörte sich etwas älter an, aber eine sympathische Stimme. Hat doch ziemlich schnell gesprochen, sodass ich manchmal nachfragen musste. Ich glaube, sie hat noch gar nicht gewusst, dass ich ihr „neues Kind" werde. Ich bin gespannt, was mich da wohl erwartet ...
So, in knapp zwei Wochen ist Abflug: mit einem lachenden und einem weinenden Auge. Als Krönung besuchte ich mit meinen engsten Freunden das Königstreffen, ein Konzert vom größten Jugendradiosender Deutschlands.
Freitag gibt es Abschlusszeugnisse der zehnten Klasse. Ein Ausreichend in Englisch. Dafür habe ich die Qualifikation für die Fachoberschule erworben.
Nur noch zum Kieferorthopäden und zum Zahnarzt, Brille richten, noch einmal im Eiscafé arbeiten, Lohn abholen, Schulunternehmen auflösen und fertig!

Juli bis August 2004: Willkommen in Amerika!

Die letzten Minuten in Deutschland

Samstag, 17. Juli 2004, 06:28 Uhr

Hallo!
So, nach drei Tagen Abschiedfeiern geht es mir mehr oder weniger gut. Ich hab einen leichten Husten. In wenigen Stunden geht es rüber über den „großen Teich"!
Je nachdem, wie schnell ich dort drüben einen PC vor die Nase gesetzt bekomme, kann ich euch wieder schreiben! Bitte habt Verständnis, dass ich nicht jedem eine persönliche E-Mail schreiben kann. Es kann sein, dass ich mich erst in vier Wochen wieder melde!

Gut gelandet

Sonntag, 18. Juli 2004, 17:47 Uhr

Hallo, ihr da drüben!
Ich sitze hier in der Norwich University, drei Stunden nördlich von Boston im Bundesstaat Vermont. Hier ist es gar nicht so einfach, mit der Tastatur zu schreiben, da es kein Ä, Ö, Ü oder ß gibt! Außerdem ist das Y mit dem Z auf der Tastatur vertauscht.
Nun ein kleiner Rückblick:
Hier ist es super! Viele Austauschschüler waren in Düsseldorf. Die Betreuung der Organisation war perfekt. Da wir „Gastschüler" zu viel Gepäck hatten, mussten wir erst einmal mit Verspätung aus Düsseldorf starten. Über München ging es dann nach Boston.
Der Flug war super, besonders die gute Verpflegung an Bord. Außerdem gab es TV und Radio an jedem Sitz. Ein US-Radiosender kündigte an: „Now we are playing a popular German band called Rammstein with ‚You hate me'." Lustig waren auch die vielen Seiten, die an Zollinformationen auszufüllen waren. Und diese lästigen Kontrollen: Schuhe aus, Beine breit, Arme hoch – und dann wurde man abgetastet! Wir kamen pünktlich in Boston an und sahen das erste Bild der USA, wie

man sie kennt: Autos, Autobahnen, nette Leute. Meine Augen tränten – vermutlich von den Abgasen in der Luft. Alles verlief reibungslos. Im Bus versuchte man uns Schüler aufzumuntern, jedoch waren viele einfach müde.

Nach drei Stunden Fahrt kamen wir nun bei der „Norwich University" an. Ein großes Gelände! Von den insgesamt 540 Austauschschülern aus aller Herren Ländern sind hier 60 Prozent Deutsche.

Nun habe ich auch meine Uhr sechs Stunden zurückgedreht. Weitere Infos und Fotos zu dieser Universität unter www.norwich.edu. Es sind natürlich Semesterferien, deshalb gehört das Gelände nur uns!

Hier bin ich nun 14 Tage untergebracht. Ab Montag gibt es „Unterricht" und Aktivitäten. Gestern Abend gab es in einem großen Kinosaal den Film „School of Rock" zu sehen!

Dann, nach 25 Stunden auf den Beinen, ging es nun ins Bett. Die Räume sind ähnlich wie die einer Jugendherberge. Ich habe die Zeitverschiebung erstaunlich gut überstanden. In jedem Flur gibt es klimatisierte „Trinkbrunnen". Und überall die Lehrer: „Hey Germans, please speak English!", was nicht ganz so klappt, da es einfach komisch und anstrengend ist, mit Schülern der eigenen Nationalität Englisch zu sprechen. Aber irgendwie ist es ja auch unhöflich gegenüber den anderen Schülern.

Leider kann ich die Digitalkamera hier nicht anschließen. Die Universität verfügt jedoch über 200 moderne Computer und schnelles Internet!

Heute morgen bin ich um 9:30 Uhr (15:30 Uhr eurer Zeit) aufgestanden. Kommen wir zum Frühstück: Heute gab es so eine Mischung aus Breakfast und Lunch. Ein riesiges Buffet in der Cafeteria! Getränkebar mit Fruchtsaft, Cola und Energy Drinks! Zehn Sorten Limonade, pinke Limo, Tee, vier Sorten Milch (von Vitamin A bis D), Low Fat Milk usw.

Überdimensionale Toaster! Und ich hab mir aus Versehen eine ganze Tasse Kaffeesahne geholt!

Aber das Essen ist gut: Obst, Gemüse, Nudeln, Pizza, Fleisch soweit das Auge reicht. Ich vergleiche die Auswahl mal mit einem Drei-Sterne-Hotel. Und das ist Standard an amerikanischen Schulen?!

Ich sitze hier gerade neben Marcel aus Berlin.

Morgen ist Klasseneinteilung. Die Betreuer und Lehrer sind meist alle jung und supernett. Die Uni liegt im Wald- und Hügelgebiet. Nebenan gibt es eine Eishockeyhalle. Die Security ist auch freundlich. Auf dem Highway sieht man nur halb nackte Menschen auf riesigen Motorrädern, Autos und Trucks (bei 27 Grad im Schatten und Sonne pur)!

Abends kann man gelassen über das große Gelände wandern: Wir haben eine Grillpartystimmung ohne Bier! Im Übrigen bin ich einer der wenigen, die auch English sprechen, mich also auch mit anderen gut unterhalten kann. Und das mit „Ausreichend" in Englisch. Werde wohl gleich in die Bibliothek gehen, schwimmen und Fußball spielen!

Einleben im Camp

Montag, 19. Juli 2004, 02:12 Uhr

Hallo!
Hier noch einige Updates vom heutigen Tage:
Gleich läuft im Kino wieder ein Film. Ich hoffe, dass auch mein Zimmernachbar namens Harald gleich kommt. Überall wo man hinschaut: USA-Flaggen. Wir überlegen, ob wir nicht einmal Deutschlandflaggen beziehungsweise die bayerische Nationalflagge aufhängen. Deutschlandtrikots scheinen hier sehr beliebt zu sein. Während bei euch Unwetter vorbeiziehen, war es hier angenehm warm mit Wolken. Jetzt scheint es ein bisschen zu nieseln. Im Uni-Gebäude nebenan gibt es ein Schwimmbad mit Tribüne.
Im Laufe der Woche werden wir unter anderem Boston und ein Baseballspiel besuchen. Die Telefonverbindung nach Deutschland ist ausgezeichnet – nur sind die Telefone auch fast immer belegt. Da es hier viele Deutsche gibt, habe ich manchmal ganz vergessen, dass wir in den USA sind. Ein bisschen müde bin ich jetzt doch schon. Und den Druck auf den Ohren bekomm ich auch nicht weg.

Gerade sind hier Semesterferien, deshalb gehört das riesige Gelände mit über 14 Gebäuden nun uns – geteilt mit US-Soldaten, die über den Sommer Stoff nachholen. Und die Betreuer, auch Jugendliche, die ihr Jahr gerade hinter sich haben, sind pausenlos um uns bemüht.
Wieder einmal zum Punkt Essen: Eigentlich ist das Essen mindestens genauso gesund wie bei uns oder sieht zumindest so aus. Daheim haben wir ja auch Genfood. Also eine riesige Salatbar steht direkt neben dem Eisautomaten. Hier gibt es auch supercremigen kalten Low-Fat-Kakao. Wie an jeder Speise stehen auch hier die Inhalte ausführlich gelistet, das heißt Vitamine, Kalorien usw. Dieser Kakao hat weniger Kalorien als Milch und zweimal mehr „gesunde" Vitamine und Mineralien. Außerdem liegen

Ernährungsplaner bereit. In jedem Zimmer gibt es einen riesigen Mülleimer mit der Aufschrift „Recycle & safe energy". Fast jedes Klassenzimmer besitzt Telefon, Projektor und Tafel. Die Gebäude sind alle so 60 Jahre alt, aber renoviert und sehen auch von außen gut aus. Leider haben die Zimmer keine Klimaanlagen, aber das ist nicht schlimm. Es ist zwar heiß, doch durch die geringe Luftfeuchtigkeit ist es sehr erträglich.

Auffällig ist auch, dass es je Flur nur ein Damen- oder Herrenbad gibt. Und soweit das Auge reicht: Trinkbrunnen! Aber alles macht auch einen sauberen Eindruck.
Papa, feinster Rasen hier! Wie man es aus MTV kennt, überall schöne Wiesen im Schatten, hier kann man sich entspannen.
Viele haben schon eine Gastfamilie und mir Bilder gezeigt. So ein US-Vorgarten hat mal eben 300 Fichten und einen großen See. Aber es gibt auch einige, die wie ich eine vorläufige Gastfamilie, also eine Arrival Family (Willkommensfamilie), haben.
Auffällig ist die Popularität von Deutschland: Man kann Schuljahre in München oder Frankfurt buchen, das bietet der Deutsche Club der Uni.
Hier gibt es neben der bekannten Cola auch Cola Kirsch, Light, Diet, Vanille und C2. Keine Ahnung was „C2" bedeutet, aber ich habe ja noch ein Jahr Zeit um das herauszufinden!
Ich muss langsam mal wieder den Schluss finden.
Werde mir jetzt ein paar andere zum Fußballspielen suchen. Deutschland schläft gerade. Ich muss aufpassen, keinen versehentlich in der Nacht anzurufen. Irgendwie fehlt mir noch das richtige Zeitgefühl.
Es wird hier immer besser!

Der Spaß hat erst begonnen

Montag, 19. Juli 2004, 19:27 Uhr

Hallo!
Heute Nacht um 23 Uhr kam dann auch mein Zimmernachbar Harald. Er kommt aus Norwegen, ist 17 Jahre alt und echt nett.
Heute bin ich um 7 Uhr aufgestanden, duschen und frühstücken. Leider gibt es hier als Brotaufstrich nur Erdnussbutter. Oder ich hab halt Tomaten auf den Augen. Wir wurden supernett von den Lehrern begrüßt und in die Klassen eingeteilt. Ron heißt mein Klassenlehrer.

Hier mein Timetable (Stundenplan):

6:45 – 8:30	Breakfast
9:00 – 9:15	Treffen mit Ron im Homeroom A4
9:20 – 10:10	Current Issues
10:15 – 11:05	Geography
11:10 – 12:00	English
12:00 – 1:55	Lunch
2:00 – 2:50	Life in America
2:55 – 3:10	Besprechung des anstehenden Programms mit Ron

Dann: Activities, Dinner, Activities ...
Ich muss in den zwei Wochen jeweils an mindestens sechs verschiedenen Activities teilnehmen, zwölf insgesamt.
Zur Auswahl stehen: Englisch, Theater, Fußball, Baseball, Basketball, Musik, Football, Schwimmen, Brettspiele, Volleyball, Kunst, Shopping und vieles mehr. Drei Activities kann man pro Tag machen. Allerdings gibt es noch Tagesausflüge.
Für unser Wohl sorgen 16 Lehrer, 200 Mitarbeiter der Universität und zirka 20 Returnees, die gerade ihr Jahr in den USA erlebt haben und eine tolle Hilfe sind. Man ist erstaunt, wie viel Geld hier drin steckt.
Draußen tagt wieder die US Army.
So, bin jetzt essen, meld mich heute Abend noch einmal, falls ich Zeit habe. Gleich treffen wir uns wieder mit meinem Klassenlehrer Ron, der uns das Camp aus allen Winkeln zeigen wird. Morgen beginnt der Unterricht – mit diesen verrückten, fröhlichen, netten Amerikanern?!
Mit meinem Zimmergenossen Harald unterhalte ich mich auf Englisch, was mir sehr gut tut. Er meinte, dass mein Englisch gut sei. Das Gleiche behauptet meine Klasse, weil ich auch improvisiere und nun mal nicht der Stillste bin. Eine in unserer Klasse kriegt leider so gut wie nix auf die Reihe. Italiener, Spanier und Schweizer haben mehr Probleme mit der amerikanischen Sprache als Deutsche.

Erstes Treffen mit amerikanischen Jugendlichen

Dienstag, 20. Juli 2004, 19:19 Uhr

Hallo!
Es ist mittlerweile sehr schwer hier, an einen PC zu kommen, da alle stundenlang allen Leuten schreiben, so gesehen ist das mit diesem Tagebuch eine Superlösung.

Gestern, nach Besichtigung des Geländes, besuchten wir Northfield, ein kleines Dörfchen mit ein paar kleinen Läden und einer Schokoladenfabrik. Es liegt zu Fuß nur fünf Minuten von der Uni entfernt. Der Weg führt vom Hügel hinunter an vielen Familienhäusern vorbei, mit Außenwänden aus Holz und weiß gestrichen.
Am Abend gab es Dancing, eine Art Disco – war ganz nett. Wir haben zwei amerikanische Jungs kennen gelernt: Jack (Locken, Baseballkappe) und Tim (frisch gefärbte lila Haare, und seine Eltern wissen davon noch nix), beide 15 Jahre alt. Sind wirklich voll verrückt, aber freundlich. Die lieben unter anderem die deutsche Band Rammstein. Heute traf ich mich mit denen um 16 Uhr. Viel Spaß gehabt mit 0,0 Promille.
Der Unterricht heute war eher wie in Deutschland, nur nicht so langweilig. Gerade ist Mittagspause, und ich geh gleich auch essen.
Heute früh wollte ich joggen, doch es waren die Verabredeten nicht da, so hatte ich eine ganze Stunde weniger geschlafen. Bettzeit ist hier um 10 p. m. (22 Uhr). Wir dürfen uns überall aufhalten, auch außerhalb des Geländes. Wir hatten heute mal kurz starken Regen, doch jetzt lacht die Sonne bei 27 Grad. Mal sehen, was ich heute als Activity wähle.

Geweckt mit dem Feueralarm

Mittwoch, 21. Juli 2004, 19:29 Uhr

Hallo, ihr im frierenden Europa!
Morgen werden wir ein Baseballspiel besuchen, ein richtiges! Ich werde nachher eventuell Softball spielen, eine Art Baseball.
Gestern traf ich mich wieder mit Jack und Tim. Wir waren in Northfield, dem ganz kleinen Ort. Northfield hat sogar ein kleines Freibad. Ich find es wirklich toll dort, so richtig nett.
Für Tierfreunde: Gestern sah ich mindestens fünf Eichhörnchen.
Genauso wie es hier in den USA eine Terroristenwarnstufe gibt, so gibt es hier auch eine „Stinktierwarnstufe". Also Türen geschlossen halten, keinen Müll rumliegen lassen, sonst könnte dich eines dieser netten Tiere „anpupsen". Hier ist sehr viel Wald um uns. So gibt es natürlich auch Bären im Wald!!!
Jack zeigte mir die Eishockeyhalle auf dem Universitätsgelände. Die Norwich University gewann 2000 und 2003 die Nationalmeisterschaft. Vielleicht trau ich mich auch mal aufs Eis, obwohl ich lieber schwimmen gehe. Die Uni hat sogar einen eigenen Shop für Fanartikel und Schulmaterialien.
Ich war gestern in der Music Activity: War ganz nett, wir spielten Rockmusik in der kleinen Kapelle! Was es in Deutschland nicht gibt! Eine

von den Deutschen zeigte den anderen Schülern das Jodeln. Danach spielte ich noch mit einigen Schülern Board Games (Brettspiele) wie Twister und Monopoly sowie Kartenspiele.
Heute früh kam ich zwei Minuten zu spät zum Unterricht, aber diesmal noch ohne Konsequenzen. Der Hintergrund: Einige Idioten haben sich erlaubt, in unserem Haus den Feueralarm zu betätigen. Und das um 4 Uhr morgens. Wir gingen dann wieder ins Bett – und dann zehn Minuten später wieder: „Meeeep! – Meeeep!". Ein Horror! Als wieder einer von der Security der Uni kam, bejubelten wir ihn für seinen tollen Einsatz. Dieser ist nämlich Tag und Nacht mit seinem Pick-up für unsere Sicherheit da! Ich habe mir dann Ohrenstöpsel genommen, damit ich den gegebenenfalls nächsten Fehlalarm nicht mitbekomme. So habe ich leider den Wecker auch nicht mitbekommen – kein Joggen, kein Frühstück. Es war 8 Uhr 50, als mich mein verschlafener Zimmernachbar weckte.
Generell sind hier alle freundlich, selbst die Soldaten.
Der Unterricht ist ganz nett. Es ist nicht schwer, den Lehrern zu folgen.
Ich gehe jetzt noch duschen und Frühstück nachholen.

Vorbereitungscamp à la carte

Donnerstag, 22. Juli 2004, 19:38 Uhr

Hallo!
Gestern war ich mit Jack wie angekündigt im Eishockeystadion. Wirklich cool da drinnen. Ich hab ihm viele Bilder von Deutschland gezeigt, generell sind die Amerikaner erstaunt über Deutschland und unsere wilde Jugend. Gegebenenfalls kommt Jack mal zu uns nach Hause!
Gestern waren EF-Mitarbeiter aus der Bostoner Zentrale da. Unter anderem war Nick, den ich schon aus dem Meeting in Düsseldorf kannte, dabei. Ich bin mit insgesamt sieben Leuten aus dem Camp in New Mexico untergebracht. Und vier davon (einer aus Deutschland, einer aus Holland und zwei aus Norwegen) werden auf meine High School gehen! Diese wohnen auch nur ein paar Straßen entfernt. Meine High School hat nur 250 Schüler, was aber sicherlich den Vorteil hat, dass dich jeder aus Schule und Ort kennt. Andere Austauschschüler kommen in Orte mit rund 1500 Einwohnern. Informationen über High Schools findet man mit jeder Suchmaschine im Internet.
Ich war gestern im Shop der Universität einkaufen: „Fanartikel", also T-Shirt, Ringbuch und Kugelschreiber. Ach ja, Waschpulver hab ich auch gekauft.
Heute haben wir uns zur Vorbereitung auf die morgige Exkursion nach Boston einen Film über die Stadt angeschaut. Okay, ich bin zweimal eingeschlafen. Generell ist der Unterricht aber gut.

Ich freu mich riesig auf nachher: Wir fahren grillen und am Abend zu einem großen Baseballspiel. Wir mussten in der Schule ein Lied lernen, das man traditionell während des Spiels singt! Auf dem Fußballfeld schwitzte ich zwei Stunden lang. Die Besten waren Mädchen aus Norwegen. Die sind viel zu gut für mich gewesen.
Jogging heute früh: Diesmal haben es meine Partner wieder verpennt, so ging ich allein um 7 Uhr morgens joggen. Die Sonne stand überm Horizont, es hatte 16 Grad. Einfach geniales Wetter. Ich lief hinunter und wieder hinauf – von der Uni zum Ortszentrum. Eine ruhige Straße mit amerikanischen Häusern links und rechts. VW und Ford sind hier auch zu sehen. Irgendwie so heimisch. Ich gehe gleich mittagessen.
Danach mache ich mich noch mal mit den Regeln von Baseball vertraut, denn nach dem Unterricht geht es los.
Morgen werde ich wohl nichts schreiben können, da wir bereits um 6 Uhr morgens aufbrechen – nach Boston!

Homeruns und Hardrockcafé

Freitag, 23. Juli 2004, 23:55 Uhr

Hallo!
Hier ein Report der letzten 48 Stunden:
Donnerstag sind wir am Nachmittag zum Baseballspiel gefahren. Zwischenstation war eine Wiese, wo wir – 500 Jugendliche – uns mit Burger und Getränken versorgen konnten.

Das Spiel war sehr interessant und lustig. Es spielten die Vermont Expos (www.vermontexpos.com) gegen die Gäste aus Brooklyn. Zwischen den zehn Innings des Spieles gab es immer zum Schreien komische Unterhalter. Es war, wie man sich das vorstellt: Cracker Jacks (Popkorn, überzogen mit süßem Sirup) zum Essen, Baseballkaufen als Andenken. Leider ging das Spiel in Burlington im strömenden Regen unter. Doch wir hatten 100 Prozent Spaß und tanzten im Regen.
Heute war ich in Boston! Morgens um 5 Uhr aufgestanden, Lunchpaket gepackt, und ab ging es innerhalb von drei Stunden in einem modernen Reisebus nach Boston. Wir besichtigten den Park, die großen Einkaufshallen und Hochhäuser dieser bedeutenden und historischen Stadt. Die Luft war auch angenehmer als bei der Ankunft vor einer Woche.

Sonne-Wolken-Mix, 29 Grad. Im Hardrockcafé holte ich mir ein T-Shirt und eine Anstecknadel. Wir gingen in kleinen Gruppen alleine durch die große Stadt. Hier habe ich auch ein nettes Mädel aus Deutschland näher kennen gelernt! Mehr sag ich aber nicht, da meine Eltern immer alles wissen wollen und Fragen stellen, bis ich 100 Jahre alt sein werde.
Ich besuchte das American Red Cross in Boston. Es ist eine der regionalen Zweigstellen. Ich schätze, die haben dort um die 400 Mitarbeiter auf neun Etagen. Es ist eines des größten Büros des American Red Cross, und ich wurde sehr willkommen geheißen. Ich sprach kurz mit der Direktorin, leider musste sie aber zu einem dringenden Termin. Ich habe viel über das etwas andere System des Roten Kreuzes (RK) erfahren. Wir verblieben mit den Wünschen, in Kontakt zu bleiben. Die Adresse des RK in New Mexico habe ich auch bekommen. Ich werde auch mit Aufnähern des American Red Cross wieder nach Hause kommen! Es war sehr interessant.
Abends um 6 Uhr ging es auch schon wieder zurück. Wären wir länger als sechs Stunden in Boston gewesen, hätten wir bestimmt die vierstündige Fahrt nach New York auf uns genommen. Boston ist aber – denke ich – genauso sehenswert wie der Big Apple.
Curfew (Bettgehzeit) war somit erst um null Uhr!!! Morgen beginnt die Schule erst um 1 p. m. (13 Uhr).
Gerade läuft noch meine Wäsche in den riesigen Waschmaschinen. Ich hab zusammen mit einem anderen Schüler die Kosten geteilt.

Historisches Boston

Samstag, 24. Juli 2004, 19:40 Uhr

Hi!
Also heute gibt es nix Neues. Die Schule begann wie gesagt erst um 13 Uhr. Heute war der kälteste Tag, seitdem ich hier bin. Angenehme 23 Grad und Sonne.
Hier noch ein bisschen was über Boston: Boston ist eine der ältesten Städte der USA. Folgt man einer roten Linie auf dem Straßenboden, spaziert man auf dem Weg der Geschichte Bostons und Amerikas. Dieser geht an historischen Gebäuden und Museen vorbei. Wahlkandidat Kerry besitzt dort auch ein Haus. Die Harvard University ist auch ein berühmter Filmort und gilt als eine der bekanntesten und besten Universitäten der USA. Vom Sky Tower aus kann man nach Bezahlung eines Eintrittsgeldes

die Skyline Bostons am Meer bewundern. Alte Gebäude und Hochhäuser wechseln sich in Reih und Glied ab. Gerne kann man auch mit einem Trolleybus die Metropole besichtigen. Ob Chinatown, Little Italy oder deutsche Geschäfte – alle Nationen treffen hier, wie vielerorts in den USA, zusammen.
Einige von uns stießen in Boston sogar auf die Baseballmannschaft New York Yankees.
Heute Abend bewerbe ich mich eventuell für eine Talentshow, aber ich verrate euch noch nichts!
Morgen früh geht es erst einmal an einen Strand, an einen See. Bei dem Wetter können wir sonnen, baden und rudern. Aber am Nachmittag sollen Wolken aufziehen, und es werden auch „nur" 25 Grad. Im Laufe der Woche ist noch eine Hypnose-Show geplant.

Camplife live

Montag, 26. Juli 2004, 09:12 Uhr

Guten Morgen!
Vorgestern Abend gab es im großen Saal ein Metallica-Live-Konzert zu sehen. War ganz gut, nur die Soundanlage konnte die volle Lautstärke nicht verkraften!
Gestern ging es bei doch ungewohnt kaltem Wetter zum Strand. Irgendwie hatte keiner so richtig Lust, nur die Norweger waren direkt im kalten Wasser. Wir waren in Burlington, da wo auch das Baseballspiel stattgefunden hat. Am Strand kam dann doch die Sonne heraus – Frisbee, Rudern, Tretboot oder Beachvolleyball spielen – wir hatten dann doch Spaß. Die Italiener sind hier die Lautesten und flirten auch am meisten, was einige amerikanische Familien dazu veranlasst hat, den Strand fluchtartig zu verlassen.
Am Abend hab ich dann ein bisschen Baseball geübt.
Zu den kleineren Ausflügen fahren wir immer mit den berühmten gelben Schulbussen. Irgendwie hat man in diesen kleinen Dosen gar keinen Platz! Aber es macht Spaß, darin über den Highway zu rasen.
Auf dem Rückweg sind wir an einer Wohnwagenvermietung vorbeigefahren, genannt „Innsbruck". Einige Straßen hier gleichen Feldwegen. Handynetz ist im weniger dicht besiedelten Vermont eher selten. Bauernhöfe gibt es dafür umso mehr. Sie haben die bekannten Runddächer. Die herausstechende Farbmischung der Umgebung ist nach wie vor Rot-Weiß-Blau (die Nationalfarben), Flaggen überall.
Bevor es ins Bett ging, habe ich noch mit ein paar anderen Scrabble gespielt.

Ich freue mich schon, wenn ich gleich meinem Lehrer drei „I caught speaking English"-Karten geben kann: Diese bekommt man, wenn man beim Englischsprechen „erwischt" (caught) wird, erhöhen den Score der Klasse und können zu einem Gewinn für die Klasse führen.

Bald geht's los

Montag, 26. Juli 2004, 23:26 Uhr

Hallo!
Gerade ging die Hypnose-Show zu Ende! Der Hammer! Steve Taubman, ein bekannter US-Hypnotiseur, versuchte, uns vom Unfassbaren zu überzeugen. Er hat bereits tausende Menschen in einen „langen Traum" gebannt – nun versuchte er es mit 50 Students. In der großen Sporthalle ging die Show los. Zuerst Musik! Einen Test musste man bestehen. Ich hatte Bange und schaute erst einmal zu. Ob verlorener Bauchnabel, imaginäre Party, mit seinem Schuh telefonieren – es war zum Totlachen! Man sollte sich einen Kinofilm vorstellen: einen Horrorfilm! Die Menge schrie zu den Klängen von Carl Orffs „O Fortuna". Da kannte auf einmal die ganze Gruppe ihre Vornamen nicht mehr, oder sie machten sich an unsere Lehrer ran ... Zu realistisch, um zu sagen, es sei gestellt.
Nach der Show gab es noch eine kleine Zugabe, die 20 Minuten dauerte, in die ich mich auch wagte. Es war eine unglaubliche Erfahrung. Man hat seinen Willen noch, aber man tut, was der Hypnotiseur einem sagt! Ich sollte mir meine Ängste (zum Beispiel gegen Spinnen) in eine Seifenblase „hineinstopfen" und diese dann zum Platzen bringen. Unbegreiflich: Er zeigte uns nur das Gefühl, für einen kurzen Moment hypnotisiert zu sein – das war ich auch! Jetzt fühle ich mich müde, einige haben Kopfschmerzen – die Nebenwirkungen halt! Also ich glaube ab heute daran, dass man das Unterbewusstsein beeinflussen kann.
In der Schule lernten wir unter anderem weiter fleißig etwas über die verschiedenen Bundesstaaten und die amerikanische Kultur.

Die letzten Tage im Camp

Dienstag, 27. Juli 2004, 13:59 Uhr

Hallo!
Das Wetter gleicht heute dem Wetter in Deutschland – leichter Regen, Wolken, 22 Grad.
Hier meine Weiterflugdaten:
An Freitag gibt es hier eine große Party. Dann geht's direkt danach nachts um 1 Uhr nach Boston. Um 4 Uhr früh dort angekommen, fliege ich um 6:13 Uhr mit dem American-Airlines-Flug 1727 nach Dallas im Bundesstaat Texas.
Nach 30 Minuten Aufenthalt geht es mit dem Flug 0593 nach Albuquerque, New Mexico. Um 10.32 Uhr Ortszeit Ankunft (und weitere zwei Stunden Zeitverschiebung)! Dann noch 55 Meilen beziehungsweise eine Stunde nach Südwesten. Also ich werde dann etwa 12 Uhr mittags (20 Uhr eurer Zeit) ankommen.
Hier die Website meiner High School: www.estancia.k12.nm.us.
Wir haben uns gerade den dritten Film zur US-Geschichte angeschaut.
Heute Abend treffe ich mich wieder mit Jack und Tim aus Northfield.

Reiseinfos

Dienstag, 27. Juli 2004, 23:23 Uhr

Hallo!
Heute war ich im großen und modernen Fitnessraum der Universität, während es draußen den ganzen Tag regnete. Jetzt ist es überwiegend trocken, aber bewölkt.
Fast stündlich kommen neue Nachrichten für die Schüler herein: „Last-Minute-Gastfamilien", die meisten davon Willkommensfamilien wie meine. Allein auf meinem Flur waren es drei.
Dafür haben einige nicht so viel Glück wie ich bei der Weiterreise. Sie müssen bis zu elf Stunden in Boston auf ihren Weiterflug warten! Aber besser, als alleine auf einem Uni-Gelände herumzusitzen …
Mit dem Gepäck haben wir alle Probleme: Meine Organisation hatte es versäumt zu sagen, dass im Inland der USA nur zweimal 25 Kilogramm mitreisen dürfen. Aber an einer Lösung wird gearbeitet. Im Übrigen ist mein zweiter Koffer nicht 32 Kilogramm (Maximalgewicht; 64 Pounds), sondern 39 Kilogramm schwer gewesen! Aber ich musste in Düsseldorf zum Glück nichts zuzahlen. Unsere Waage daheim im Badezimmer ist wohl nicht mehr die genaueste!
Morgen spielen wir in der Unterrichtsstunde „Current Issues" eine

Gerichtsverhandlung nach. So lernen wir die Gesetze besser kennen. Im Übrigen sind folgende Vorurteile aufzuheben:

1. Die Polizei in Texas erschießt niemanden, nur weil er die Hände beim Anhalten nicht am Lenkrad hat.
2. Man darf seine Waffe nie gegen Menschen richten, die gegen ein Gesetz verstoßen, es sei denn, sie brechen in dein Haus ein. So gut wie jeder Amerikaner hat eine geladene Waffe unter dem Kopfkissen. Nicht jeder, aber fast jeder.
3. Wenn du das Gesetz befolgst, passiert dir nix – kooperiere mit der Polizei. Lügen und sexuelle Übergriffe sind die schlimmsten Verbrechen in den USA.
4. Man muss Bärenjagd anmelden, aber dann darf man drei Tage hintereinander so viele Bären jagen, wie man lustig ist. Jagen kostet hier fast nix.
5. Der Führerschein in New Mexico wird ohne weitere Prüfung in Deutschland umgeschrieben.

Ich habe mir gestern ein T-Shirt vom Camp als Andenken gekauft, mit Signaturen der Lehrer und Returnees versehen. Ich besuche nach der Schule die Infoveranstaltung für die, die auch ein Returnee, also Betreuer, im nächsten Jahr sein möchten. Ab morgen wird das Wetter besser.
Zum Frühstück verspeiste ich einen gebackenen Toast, Joghurt, Cornflakes und den leckeren Kakao. Leider kennen die Amerikaner hier keinen Brotaufstrich wie Marmelade, es gibt eher eine riesige Auswahl an Burger-Belägen.
Ich ernähre mich zwar bewusst, aber irgendwie wächst mein Bauch! Genauso ergeht es einem meiner Freunde aus der Schweiz. Gestern gab es zum Abendessen unter anderem am riesigen Buffet leckere Hähnchen! Dank der Zeitverschiebung von acht Stunden in New Mexico ist es bei mir 12 Uhr mittags, während es bei euch dann schon 20 Uhr ist.
Bis dann, ich bin jetzt mittagessen!

About the States

Mittwoch, 28. Juli 2004, 22:14 Uhr

Hallo!
Ich war bis eben in der großen Mall bei Burlington. In diesem Einkaufszentrum gibt es alles, was das (US-)Herz begehrt. Hier gibt es unzählige verschiedene Sorten der beliebten Chuck-All-Stars-Schuhe zu kaufen. Und das für umgerechnet 26 Euro pro Paar! Generell ist in den

USA vieles günstiger. Besonders Elektronikartikel. Aber viele Preise scheinen nur sehr günstig. Selbst bei McDonalds (auf der Fast Food Street in der Mall) sind alle Preise ohne Steuern, die je nach Bundesstaat zwischen null und zehn Prozent liegen, angegeben. In New Mexico sind es 6,25 Prozent. Lebensmittel und Kleidung sind aber meist steuerfrei. Mehrwertsteuer wird in den USA als Sales Tax bezeichnet.

Hier noch was zum Lernen: Schulbusfahrer haften für die Schüler. Also haben sie unter anderem dafür zu sorgen, dass wir alle sitzen bleiben. In den USA muss jeder Schulbus vor einem Eisenbahnübergang anhalten, leise sein, die Tür aufmachen und in beide Richtungen sehen und hören, und darf dann erst die Schienen überqueren. Man kann der Technik also nicht vertrauen.
Noch eine schlechte Nachricht für freche Schüler: Lehrer dürfen den Schülern bei Missachtung der Regeln „leichte Hiebe auf den Hintern" verpassen! Dies ist aber, glaube ich, ein Scherz meines Lehrers.

Meine erste kleine Krankheit

Donnerstag, 29. Juli 2004, 14:01 Uhr

Hallo!
Heute fühle ich mich nicht so gut, hier scheint ein Erkältungsvirus im Umlauf zu sein!
Ich plage mich mit Bauch- und Kopfschmerzen/Übelkeit. Jedoch kein Grund zur Panik, ich genieße ja das schöne Wetter!
Die Nurse (Krankenschwester) hat mir lustige Flüssigkeiten zum Trinken gegeben, so eine pinkfarbene Masse, die nach Zahnpasta schmeckt. Außerdem gibt es Tabletten zum Einnehmen in fünf verschieden Farben!

Wenige Stunden bis zum Treffen der Gastfamilie

Freitag, 30. Juli 2004, 09:56 Uhr

Hallo!
Jetzt wird hier nur noch gefeiert! Das Camp war auf jeden Fall sensationell, nun bin ich bereit, meine Gasteltern zu treffen. Die letzten zwei Wochen habe ich viel über die amerikanische Kultur gelernt und dabei meinen Wortschatz kräftig erweitert. Auf dem Lehrplan stand unter anderem, wie

man mit Amerikanern richtig „umzugehen“ hat, die kleinen Unterschiede erkennen und verstehen, und wie man das Jahr ohne Stress mit der Gastfamilie übersteht. Ich bleibe sicher mit vielen Freunden aus aller Welt in Kontakt.

Sweet New Mexican Air

Sonntag, 1. August 2004, 22:13 Uhr

Hallo!
FREITAG gab es Zertifikate über die erfolgreiche Teilnahme am EF Language & Culture Camp, wir machten Fotos, es gab eine tolle Talentshow. Dabei hieß es auch Abschied nehmen mit einigen Tränen. Danach folgten der Dance und ein tolles Feuerwerk. Sachenpacken und Warten auf den Bus. In einer riesigen Aktion wurden wir auf die Busse verteilt.
SAMSTAG ging's um 2 Uhr morgens los nach Boston. Ich vermisse jetzt schon einige vom Camp, es war wirklich toll. Durch organisatorische Probleme mussten wir aber über 1,5 Stunden in den Bussen bei Boston verharren. Ich hatte noch eine Stunde am Airport Zeit, bevor mein Flugzeug abhob. Jedoch war alles überfüllt! Lange Schlangen am Check-in und an den Sicherheitskontrollen waren mit langer Wartezeit verbunden. Grund war wohl der Aufenthalt von Kerry, dem Wahlkandidaten der Demokraten, der seine Wahlrede gehalten hat. Zu allem Überfluss musste ich fünf Kilogramm vom großem Koffer in den kleinen und in mein Handgepäck quetschen, was mir 50 US-Dollar (USD oder $ als Kürzel) ersparte. Die Flugbegleitung der American Airlines ist unfreundlicher als unsere, und auf deren Aussehen wird wohl auch nicht so viel geachtet wie in Europa. Keine Hinweise, wo man sitzt, kein Hello, kein Goodbye! Auf den zwei Flügen nach Albuquerque gab es kaum Verpflegung. Die Flüge dauerten zusammen zirka fünf Stunden. Das Umsteigen in Dallas (Bundesstaat Texas, TX) war knapp, da man 20 Minuten von einem Terminal zum anderen Terminal laufen musste, so groß ist dieser Airport. Texas ist grüner als man denkt!
Um 10:30 Uhr in Albuquerque (eine Million Einwohner) angekommen, begrüßten mich meine EF-Betreuerin und die Tochter meiner Gasteltern mit ihren zwei Kindern am modernen, aber kleinen Flughafen. Es war schon ein komisches Gefühl. Ich habe erst gedacht, die junge und

attraktive Frau wäre vielleicht meine Gastmutter. Ich wurde mit viel Freude und einem Luftballon empfangen und wusste kaum, was ich sagen sollte vor lauter „Hello's" und „How are you's". Soweit ich meine Gastschwester richtig verstanden habe, heißt sie Joan. „Wo sind nun meine Gasteltern?", fragte ich mich.
Leider ging mein Gepäck verloren, was ich sofort reklamierte. Dummerweise konnte die von der Reklamation Deutsch, und so habe ich nicht länger als drei Minuten am Stück Englisch gesprochen.
Danach ging es zum Auto. Joan zeigte mir ein Bild von mir, das ich vor drei Monaten eingesendet hatte. Sie deutete auf meine Haare und sagte mir, dass ich mit der langen „Matte" kaum wiederzuerkennen war. Ihr Auto ist klimatisiert, drinnen saßen ein Justin und eine Jordan. Nach wenigem Wortaustausch fuhren wir in ein Hamburger-Restaurant. Es herrschte strahlender Sonnenschein bei warmen 30 Grad. Es fühlt sich alles so anders an. Ich kann es nicht beschreiben. Aber das Englisch in New Mexico ist nach meiner Ansicht wirklich gut, also super zu verstehen, nur wenig Akzent.
Ich war nicht mal zehn Minuten unterwegs, schon habe ich beschlossen, für immer hier zu bleiben! Eigentlich ist es doch ähnlich wie bei uns, bloß viel netter, bunter, sauberer und schöner! Boston ist total anders. Jetzt fiel mir direkt der Unterschied zwischen dem Baustil an der Ostküste und dem im Süden des Landes auf. Vom Flughafen gab es leider keine positive Antwort über meine verlorenen Koffer.
Justin, erst 16 Jahre, fuhr mich nach einer kleinen Stadttour mit seinem Auto mit Automatikgetriebe nach Estancia, zirka 30 Minuten weit entfernt von Albuquerque. Es war ein komisches Gefühl, von einem jüngeren Jugendlichen gefahren zu werden. Amerika halt! Es ging über die Interstate (Autobahn) und dann schließlich über einen Highway (Landstraße) mit Kurven und Hügeln, Tälern und Bergen, Schluchten wie vorm Fernpass in Tirol!
Ich wurde mit einem Barbecue (Kürzel BBQ) begrüßt. Das Essen hier ist gut, nur kann ich bei dem ein oder anderen nicht erkennen, um was es sich handelt. Alles hat einen oder zwei Hauch von Chili.
Aber wo sind denn nun meine Gasteltern? Ich habe mich inzwischen mit einer weiteren Gastschwester und ihrem Ehemann unterhalten. Dabei habe ich erfahren, dass ich direkt nebenan wohnen werde.
Auf einmal ging neben dem 2,5 Quadratmeter großen Fernseher die Tür auf. Ein älteres Paar trat ein. Der Mann mit Cowboyhut und „Bierbauch". Ich schaute weg, da ich dachte, dass das auf keinen Fall meine Gasteltern sein könnten. Doch es war anders: Gilbert und Navolena Lucero, beide über 60 Jahre alt, haben mich nett willkommen geheißen. Sie hatten mich begrüßt und umarmt. Wir redeten angeregt über meine Reise und über meine Hobbys Die beiden waren mir direkt sympathisch.

Der erste Eindruck zählt ja. Hier sind exakt drei Häuser mitten im Nirgendwo. Ich habe gedacht, ich wäre direkt in Estancia, aber jetzt sind es zur Schule noch einmal 20 Minuten Fahrt! Um die Ecke wohnt ein weiterer Sohn der Gasteltern mit Ehefrau und Kindern. Zwei draußen lebende Hunde runden das Bild ab. Meine Gasteltern Navolena und Gilbert Lucero kamen übrigens direkt aus dem Urlaub.
Der befürchtete Kulturschock blieb aus! Nix Indianer, sondern tolle Leute! Ich wohne im zweiten Stockwerk, mit einer standardgemäßen Einrichtung. Interaktives Kabel-TV, also über 100 Sender, darunter MTV, Comedy Central und CNN. So kann ich Sendungen von Jackass, South Park bis Simpsons und Co. schon früher sehen, bevor die Episoden bei euch erscheinen! Das Radio in New Mexico ist auch sehr vielfältig, Blues, Rock, Pop, alles halt. Und jeder Style hat seinen eigenen Sender.
War das heute aufregend! Nach ein bisschen Small Talk und Fernsehen lege ich mich nun ins Bett.

Die ersten Tage

Dienstag, 3. August 2004, 22:19 Uhr

SONNTAG: Ich bin heute so um 9 Uhr aufgestanden, währenddessen meine Gasteltern schon seit drei Stunden auf den Beinen stehen. Sie meinten, dass sie jeden Morgen so früh aufstehen, der Tag sei ja nicht zum Schlafen da. Es ging zu einer kleinen Kirche. Neutral gesagt verläuft die Sonntagsmesse genauso wie bei uns! Meine Gasteltern hatten schon viele Gastschüler, unter anderem auch aus Deutschland. Ich wurde spontan von Victor, der in dem Nachbarhaus lebt, zum Wasserski eingeladen, gegebenenfalls wird das was. Justin erzählte mir, dass es bald ein Paintballturnier geben wird (Sportart, bei der sich Personen mit Farbpatronen beschießen)! Ich half an diesem Tag der Familie eine Halle aufzupeppen, das heißt ausräumen und fegen. Denn nächstes Wochenende gibt es eine Familienfeier (Reunion) mit über 300 Personen! Meine Gastfamilie ist wirklich riesig!
Estancia (weit verstreute Häuser) hat eine moderne Schule. Orte dieser Art werden hier als Stadt bezeichnet.

Auf den Rückweg hat mich Victor für zehn Minuten seinen Pick-up fahren lassen. Mein erstes Mal am Steuer eines Kfz, und dann so ein riesiger Pick-up! Genial. An einer Budweiser-Flasche habe ich auch schon genippt, ist nicht so gut wie unser goldenes Biergebräu! Ach ja: Endlich sind auch meine Koffer gekommen! Diese hatten sich nach Los Angeles verirrt.
MONTAG: Vormittags war ich damit beschäftigt, meine Sachen auszupacken und das Bad einzurichten. Außerdem habe ich einige Fragen mit meiner Gastfamilie geklärt. Es ging zum Beispiel um die Regelung der Telefonzeiten, ob ich Freunde mit nach Hause nehmen kann, wann die Essenszeiten sind, welche Aufgaben es im Haus zu erledigen gibt und so weiter ...
Leider kann ich hier nicht das ganze Jahr bleiben, da sie nach den vielen Jahren mit Gastschülern auch mal ne Pause brauchen und wenig Zeit für mich hätten. Behalten würden sie mich gerne, aber können tun sie das wohl nicht. Im Laufe der nächsten Wochen findet sich bestimmt eine Gastfamilie.
Nachmittags ging es zur Mall nach Albuquerque, denn ich brauchte Shampoo. Leider ist das so eine riesige, tolle und moderne Mall (Einkaufszentrum), dass ich da kein günstiges Shampoo gefunden habe. Dafür gibt es dort alles, was das Herz begehrt. Ich war das erste Mal alleine unterm amerikanischen Volk. Wusstet ihr, dass es neben den Fast-Food-Ketten auch eine Art Brezel-Schnellrestaurant in Amerika gibt? Und das in den bayerischen Traditionsfarben Weiß-Blau. Generell ist auch deutsche Ware begehrt: Ravensburger, Playmobil, BMW und so weiter ... Die Leute sind alle irgendwie verrückter und bunt gemischt. Von der zwölfjährigen Göre in Hot Pants bis zum Hip-Hopper, dem das Feuerzeug ausgegangen ist – alles dabei. Von wegen prüdes Amerika! Das liegt wohl daran, dass die Mall für Jugendliche ein Treffpunkt ist und sich hervorragend zum Kennenlernen eignet.
Nach zwei Stunden Mall wurde ich von meinen Gasteltern abgeholt, es ging zum Walmart. Ein Paradies: über zwei Fußballfelder groß, mehr als 50 Kassen. Nur zum Scannen der Ware brauchte einer der Kassierer 50 Prozent länger als bei uns. Dafür wird von den Kassierern alles in blaue Plastiktüten verpackt! Genial! Mit 15 Tüten in der Hand ging es zurück zum Auto. Meine Gasteltern haben ein Auto und zwei Pick-ups. Dazu noch einen Traktor, einen Anhänger und ein Motorhome – eine Art zu groß geratener Wohnwagen!

Die Sitze in den Autos und im Wohnzimmer sind unglaublich bequem, ich werde mir einen nach Deutschland importieren.

Stiere auf einer Weide

„Mein kleiner grüner Kaktus ...“

In der Nacht habe ich Coyotes (Kojoten; eine Art Wildhunde, die in der freien Prärie leben) aufheulen gehört. Gilbert nennt sie auch einfach Prairie Dogs. Ungewöhnlich war auch der starke Regen die ganze Nacht über. Aber der Sonnenuntergang war genial: Die Berge wurden seitlich angestrahlt – ich befinde mich auf flachem Land auf 2000 Meter Höhe mit niedrigen Bergketten – der Himmel bunt und ein kompletter Regenbogen! Ein Bild für Götter.
DIENSTAG: Gleiches Schauspiel beim heutigen Sonnenuntergang: Der Himmel erstrahlte für wenige Minuten in goldgelben Farben, die sich auf dem Boden spiegeln! Ein Traum!
An diesem Tag half ich Justin und seinem Cousin beim Bauen einer Unterstellgelegenheit für 15 europäische Autos, beziehungsweise fünf große US Cars. Am Abend mussten wir drei, also mein Gastvater Gilbert, Justin und ich, alleine ein Barbecue machen, da Mrs. Navolena Lucero auf Kurzurlaub ist. Wir hatten Spaß, und Männer können doch kochen! Ich half wie immer beim Abwaschen, bin ja ein fleißiger Junge!
Danach fuhren Justin und ich zur High School, denn jeden Abend sind die Sporthalle, der Gewichtsraum und das Footballfeld geöffnet. Wobei es um das Footballfeld keinen Zaun gibt. Leider gibt es keinen normalen Trainingsraum, und Spaß bei den ganzen Muskelkerlen hatten ich und Justin nicht wirklich. Er ist aber trotzdem einigermaßen sportlich: heimisches Gewichtstraining, Skateboarding, Golf, Wrestling ums Essen. Der Staat tut viel für Sport, so gesehen sind Amerikaner mindestens genauso sportlich wie wir. Nur das Essen ist doch nicht ganz so gesund. Hier ist die Hip-Hop-Seite größer. Justin, kräftig und dick, steht mit mir als Rockfan alleine da ...
Erschreckend war, als uns ein Schüler Namens Ernesto mit seinem riesigen Machetenschwert aus seinem Auto begrüßte! Wo bin ich hier nur gelandet?!
Die Jugend ist verrückt – die Mädchen albern herum, und ein Junge spielte mit seinem Jagdmesser, zirka 35 Zentimeter lang, so ein Ding hab ich noch nie gesehen. Mal sehen, was er sagt, wenn ich mit meiner Waffe ankomme ... (Und das ist leider die schlechte Seite der Amerikaner: die Waffen!) Okay, ich hab keine, aber trotzdem. Na ja, dies ist ein anderes Thema, mulmig ist mir aber schon.
Sonst war es wieder ein toller Tag, Justin und ich verstehen uns immer besser!
Übrigens gibt es hier noch ein Toastbrot, was sich ganz einfach Marke „Bimbo" nennt.
Und noch einiges zum Staunen: Ein Liter Benzin kostet hier um die 50 Cent. Die Autos schlucken ab acht Liter bis unendlich auf 100 Kilometer. Es gibt so gut wie keine manuellen Gangschaltungen. Dafür fehlen die Kindersicherungen bei den Fenstern des Autos, also nicht Kopf aus dem

Auto stecken und dabei den elektrischen Fensterheber betätigen!
Handys sind erst im Kommen. Den Begriff Handy kennen die Amerikaner nicht – ist ein rein deutsches Wort. Hier heißt es Mobile Phone oder Cell(uar) Phone. Es gibt kein flächendeckendes Netz in den USA. Strecken, die bei uns lang sind, sind für Amerikaner Kurzstrecken. Alle Preise, wie zum Beispiel im Supermarkt, sind ohne Mehrwertsteuer ausgeschildert, und die muss man noch draufrechnen.
Meine Gastfamilie hat den Staubsauger in der Wand eingebaut, das heißt, der Schlauch wird direkt an die Wand gesteckt, und man saugt drauf los.
Justin liebt es, bei 15 Grad zu schlafen, wenn es draußen 30 Grad, nachts um die 17 Grad sind. So läuft und läuft die Klimaanlage.
Auf ein Päckchen meiner Eltern warte ich immer noch. Aber es kommt eh nicht hierher, nach Nirgendwo, sondern muss dann an einem Sammelbriefkasten entlang des Highways abgeholt werden.
In den USA gibt es Kartoffelchips, bedruckt mit Spielchen oder Texten!
Die kommenden US-Wahlen dominieren das TV-Programm. Amerika scheint Probleme mit Drogen zu haben, so gibt es Anti-Drogenwerbung und Anti-Rauchkampagnen im TV.
Die Aufregung der ersten Begegnung war alles in allem schnell verflogen, ich verstehe mich mit allen wunderbar, und wir unternehmen schon einiges. Das ging beachtlich schnell! Einen leichten Sonnenbrand hab ich auch schon!

Weiter geht's!

Donnerstag, 5. August 2004, 21:28 Uhr

MITTWOCH: Justin, Cisco (ein Cousin von Justin) und ich bereiteten Betonsockel vor. Bei den Nachbarn (Victor, der mich fahren ließ) soll eine Garage entstehen. Wir machten Beton und formten die sechs Sockel. Ist das anstrengend, macht aber eine Menge Spaß!
Am Abend zeigte ich meinen Gasteltern noch Bilder von Deutschland und meiner Familie, von einer Skihalle und von den Alpen.
Zum Abendessen gab es Bohnen – die ersten, die auch schmecken!
Leider machte mein Darm das nicht so mit, den Rest könnt ihr euch dazu denken …
Wir schauten gemeinsam ein Baseballspiel: New York Yankees gegen Oakland Athletics! Da mein Gastvater auf der Seite der OAs stand, habe ich mir meine NYY-Kappe samt Baseball geschnappt und mich vor dem TV breit gemacht. NY hat gewonnen.
Übrigens hat mein Gastvater Gilbert vom Charakter her große Ähnlichkeit

mit meinem Vater. Mist, jetzt bin ich ein Jahr weg und dann das ...
DONNERSTAG: Es ging wieder nach Albuquerque. Ich kaufte mir für vier US-Dollar gebrauchte Schuhe, da ich meine guten ja nicht zum Arbeiten nutzen kann. Ich liebe diese Stadt!
Wir besuchten noch die Bank und dann Geschwister meiner Gastmutter. Danach ging es zu KFC zum Geflügelessen. In den USA ist es oftmals üblich, dass man nur ein Getränk bezahlt und dann so viel trinken kann, wie man will!
Damit ich bald mehr Fotos schießen kann, habe ich mir mit Papas Kreditkarte ein Speicherkartenlesegerät gekauft – man kann wirklich überall mit Plastik zahlen!
Ich habe an diesem Tag auch mehr über meine Gasteltern erfahren, mit denen ich mich wunderbar gut verstehe. Also kurz gefasst: zwölf Kinder statt einer Tochter, 37-fache (!!!) Großeltern und bereits fünffache Urgroßeltern! Das ist bestimmt Weltrekord!
Was mir auffällt: Kurze Sätze wie zum Beispiel „Ja, kein Problem" spreche ich aus Versehen reflexartig in Deutsch aus, ganz von alleine! Genauso habe ich heute Nacht vom Camp geträumt, und alle Amerikaner haben Deutsch gesprochen – das muss ich mir noch abgewöhnen.
Ich habe heute das Paket meiner Eltern abgeholt. Estancia hat seit einigen Wochen ein Freibad mit einem Becken. Und ich war heute drin! Ganz nett.

Big Family

Sonntag, 8. August 2004, 18:36 Uhr

Hallo!
Ich war zwei Tage und zwei Nächte mit der Familie feiern.
Fast jedes Jahr feiert die riesige Familie eine „Family Reunion", oder besser gesagt: ein Wiedersehen der Verwandten. BBQ, Volleyball, Hufeisenwerfen – wir hatten eine Menge Spaß. Am zweiten bzw. letzten Abend gab es ein Dance, eine Art Disco.
Fast jedes Familienmitglied ist mit seinem Motorhome, einer Mischung aus Bus und Wohnwagen, da. Die Dinger trinken vier Liter auf zehn Kilometer! Ich durfte auch ein Buggie, Four-wheeler, ATV (all-terrain vehicle) oder einfach Quad genannt, fahren. Wirklich toll!
Zum Dance gab es wie immer leckeres und fettiges Essen. Dabei fiel mir auf, dass Amerikaner sehr viel Einweggeschirr benutzen, dies ist auch

manchmal bei meiner Gastfamilie der Fall. So muss auch der Mülleimer fast täglich geleert werden. Die Musik: meistens Country, spanisch. Aber es spielte auch wie bei uns moderner Rock, Hip-Hop und Pop.
Es war ein sehr erlebnisreiches Wochenende. Der Sonnenuntergang, den ich heute fotografierte, war „nur Standard". Eventuell nimmt mich einer der Familienmitglieder für den Rest des Jahres auf. Ich versteh mich mit allen einfach super. In einer Talentshow der Reunion wurde ich gebeten (eher überredet), irgendetwas auf Deutsch zu sagen. Mir viel spontan das „Vaterunser" ein. Ich wusste nicht, was ich sonst sagen konnte. Die Familie ist extrem religiös, also sollte das doch schließlich nur positiv sein. Ihnen hat es auf jeden Fall gefallen, Gilbert meinte, dass es der englischen Version „Our Father" sehr ähnelt.
Natürlich floss bei den Jugendlichen wie bei uns daheim das Bier. Vertragen tun die aber alle nix! Gerade hatte ich die Gelegenheit, mich als Reiter unter Beweis zu stellen. Wenn ich hier so durch die Gegend wandere (Amerikaner nutzen das Auto, also unberührte Natur), stelle ich mir vor, wie herrlich schön meine Schwester diese Gegend finden würde. Übrigens stammt die größte Elektronikfabrik in New Mexico vom Mikroprozessor-Hersteller Intel! Sehenswert soll auch das Forschungszentrum „Los Alamos" sein. In der Nähe von Albuquerque gibt es noch richtige Indianerstämme, die ich bald einmal mit einem von der Reunion besuchen werde. Diese Indianer sind aber voll im amerikanischen Staatssystem integriert, und für die Kinder besteht auch allgemeine Schulpflicht.
Ich helfe gleich meiner Gastfamilie, das Motorhome zu reinigen.

Die ganze Family beim Volleyballturnier

Einleben leicht gemacht

Montag, 9. August 2004, 21:55 Uhr

Hallo!
Heute war nicht viel los ...
Zwei Bekannte von der Reunion blieben ein paar Tage zu Besuch bei uns. Sind echt nett. Es bringt nichts, bei dieser so großen Familie alle beim Namen zu nennen. Dies würde wohl mehr als ein Jahr dauern.
Ich sah TV (was viel toller ist als bei uns). Aus Versehen hab ich einen Film im TV gekauft, dies aber auch meinen Gasteltern gebeichtet. Ich rief spontan Cisco an, und wir machten einen „Kinotag".
Zum Mittag gab es einen kleinen Snack: Beef Jerky (getrocknete Rinderhaut). 80 Gramm kosten sechs Dollar. Das wäre was Leckeres für unseren Hund!
Heute Abend gab es auf dem Balkon Steaks vom Schwein. Dazu einen „Deutschen Salat": Man nehme alles Mögliche an Gemüse, reibt es, tut es in eine Schüssel – und dies ist nun Gilberts Lieblingssalat.
Auf dem Tisch standen wie immer: Bohnen, Tortillas und Chili. Diesmal grüner Chili. Leider ist dieser noch schärfer als der rote!
Wenn ich zurückkomme, werde ich versuchen, meinen Bruder Kay im „Scharfe-Sachen-Essen" zu schlagen!
Morgen geht es nach Santa Fe. Und Donnerstag muss ich zur Schule wegen der Registrierung. Justin ist bereits wieder zu Hause, dafür habe ich meinen Nachbarn und „Neffen" Cisco, der wohl mit mir in die zwölfte Klasse kommt. Er erzählte mir einiges über die Schule.
Also irgendwie komisch: Da hat die Schule 230 Schüler, Baujahr 1970 – und ist moderner als unser Gymnasium: zwei Computerräume, Highspeed-Internet, moderne Sporthalle, Shop, Jahrbuch (Yearbook genannt), ein eigenes Logo, Mützen und T-Shirts!
Für den Rückweg von Nachbars Computer zum Haus nehme ich mir das nächste Mal eine Taschenlampe mit, denn im Dunkeln sieht man hier gar nichts, und wenn dann die Hunde anfangen zu bellen, bekomm ich Panik. Nur einer dieser Hunde ist wirklich zutraulich.

Viva New Mexico!

Mittwoch, 11. August 2004, 11:26 Uhr

Hallo!
Ich hoffe euch geht's gut!
Gestern ging es doch nicht nach Santa Fe, da wir unsere Gäste zum Flughafen bringen mussten. Da hier überall „Tag der offenen Tür" ist,

bekamen wir gestern noch überraschend Besuch (was dreimal täglich der Fall ist). Mein Gastvater will sich jetzt eine Digitalkamera kaufen, und ich soll ihm dann erklären, wie diese funktioniert.
Montag war John Kerry in Albuquerque, also nur 30 Minuten von mir entfernt. Ich habe ihn live gesehen! Heute ist George W. Bush da, leider gibt es keine Tickets mehr. (Wir hätten hier noch Tomaten und faule Eier ...)
Mein gestriges Frühstück gestaltete sich europäisch: Als Außenseiter

machte ich mir ein Brötchen mit Honig und Marmelade – statt wie üblich mit Bohnen, Chili, Speck und Kartoffeln.
Am schlimmsten sind diese Moskitos hier, du kannst zusehen, wie sie dir das Blut aus den Adern saugen!
Meine EF-Betreuerin Mary hat heute angerufen, wir treffen uns am Ende der Woche. Es geht mir sehr gut. Ich bin jetzt hier allein am PC der Nachbarn, bei denen ist auch jeden Tag „Tag der offenen Tür", es wird nie abgeschlossen. Das ist in einigen Teilen der USA der Fall: (Fast) jeder ist (fast) überall willkommen.
Mindestens dreimal pro Woche gibt es in NM Gewitter, Flutregen- und Tornadowarnungen. Zum Glück ist es hier eher friedlich mit dem Wetter. Heute ist es mal ausnahmsweise bewölkt, und ich denke, so kühle 75 Fahrenheit, was ungefähr 24 Grad Celsius entspricht.
Bis auf meine extremen Blähungen (dem scharfen Essen sei Dank!) geht es mir wunderbar!

Rodeo und Mosquitos

Freitag, 13. August 2004, 18:10 Uhr

Howdy!
Also, wir waren am DONNERSTAG-Abend zur Rodeoshow in Albuquerque. In einer großen Rodeohalle präsentierten Jung und Alt in den Stunden ihr Können. Ob Auf-einem-Stier-Reiten (für die Kleineren ging es auf ein Schaf), Slalomreiten, Kühe-via-Lasso-Fangen – über 15 Disziplinen gab es zu bewundern. Es war ein aufregender Abend. Eine 14-Jährige aus unserer Lucero-Familie war auch am Start. Die Meisterschaften gehen noch bis zum Sonntag.
Mir taten die kleinen Ziegen (oder wie man diese nennt) leid, die sich mehrmals an drei Beinen fesseln lassen mussten – und das teilweise von Neunjährigen.

Die Arena war zum größten Teil mit „Cowboys" besetzt. Das alte Amerika lebt in New Mexico! Am späten Abend ging es nach Hause. Vielleicht wird Rodeo eine meiner neuen Sportarten?!
FREITAG: Heute sollte es eigentlich zur Registrierung in die Schule gehen – zur Überraschung oder leider hat das meine EF-Betreuerin ohne mich erledigt. Also beschloss ich, an diesem Tag „Grumpy der Dritte" zu sein! Mein Gastvater wird von seinen Enkelkindern „Herr Grieskrämerzwerg Nummer eins" (Grumpy) genannt. Diesen Titel hat er sich dadurch geholt, dass er über viele Sachen unnötig meckert – zum Beispiel darüber, dass andere Käse essen und lieben, während er selbst eine Käsephobie hat! Später machten wir einen Ausflug: Es ging ein, zwei Stunden Richtung Norden – zu einem weiteren alten Amigo (spanisches Wort für Freund) meiner Gasteltern. Dieser hat Obstplantagen. Ob Pflaumen, Äpfel oder Trauben – wie im Paradies. Generell erblüht New Mexico nach viel Regen in einem tollen Grün. Fast wie bei uns! Ich half Navolena, meiner Gastmutter, beim Pflücken der leckeren Früchte, sie wird Marmelade daraus kochen.
Auf dem Rückweg ging es wieder mal in den Walmart zum Einkaufen. Aufgefallen heute: Ob Brillen, Medikamente oder Eiswürfel – man kann dort wirklich alles kaufen! Wer es bequemer haben möchte, kann sich einen der elektrischen Rollstühle nehmen und durch die Regale rasen!
In Albuquerque ist immer was los: Die „Lord-of-the-Rings-Symphonie" spielt in Albuquerque (Stadtkürzel: ABQ). Oder wer auch Rock möchte: Konzerte von Linkin Park und Co.!
So geht es mir prächtig. Ich muss mir nur was gegen meine T-Shirt-Bräune einfallen lassen.
Montag werde ich mit meiner Gastmutter zur Schule fahren, um meine Fächer zu wählen.

Parties and School

Sonntag, 15. August 2004, 14:56 Uhr

Hallo!
SAMSTAG-Vormittag ging es nach Estancia: zu einer Parade. Wie soll ich das bloß beschreiben? Drei- bis viermal im Jahr gibt es eine Parade in Estancia. Das kleine Dorf hat ganz schön viel zu bieten. Militärfahrzeuge, gefolgt von Feuerwehr und Footballmannschaften der High School. Zirka 20 Wagen zogen an uns

vorbei! Und wie man es bei uns von Rosenmontag her kennt: Es wurden Süßigkeiten geworfen! Meine Gastmutter muss mich jedem vorstellen, alle sagen: „Oh, nice to meet you! – Du wirst in New Mexico viel Spaß haben!". Diese Art Freundlichkeit ist bestimmt ein Unterschied zu Deutschland. „Dein Englisch ist wirklich toll." Meine Gasteltern müssen jedem weismachen, wie nett, engagiert und lustig ich doch sei.
Nachmittag besuchten wir ein Fest nach mexikanischem Brauch: Wenn ein Mädchen 15 Jahre alt wird, wird dies groß gefeiert: Sie hat dann ihre

Geschlechtsreife erreicht und ist erwachsen geworden. Das ganze nennt sich Quinceañera. Zuerst ging es in die Kirche, danach zur Party in einer großen Halle. Die Halle hatte was vom bäuerlichen Stil.
Ich habe mich extra schick gemacht und mir gedacht, anlässlich der Verwüstungen des Wirbelsturms „Charlie" in Florida meinen Rot-Kreuz-Schlüsselanhänger an der Brust zu tragen. Das Rote Kreuz hilft den Opfern in Florida.
Ich traf auch zwei Lehrer der Estancia High School: Sie können es kaum erwarten, bis das neue Schuljahr losgeht! Und bei uns meckern sie über 38,5-Stunden-Woche?!
Ich habe auch erfahren, dass es einen Skiclub geben wird. Juhu! Übrigens habe ich am Abend ein angebotenes Bier dankend abgelehnt – ihr werdet jetzt vielleicht sagen, dass ich spinne, aber ich möchte meinen Aufenthalt hier nicht mit der vorzeitigen Heimreise beenden!
Abends ging es dann wieder nach Hause.
SONNTAG: Heute früh ging es wieder um 9:30 Uhr in die Kirche. Eine Stunde lang wird auf Mexikanisch gesungen und in Englisch gebetet. Es ist eine kleine katholische Kirche. Mir ist aufgefallen, dass das Bild von Jesus größer bzw. detaillierter ist als bei uns. Ich meine damit, dass man auf allen Bildern einen jungen Mann mit braunem, schulterlangem Haar, Bart und Six-Pack sieht. Anschließend habe ich Cisco einige Bilder von meiner Heimat gezeigt. Er fand sie sehr interessant.
Heute Nachmittag gab es ein Treffen aller Austauschschüler meiner Organisation. Es müssten so acht sein, die aus allen Kontinenten der Welt mit mir die Estancia High School besuchen werden. Insgesamt sind 45 in New Mexico verteilt. Frau Wetterman, meine Betreuerin, kümmert sich doch mehr um uns, als ich gedacht habe. Sie begrüßte uns mit Hamburger und Limonade, also ein klassisches Barbecue. Sie lebt in einem großen Haus mit sieben Hunden, zwei Katzen, Vögeln, sprechenden Papageien und einem zahmen Raben als Haustiere! Dazu

kommen noch einmal unidentifizierbare Nagetiere. Sie sprach getrennt mit uns und dann mit den Gasteltern. Es ging unter anderem um die harten Konsequenzen bei verbotenem Alkohol- und Drogenkonsum, Rauchen, Kinderzeugen und vielem mehr. Aber wir haben auch viel vor dieses Jahr! Ob Halloween, Christmas, Thanksgiving – zu vielen Gelegenheiten werden wir uns treffen und feiern, damit unsere Gasteltern mal Ruhe von uns haben. In den Frühlingsferien fährt Frau Wetterman nach Colorado, zum Grand Canyon, nach Kalifornien und keine Ahnung wohin noch. Sie hat uns eingeladen (also gegen Bezahlung)! Mrs. Wetterman kümmert sich sehr um uns, wir können sie 24 Stunden am Tag erreichen. Es gibt auch so genannte Discovery Tours meiner Organisation: ob Hawaii oder Florida, viele Reisen gegen Cash. Dazu bekomme ich im

Laufe des Jahres mehr Infos in einer viermal im Jahr erscheinenden Infozeitung. Es sind drei Deutsche auf meiner Schule. Ich hab mich auch mit einem aus Taiwan angefreundet. Da mein bester Freund Hendrik unbedingt nach Asien will, und ich irgendwie auch den Drang habe, habe ich beschlossen, ihn im nächsten Sommer gegebenenfalls in Taipeh zu besuchen!
Ich komme wahrscheinlich in die elfte Jahrgangsstufe. Wobei es da noch Ungereimtheiten zwischen Mrs. Wetterman und der Schule gibt. Es gibt sieben volle Schulstunden. Jeder kann selbst seinen Stundenplan erstellen. Deshalb spreche ich eher von Jahrgangsstufe als von einer Klasse.
Nach drei Stunden Meeting machten wir ein Gruppenfoto. Einige sehen sich ja zum Schulbeginn wieder.
Übrigens hat ABQ eine Website: www.albuquerque.com.
Ich merke jetzt schon, wie mein Englisch flüssiger wird und langsam, aber sicher meine Sprachkenntnisse in Deutsch zerstört! Generell denke ich aber noch viel zu viel in Deutsch.

Mein Stundenplan!

Montag, 16. August 2004, 16:21 Uhr

Hallo!
Heute ging es zur Schule. Mr. Carson, School Counselor (Berater bezüglich Bildungsgänge), erstellt die Stundenpläne für die Schüler. Ich bin in der elften Jahrgangstufe, also ein Junior.

Und so sieht mein Stundenplan aus:

1. Spanish I (Spanisch für Anfänger)
2. US History (amerikanische Geschichte)
3. Physical Education (kurz: PE; Sport)
4. Metal Fabrication (Metallverarbeitung)
5. American Literature (amerikanische Literatur)
6. Algebra II (Mathe für Fortgeschrittene)
7. Biology (Biologie)

Nach der Schule: Aktivitäten.
Ich hab aber die Möglichkeit, in den ersten Wochen die Fächer zu ändern und dann noch einmal nach dem ersten Semester bzw. Halbjahr.
Das Schulgelände besteht aus mehreren Gebäuden: Cafeteria, Autowerkstatt, Sporthalle, Kunstgebäude, Werkräume, Elementary School, Middle School und High School. Alles wirkt neu und modern. Ich hoffe, ich kann auch die Computerräume nutzen.
Der Unterricht dauert von 8:30 bis 15 Uhr. Mein Bus fährt aber schon um 7 Uhr, das heißt für mich früh aufstehen und lange Busfahrt.

Erster und zweiter Schultag

Mittwoch, 18. August 2004, 18:23 Uhr

Hi! Was bisher geschah:
DIENSTAG: Den ganzen Tag wurde uns alles ausführlich erklärt. Der Stundenplan, den ich bekommen habe, gilt ab Mittwoch, und jeden Tag habe ich die gleichen Fächer in der gleichen Reihenfolge. Es sind übrigens über 60 Jugendliche in der Junior Class. Jeder hat seinen eigenen Stundenplan, so gibt es pro „Period" 15–25 Schüler in einer Klasse.
Alle Austauschschüler wurden von den „Einheimischen" nett empfangen. Meine Schule, die Estancia High School, hat zwei Sporthallen; in einer hat die Schulleiterin vor allen Schülern eine Rede gehalten.
Es gab auch Aufgaben der einzelnen Jahrgangsstufen an Schüler zu vergeben. Es wurden ein Präsident (eine Art Klassensprecher), ein stellvertretender Präsident, ein Organisator und ein Buchhalter gewählt. Jetzt ratet mal, wem das Geld anvertraut wird? „The German" – also ich –

gewann mit 96 Prozent die Abstimmung. Meine Konkurrenten hatten keine Chance. Komisch, dass man einem, den man erst zehn Minuten kennt, das Geld anvertraut. Nun ja, ich freue mich! Danach gab es noch ein paar Spielchen, wo „The German" Fragen beantworten musste. Dies waren meistens Fragen des in Amerika üblichen Allgemeinwissens, wo ich natürlich nicht gerade gut bin. Wir hatten dennoch viel Spaß. In einer Bastelstunde mussten wir ein Plakat erstellen, das die „Fußstapfen des Estancia-High-School-Bären" zeigt, die goldenen Regeln: Respekt, Verständnis, Freundlichkeit und Hilfsbereitschaft. In dieser Zeit lernte ich immer mehr Leute kennen! Wir Austauschschüler sind voll integriert, und alle sind supernett. Die Schule hat schon seit Jahren immer wieder Gäste aus vielen Ländern.
Ich lernte auch einige andere Regeln kennen: Rucksäcke müssen aus Sicherheitsgründen in die kostenlosen Schließfächer (Lockers) eingeschlossen werden. Dafür hat unsere Schule keinen strengen „Dress Code". So läuft jetzt noch jeder rum, wie er möchte, teilweise „nackter" als auf deutschen Schulen, doch die Kleiderordnung ist ab Mittwoch gültig. Aber es gibt Gruppenbildungen: Hispanics (also Mexican-Americans) und Cowboys. Wie bei uns halt. Nur, dass ich die Cowboys (böse bezeichnet als Weiße, Gringos oder Anglos) sehr lustig finde. Enge Jeans, Cowboyhut, Lederstiefel. Unter dem Hut befindet sich glatt gestriegeltes Haar. Aber es verstehen sich alle prima!
Am Nachmittag ging es mit meinen Gasteltern nach Albuquerque. Im Walmart druckte ich das Gruppenbild der EF-Austauschschüler aus, das ich am Sonntag gemacht habe. Eines bekommt unsere Schulleitung, das andere unsere regionale Betreuerin.

MITTWOCH: Mit einem Schreibblock und Stiften bewaffnet ging es zur Schule. Viele begrüßten mich, aber mir war trotzdem mulmig. Heute ging es in den Unterricht. Dort wurde uns von den netten Lehrern erzählt, was im Laufe des Jahres gemacht wird, und was wir kaufen müssen. Besonders der Geschichtslehrer ist ein total sympathischer und lustiger Freak. Der Lehrer von „Metallarbeiten" lehrte uns: erste Regel: „Geht mir nicht auf den Piss!"; zweite Regel: Sicherheit ist das Wichtigste – „Wehe, ihr tötet den Deutschen mit dem Bunsenbrenner, Plasmaschneider oder mit Metallstücken!" Ich atmete erleichtert auf! Zum Schulessen: Heute war es besser als gestern: Es gibt immer typisch regionale Gerichte. Gestern Hot Dogs, heute Geflügelmix. Dazu zwei Gramm Salat, drei Gramm Obst und leckeren Kakao. Jetzt hab ich eine

ID-Card bekommen und brauche ausnahmsweise nicht für das Schulessen zu bezahlen! Das ist natürlich an jeder Schule anders und hängt auch vom Einkommen der Eltern ab. Übrigens kann ich auch um 7 Uhr aufstehen und mit meinen Nachbarn (genauer gesagt mit meiner Gastschwester, Ciscos Mutter) zur Schule fahren. Der Rückweg mit dem Bus um 15 Uhr dauert genau 40 Minuten! Aber mein Bus holt mich direkt an der Haustüre ab beziehungsweise setzt mich auch dort wieder ab.
Zu verstehen sind die Lehrer echt gut, nur Mathe macht mir einige Probleme. Der Lehrer erinnert mich sehr an meinen ehemaligen Mathematiklehrer. Da ich mich natürlich auch hier wie in der Realschule Linnich aktiv für die Schule einsetze, werde ich versuchen, eine Partnerschaft zwischen der Estancia High School und meiner ehemaligen Schule herzustellen! (Für so etwas gibt es bessere Noten!)
Zwischen den Stunden hat man eigentlich kaum Zeit, sein Schließfach aufzusuchen.
Zum weiblichen Geschlecht: Unglaublich, was da alles Schönes rumläuft! Da muss man(n) sich beherrschen können. Viele sind aber auch übermäßig bepudert. Übrigens hab ich bei den 270 Schülern der High School noch keinen „Dicken" oder „Dicke" gesehen!
Meine Gastmutter Navolena hat aus dem letzte Woche gesammelten Obst Chips (getrocknete Scheiben) und Marmelade gezaubert. Ich finde, sie benutzt nur viel zu viel Zucker! Honig und Marmelade aus dem Supermarkt hat auch viel zu viel Süßstoff und einen ganz anderen Geschmack! Das liegt wohl an den unterschiedlichen Zuckerstoffen aus Zuckerrohr und Corn Syrup (Süßer Sirup, gewonnen aus Mais).
Generell ist das Verhältnis zwischen den jungen Lehrern und Schülern lockerer als bei uns in Deutschland. Die Verbindung zwischen diesen zwei Parteien ist genial.
Ich werde wohl morgen Cross Country (Langstreckenlaufen) nach der Schule testen. Als Aktivitäten stehen auch je Semester folgende zur Wahl:

- Business: Ausflüge wie zum Beispiel zu Wettbewerben und nach Disneyland.
- FFA (Future Farmers of America, www.ffa.org), also alles rund um Landwirtschaft, Leadership, personal growth and career success.
- Organisationen/Workshops zu Themen wie Toleranz, Familienumgang, Erziehung, selbstbewusstes Reden, Politik.
- Sport wie Volleyball, Softball, Football, Baseball, Skiclub, Schachclub, Adventure Club mit River Rafting, Klettern.

Ich kann mich da gar nicht entscheiden!
Ich freu mich auf den nächsten Schultag! Nur Schulsachen muss ich noch besorgen, und meine ersten Hausaufgaben in Biologie sind zu erledigen.

Endgültige Gastfamilie, Hausaufgaben und Essen

Donnerstag, 19. August 2004, 19:02 Uhr

Hallo!
Heute war es so spannend und genial wie gestern. Zum Lunch gab es ein kaltes Sandwich, Kakao gab es heute nicht. Was ich vergessen habe zu erwähnen: Am ersten Schultag gab es Root Beer mit Vanilleeis für alle Schüler! Root Beer ist ein Getränk, es schmeckt nach Zimt, Kaugummi und Zahnpasta in einem!
Zum Thema Essen: Ich habe meine Gasteltern für Freitag in ein deutsches Restaurant eingeladen. Bin mal gespannt, wie der Mexikaner Eisbein mit Sauerkraut verspeist. Mein Gastvater ist angeblich allergisch gegen Käse: Wie erkläre ich ihnen die Delikatesse Leberkäse?
Heute gab es ein Gewitter und wie des Öfteren in letzter Zeit: Stromausfall. Deshalb war die Schule nur eingeschränkt in Betrieb, und es ging heute nicht raus zum Laufen. Wir hatten nur ein Gruppengespräch. Unser Sportlehrer meinte, dass wir es in einem Monat schaffen werden, locker acht Meilen (miles; Kürzel: mi), also knapp zwölf Kilometer zu laufen – vorausgesetzt wir trainieren jeden Werktag. Wir werden auch Wettkämpfe gegen andere Schulen haben. Es wird für Austauschschüler schwieriger sein, da hier in einer Höhe von 2000 Metern die Luft „knapper" ist. Wenn ich zurückkomme, lauf ich beim Köln-Marathon wie eine Gazelle!
Fast jeder Schüler hat jeden Tag Sport! Der Staat und die Schulen tun sehr viel für die Aktivitäten (man siehe Olympiade).
Lehrer sind den vollen Tag auf der Schule, am Vormittag unterrichten sie, am Nachmittag leiten Sie die Clubs.
Einige Mädchen meiner Schule fahren voll auf meine Haare ab! Eine will doch glatt ihren Freund für mich verlassen! Ich erspare mir einen Kommentar.
Die Lehrer sind voll locker drauf, es besteht ein freundschaftliches Verhältnis. Habe in Biologie meine ersten Sonderpunkte bekommen. Zum Thema Hausaufgaben: viel Lesen! Ob Bio oder Englisch. Übrigens hab ich kein Englisch, sondern amerikanische Literatur. Wir lesen gerade „Oedipus Rex" von Sophokles. Ich muss mich noch ein bisschen im Organisieren üben. Musste heute früh beim Frühstück noch Hausaufgaben machen. Mein Gastvater machte mir ein Omelett mit Käse!
Am Wochenende aß ich bei einem mexikanischen Schnellimbiss ein „Chorizo" (eine spanische Spezialität, ist eine würzige, feste, grobkörnige und mit Paprika gewürzte Wurst aus Schweinefleisch), dazu Reiswasser. Köstlich! Meine Gasteltern haben sich entschlossen, mich trotz der

Zeitprobleme zu behalten! Mein Gastvater Gilbert meinte, dass er mich keiner anderen Familie anvertrauen könnte. Ich habe zugestimmt, ich finde es ja ganz gut bei den Luceros und würde ja nicht sicher sein, ob eine andere Familie unbedingt besser wäre. Ich habe mich schließlich schon an sie gewöhnt und lieb gewonnen. So konnte ich auch mein Gastgeschenk, ein Buch über die Geschichte meiner Nachbarsstadt Jülich, überreichen! Sie haben sich sehr gefreut! Und ich mich auch!
In der Schule geht das Abenteuer weiter: Jeder auf der Schule will, dass ich unanständige Wörter auf Deutsch sage – doch ich halte dagegen. Ein Tipp ist zum Beispiel, ihnen einfach richtig fiese Wörter wie „Tisch“ oder „Fernseher“ beizubringen. In wenigen Minuten „beleidigen“ sich die Schüler gegenseitig mit diesen Worten. So gibt es aber später keinen Ärger, wenn dich jemand fragt, was die Wörter denn wirklich heißen und warum du den Schülern so etwas beibringst.
Die Schulklassen sehen so aus: 15 bis 20 Schüler in den neunten bis zwölften Klassen sitzen an den typischen amerikanischen Einzeltischen, wo direkt der Stuhl dran befestigt ist. Besser gesagt: ein Stuhl mit einer Arbeitsfläche dran. Fast in jeder Schulstunde treffe ich ein bis zwei Austauschschüler! Einige aus Deutschland, aber auch aus Holland, Spanien, Neuseeland, Brasilien und Hongkong.
¡Adiós!

Heimatkult und Gunshow

Montag, 23. August 2004, 20:27 Uhr

Hallo!
FREITAG-Abend ging es endlich mal wieder nach Albuquerque. Meine Gasteltern wollten schon um 17:30 Uhr essen, also reservierte ich den Tisch in meiner Landessprache; denn es geht in das einzige deutsche Restaurant der Stadt. Dort drinnen gibt es noch eine Bäckerei mit deutschen Spezialitäten. Die Hausherrin begrüßte uns mit einem mittelmäßigen Deutsch. Das Restaurant war gut besucht, beim Essen wurde ich zweimal von anderen Tischen aus angesprochen: „Sind sia Deutschs?“

Kommen wir zum Essen: Es gab fünf Spezialitäten zur Auswahl: Ich bestellte Kassler, Navolena ein Schnitzel und Gilbert ein Jägerschnitzel. Dazu gab es Eistee in Plastikbechern! Deutsches Bier gab es leider nicht, da Restaurants für Alkohol eine spezielle Lizenz erwerben müssen. Die Köchin kam vor zirka 15 Jahren aus Berlin hierher. Zum „Deutschen Salat" gab es deutsches TV, deutsche Musik und Mischbrot! Wow! Echtes, gesundes, farbenfrohes Mischbrot! Navolena genoss das Brot, Gilbert hatte mit der Kruste zu kämpfen. Er bleibt dabei, dass Bimbo-Brot und Tortillas (mexikanische Fladenbrote aus Mais- oder Weizenmehl) besser sind. Schon wurde die Hauptspeise serviert. Lecker! Es schmeckt wirklich wie zu Hause. Eistee wurde von der Wirtin auch immer nachgegossen. Ich bezahlte die Hälfte der umgerechnet 34 Euro. Navolena kaufte noch ein ganzes Mischbrot. Die nächsten Tagen also kein Hungern!

Das Restaurant kann ich von den Speisen her nur empfehlen, das Lokal ist im bayrischen Stil eingerichtet und gut besucht.

Danach ging es noch in die Kirche. Jemand ist gestorben. Bei dieser Familie und ihrem Freundeskreis stirbt leider fast jede Woche einer, und jede zweite Woche ist eine schwanger!

An diesem Abend sah ich zum ersten Mal in meinem Leben einen Toten friedlich im offenen Sarg liegen. Man hat mir ja gesagt, dass es ein erlebnisreiches Jahr wird und ich viele neue Sachen sehen werde ...

SAMSTAG besuchten wir ein Football Game der kleinen Estancia Bears Middle School. Dieses war draußen in brütender Hitze mitten in Albuquerque. Es ist bemerkenswert, wie viele Eltern ihren Sprösslingen beim Turnier zuschauen und sie anfeuern. Und dieser Stolz ermutigt die Schüler, mit der Leistung an ihre Grenzen zu gehen.

SONNTAG: Statt zur Kirche ging es mit Mr. Wetterman und zwei weiteren Austauschschülern nach Albuquerque. Erster Halt war eine Gunshow. Waffen aller Art, Messer und Gegenstände aus dem Zweiten Weltkrieg gab es dort zu kaufen! Ich habe viele Fotos gemacht, doch dann kam ein Sheriff. Ich musste alle Bilder löschen, und die Kamera wurde während meines Aufenthaltes einkassiert. Das gleiche passierte auch mit meinem Freund Sjors aus Holland. Die Begründung: Einmal wurde einer der Waffenhändler auf einem Foto wiedererkannt, und seine Garage wurde geplündert! Bush-Werbeutensilien gab es aber kostenlos zum Mitnehmen!

Danach ging es zu einem riesigen Supermarkt nur für Sportartikel, der neu eröffnet wurde.

Wir hatten in einem anderen Supermarkt dann ganze zweieinhalb Stunden Aufenthalt, so konnten Sjors und ich alles ausprobieren. Wir haben auch unsere „Hausaufgaben" in Cross Country erledigt: Wir sind dreimal zehn Minuten lang ohne Pause durch alle Regale gejoggt! Die letzte Minute ging es durch das offene Gefrierhaus – Erholen auf den Ausstellungsmöbeln! Das ist halt das Land der unbegrenzten

Möglichkeiten. Auf dem Rückweg sahen wir noch einen Roadrunner! Meep! Meep!
Das abendliche Gewitter sorgte diesmal nicht für einen Stromausfall, wie es sonst des Öfteren passiert ist. Doch die Stromwerke (für die Gilbert auch mal gearbeitet hat) arbeiten an einer Lösung. In New Mexico ist man manchmal „selbst der Mann", doch bei der Starkstromleitung lässt mein Hostdad lieber die Finger davon.
MONTAG: Heute gab es Schule und Laufen. Ich war ziemlich gut – immer nur zehn Sekunden hinter dem Besten! Es wurde heute zweimal gelaufen. Wir brauchten jeweils sieben Minuten um die Sportanlagen.
Ich bin gerade dabei, einen PC zu reparieren, da es auch in Amerika Computerviren gibt. Dieser weltbekannte Virus wurde von einem Schüler in Deutschland programmiert und hatte über das Jahr Milliardenschäden in den USA angerichtet.

Rauchende Volkswagen

Mittwoch, 25. August 2004, 19:11 Uhr

Hallo!
Die Schule macht immer noch Spaß, vor 17 Uhr bin ich aber nie zu Hause. Ich nutze nach der Schule des Öfteren die Schulrechner, um kurz E-Mails zu lesen oder Recherchen für Hausaufgaben zu erledigen.
Übrigens: Als ich in Albuquerque war, begab ich mich auf die Road 66 – eine ganz normale Straße halt und zugleich die Hauptstraße der Stadt. Kein Witz: Hier gibt es mehr alte VW-Käfer als rauchende Leute! Ich zählte seit meinem Aufenthalt fünf Volkswagen Beetle und drei Raucher!
Nächsten Dienstag spielt die Band Linkin Park in ABQ. Im September Incubus – und dann gibt es in Colorado noch ein riesiges Festival. Stars hautnah.
Ich bin eigentlich die meiste Zeit woanders als bei meinen Gasteltern. Schließlich bin ich fast den ganzen Tag in der Schule. Danach treffe ich erste Freunde oder Enkelkinder meiner Gasteltern. Bald geht es mit dem Skiclub in die Berge und mit unserer EF-Betreuerin zum River Rafting.
Am Dienstag war es hier um 18 Uhr 17 Grad kalt! Sonst ist das Wetter sonnig bei 27 Grad.

Die Wahlen gehen in die zweite Runde

Samstag, 28. August 2004, 13:54 Uhr

Hallo!

DONNERSTAG: Sjors und ich hatten am Donnerstag keine Schule. Der Ehegatte unserer Betreuerin besorgte uns Tickets für die „Bush-Cheney-Rallye" in Albuquerque! Dick Cheney ist der US-Vizepräsident unter George W. Bush. Durch die Sicherheitskontrollen durchgekommen, war es dann soweit: Die BBBB – Bush Blues Big Band – spielte flotte Country Music.

Dann, nach 45 Minuten, begab sich der „mächtigste" Mann der Welt auf die Bühne: George W. Bush! Die Menge schrie! Zirka 1500 Leute forderten weitere vier Jahre Bush. Der Süden ist nun mal eher konservativ. Seine 30-minütige Rede war ernst gemeint trotz der „humorvollen Thesen": „Amerika ist weiterhin im Kampf gegen Terroristen! New York, Los Angeles und Albuquerque sind die gefährdeten Städte! – Frag doch einfach Saddam Hussein!" Ich habe dies für einen Scherz gehalten, doch Mrs. Wetterman erklärte mir später, dass New Mexico ein riesiges Forschungslabor und Uranbergwerke hat. Außerdem sind die Berge um mich herum voll gestopft mit nuklearen Waffen und Atommüll! Na dann ... Als es dann aus dem Gebäude herausging, standen auf der anderen Straßenseite eine Hand voll Demonstranten. Polizisten auf Pferden beschützten diese zu Recht.

Komischerweise gab es keinen einzigen Mexikaner oder Farbigen, der Bush sehen wollte. Also für mich war es ein Erlebnis, den „mächtigsten" Menschen des 21. Jahrhunderts live zu sehen, und drum herum hüpfende Anhänger! Das Thema und die Werbung bezogen sich überwiegend auf die Terroranschläge vom 11. September 2001.

Danach besuchte ich das American Red Cross in Albuquerque. Ich werde in den nächsten Wochen einen ausführlichen Bericht schreiben. Man zeigte mir das Gebäude und die Struktur des ARC. Die Mitarbeiter haben sich sehr über meinen Besuch gefreut. Die wollen doch im Ernst, dass ich in Estancia eine Jugendgruppe eröffne und trainiere. Mal sehen, was daraus wird! Aber ich sehe da schon die Schwierigkeit, das Rote Kreuz in Albuquerque zu besuchen – zu weit weg liegt es von Estancia.

Als ich am Abend mit den Bush-Plakaten zurückkehrte, gab es Ärger. Da

meine Familie strenge Demokraten sind, wollen sie nun nichts mehr mit einem „Republikaner“ zu tun haben! Dabei bin ich doch keiner!!! Dieser Ärger endete in Mobbing und Gelächter – das war aber mehr scherzhaft als ernst gemeint.
Die Plakate eignen sich bestimmt gut zum Anfeuern des Ofens im Winter! Kerry ist leider auch nicht der Beste, so gibt es keinen wirklichen Konkurrenten für George W. Bush. Meiner Ansicht nach ist die Mehrheit der Jugend entschieden gegen Bush (außer den „Cowboys“), bei den Erwachsenen ist es 50:50. Lars, ein Austauschschüler aus Deutschland, legte sich am Freitag im Unterricht mit Bush-Befürwortern an. Einige lieben wirklich Bush und befürworten den Irak-Krieg. Ich versuche, mit den Leuten in sachlichem Ton zu reden. Als Gegenargument kommt dann das „Nazi = Germany“ ins Spiel. Jedoch machen die meisten einen Unterschied zwischen dem „third Reich“ und dem heutigen „Bier-und-Bratwurst-Reich“. So gesehen gibt es nur einige Idioten an unserer Schule – die Bildung über die Weltgeschichte wird zumindest in Estancia ähnlich wie bei uns gelehrt, was mir sehr willkommen ist. Und wir als Austauschschüler lieben es zu diskutieren und Sachen aus unserer Sicht zu vermitteln. Man muss jedoch sehr aufpassen, was man sagt, wenn man über die US-Politik diskutieren will.
Heute übernachte ich bei den Wettermans, da Navolena und Gilbert nach Albuquerque fahren und eine Hochzeit besuchen. Ich werde gleich meine Hausaufgaben machen, unter anderem Mathe, Geschichte und dreimal 20 Minuten laufen.
Übrigens ist unser Geschichtslehrer zum Schreien lustig: Gestern verkleidete er sich als „Urmensch“ und demonstrierte uns, wie unsere Vorfahren so lebten. Genial.
Das Essen in der Schulcafeteria ist mittlerweile ungenießbar! Nur an den ersten Tagen hat die „lächelnde Köchin“ sich Mühe gegeben. Aber viele bringen selber Essen mit, wo ich mich gerne mal bediene ...

Mehr von Politik und Kirche

Montag, 30. August 2004, 19:25 Uhr

Hallo!
SAMSTAG-Abend schauten wir uns Michael Moores „Bowling for Columbine“ an, einen Dokumentarfilm über Waffen in Amerika. Er handelt von der Tragödie in Littleton, Colorado. Eric Harris (18 Jahre) und Dylan Klebold (17 Jahre) erschossen am 20. April 1999 in der Columbine High School zwölf ihrer Mitschüler sowie einen Lehrer. Sie verletzten 23 weitere Jugendliche. Nach den Morden töteten sie sich selbst. Sie starben in der

Schulbibliothek neben zehn weiteren Schülern, die sie erst wenige Minuten zuvor ermordet hatten. Michael Moore hat unter anderem mit diesem Film eine landesweite Debatte ausgelöst. Der 20. April 1999 ist genauso wie der 11. September 2001 ein Tag, an dem Amerika ein Stück Freiheit verloren hat und den es niemals vergessen wird.
Die Nacht von Samstag auf Sonntag übernachtete ich bei den „Wettermännern". Ich konnte in einem Wasserbett schlafen!
SONNTAG ging es wieder mal zur Kirche. Eigentlich gab es sonst nix Besonderes. Am Nachmittag ging es zu einem BBQ in Estancia. Ich traf mich mit einer Schülerin aus meinem Cross-Country-Team. Jennifer und ich liefen einige Runden. Dann war der Tag auch schon vorbei.
Aber heute behinderte Gewitter das Lauftraining, also liefen wir Indoor.
Am Mittwoch geht es vom Sportunterricht aus am Vormittag ins Schwimmbad des kleinen Örtchens Estancia, 100 Meter von meiner Schule entfernt.
Da haben wir das erste Rennen: 3,1-Meilen-Lauf (fünf Kilometer) über Hügel, Sand, Straße und Feldwege.

September bis Oktober 2004: Leben erleben

Natur pur und Wasserspaß

Montag, 6. September 2004, 20:54 Uhr

Hallo!
Die Woche über war eigentlich nix Besonderes. Außer, dass es rund um Albuquerque in den Nachrichten jeden Tag schlechte News gibt – Montag: Kind erschoss Kind! Dienstag: Hund kastrierte „Mann"! Mittwoch: Schusswechsel bei Bordell. Donnerstag: Swat-Situation im Business Center! Freitag: Mann erschoss Frau! Samstag: Wenn die Wahl heute wäre, hätte Präsident Bush gewonnen! Wirklich jeden Tag geschieht irgendetwas in Albuquerque und Umgebung. Dies ist Alltag hier, man will mir nicht glauben, dass wir so etwas alleine in der Bundeshauptstadt Berlin nur selten im Jahr haben. Ich will jetzt aber auch nicht „die Pferde scheu machen" ...
FREITAG ging es nach der Schule zu einem Cross-Country-Rennen. Über sieben Schulen aus New Mexico wagten sich auf die 3,1 Meilen (fünf Kilometer). Darunter meine Estancia High School. Wir waren mit Abstand die kleinste Schule dort, also mussten wir den bekannten und großen Schulen zeigen, „wo der Schuh hängt".
Am Mittwoch lag ich noch mit Fieber im Bett, aber jetzt rannte ich in der Junior-Gruppe mit weiteren drei „Estancia-Bären" über Stock und Stein. Gegen 5 p. m. (17 Uhr) ging es los: Über 60 Jugendliche begaben sich auf den Weg. Doch zuerst Startabbruch – einer ist über ein Erdloch gestolpert. Nach 23 Minuten und zwölf Sekunden, im hinteren Mittelfeld, hatte ich es geschafft: mein erstes Rennen. Am Start hatte ich Bärenhunger, da es seit sechs Stunden kein „Futter" mehr gegeben hatte. Aber ich hatte mich gut vorbereitet: Kartoffeln am Abend, Kartoffeln am Morgen, Kartoffeln am Mittag. Mann, war ich aufgeregt. Und ich ließ mein Team weit hinter mir: Zirka drei Minuten später kam der Rest meiner Gruppe an. Direkt nach dem Rennen ging es in den Norden New Mexicos. Nach vier Stunden Fahrt mit dem „Motorhome" erreichten wir den 3300 Meter hohen Campingplatz. Urlaub mit den Luceros!

SAMSTAG: Ich habe gut geschlafen, jetzt gab es ein gutes Frühstück, und dann erkundeten wir das Gebiet. Eine tolle Gegend zum Jagen und Angeln! Fische gab es im Übermaß – diese werden in einer Farm gezüchtet und jede Woche in einen See geschmissen.
Die Teerwege durchnetzen den Nadelwald – Natur pur eben! Nur: Keiner hatte mir gesagt, dass es kalt werden könnte, also hatte ich nur T-Shirts und Shorts dabei! Und 15 Grad den ganzen Tag fühlen sich verdammt kalt an!

Am Abend gab es ein Lagerfeuer mit Marshmallows und so genannten Smores (Marshmallow-Burger) mit sage und schreibe 500 Kalorien. Dieser bestand aus einem erhitzen Marshmallow zwischen zwei Schokokeksen. Na ja, ich achte ja auf nix mehr. Dazu gab es noch Diskussionen zwischen den Republikanern (Bush) und Demokraten (Kerry). Generell sind die Bush-Supporter sehr patriotisch. „Warum hasst die ganze Welt Amerika?", ist eine der Fragen der Republikaner. Falls ich zu viel von Politik rede, so kann ich versprechen, dass nach der Wahl in den Staaten nie wieder davon geredet wird. Gilbert meint, die Diskussionen und leichten Verfeindungen sind nur sechs Monate vor der Wahl zu spüren, danach haben wir wieder für vier Jahre „Frieden".
Mit kalten Füßen und 30 Decken ging es dann ins Bett.
SONNTAG beschlossen wir schon früher nach Hause zu fahren, da es sehr kalt war. Ich fuhr mit Danny, einem Sohn meiner Gasteltern, zurück. Auf dem Weg machten wir Stopp beim „Echotheater": eine Art Höhle in einer Felswand, die bei Geräuschen ein starkes Echo wiedergibt. Santa Fe war unser Halt Nummer zwei: Burger King.
MONTAG war Labor Day: so eine Art „Tag der Arbeit" am 1. Mai, also keine Schule! An diesem Tage ging es mit Danny und Familie ins Freibad. In punkto Sicherheit für „verrückt-gefährlich-schnelle 90-Grad-Wasserrutschen" gab ich 10 von 10 Punkten. Während ich meine weiße Haut bräunte, schaute ich mir so die Menschen an: Iroquesen – ob Indianer oder Punk, wer weiß. Und dann die dicken Menschen – definitiv nicht mehr als bei uns (nicht nur im Freibad). Mädchen: Auch hier muss ich sagen – sorry Heimatland! Eine hübscher als die andere.
Auf jeden Fall hatte ich viel Spaß und eine Schürfwunde von der Wasserrutsche. Zwischendurch gab es leckere Pizza statt Fast Food von McDonalds, Burger King, Wendys, Subway oder Taco Bell (wobei die letzteren beiden deutlich gesünder sind). Ich musste keinen Eintritt zahlen, da ich mit der Organisation „4-H" da war. Diese vom Staat unterstützte Organisation ist eine Art riesiger „Jugendclub" für Kinder und Jugendliche

und in vielen Ländern vertreten. Sie bietet viele Freizeitmöglichkeiten an wie zum Beispiel Handarbeiten, Tätigkeiten in der modernen Landwirtschaft, Werken und technische Arbeiten.
Dieses Wochenende lernte ich eine Menge Leute kennen – darunter viele (positiv) Verrückte mit großem Selbstbewusstsein und Individualismus.

Chili con carne!

Mittwoch, 8. September 2004, 19:23 Uhr

Hallo!
DIENSTAG haben wir in der Schule Chilischoten geröstet. Dazu haben wir in Metal Fabrication eine Chiliröstmaschine gebaut. Es gibt viele Arten von Chili! Scharf, extrascharf, grün, rot, mild etc. Die gerösteten Schoten werden dann in Säcke verpackt und zu Gunsten der FFA-Klasse verkauft und können unter anderem zu Chili con carne verarbeitet werden. Dies ist ein feurig-scharfes Gericht aus Fleisch, Chilischoten und anderen Zutaten, welches seinen Ursprung im Süden der USA hat. In Cross Country werde ich immer besser, obwohl es mir manchmal sehr langweilig erscheint zu laufen. Ich bin unter den besten Fünf bei den 5000 Metern (3,1 Meilen).
MITTWOCH habe ich zum ersten Mal geschweißt. Ich hoffe, ich lerne schnell, da ich meinen Nachbarn als erstes einen „Pfannenhalter" basteln will. Dies ist eine Wette mit Victor, ob ich das schaffe oder nicht. An diesem Tage ist leider einer der Hunde meiner Gastfamilie gestorben. Mary hat aber zufällig Welpen, und gegebenenfalls bekommen wir einen!
Heute war das Essen in der Cafeteria halbwegs genießbar. Kann auch nur Gewöhnung sein. In PE spielen wir gerade Football, was ich überhaupt nicht kann. Ich muss mich da wohl zusammenreißen, da Footballspieler einer High School sehr angesehen sind. Ich werde mein Glück aber vielleicht in Basketball versuchen. Lars hat als Deutscher gezeigt, dass er in diesen amerikanischen Sportarten mithalten kann.

Football und 9/11

Sonntag, 12. September 2004, 11:31 Uhr

Hallo!
Meine Gastfamilie hat jetzt endlich Internet, wenn auch langsam ...
Ich bekomme den alten, grauen Truck (Pick-up) meiner Gastfamilie! Bis auf den Motor ist fast alles Schrott, aber ich habe mich entschlossen, aus Alt wieder Neu zu machen: reinigen, neu lackieren etc.

Am FREITAG gab es ein Footballspiel (wie fast jede Woche). Estancia hat mit 0:50 verloren. Applaudiert wurde aber auch für die Cheerleader! Denn oft stehen alle hinter dem Team und unterstützen es, egal ob es gewinnt oder verliert. Hier sieht man wieder das großartige Wir-Gefühl, wo alle zusammenhalten und mitfiebern.
Schon genial, was für ein Spektakel eine kleine Schule mit 200 Schülern auf die Beine stellt.
Ich habe mich auch mit dem Fire Department Estancia getroffen. Diese bräuchten 40 Minuten, um mich zu retten und ins Krankenhaus zu bringen. In Amerika ist Lebensrettung ein Job der Feuerwehr oder der Ambulance.
SAMSTAG war der 11. September. Drei Jahre nach den Anschlägen am World Trade Center. Ein ganz normaler Tag für meine Familie. Also die Medien und Menschen in Deutschland denken mindestens genauso viel an die 3000 Opfer wie die Leute hier, was ich ganz toll finde! Viele denken hier, sie seien allein mit ihrem 9/11. Am 11. September 2001 hat Amerika ein Stück seiner Freiheit verloren. Strengere Regeln für Reisende, Austauschschüler, Angst, strikte Flughafenkontrollen.
Am nächsten Morgen ging ich zur Bank, ich habe ein kostenloses Konto bekommen. Dies dauerte über eine Stunde.

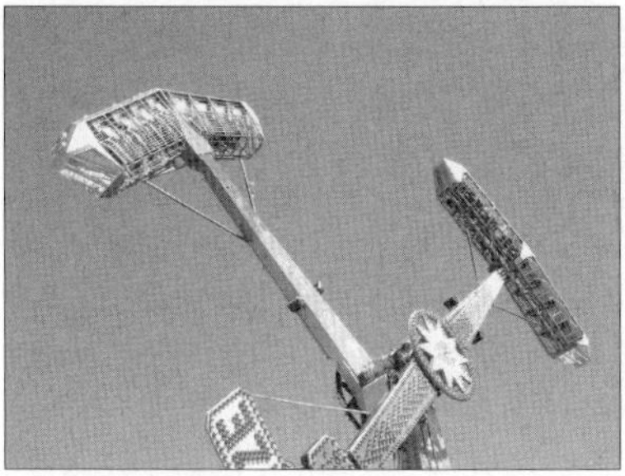

Wir besuchten die Expo New Mexicos in Albuquerque. Zwei Wochen ein großes Fest: die „State Fair". Nicht zu vergleichen mit der internationalen Expo, aber es gab Reitsport, Bauern, Indianer, Kultur und Spaß. Alles kann man auf dieser Ausstellung erleben. Leider kostet eine Fahrt zum Beispiel im Geisterhaus satte vier Dollar. So viele Menschen waren Samstag da. Unglaublich! Bilder und Kunst wurden gezeigt, traditionelle Live-Musik und mehr. Ein erlebnisreicher Tag.
Heute werde ich noch für US History lernen und anfangen, am Pick-up zu werkeln. Dieser ist mein Jahresprojekt. Ein alter und rostiger Chevrolet, Baujahr 1981, acht Zylinder, 750 Kilogramm schwer.

Auf dem Footballfeld der Estancia High School

Der Alltag kommt

Mittwoch, 15. September 2004, 15:46 Uhr

Hallo!
Ich versuche mit den weiterführenden Schulen in Deutschland zu verhandeln, ob ich die elfte Klasse überspringen kann.
Im Schweißen mache ich große Fortschritte.
Da meine Gasteltern nun einen DVD-Player haben, haben wir uns direkt einmal „Schindlers Liste" angeschaut. Dies war ein großer Wunsch meiner Gastmutter. Film im Internet bei Amazon gekauft, drei Tage später hatte ich ihn! Wie bei uns, Interneteinkäufe vom Feinsten.
Meine Schule bietet nun Driver's ED (ED für Education) an! Für 45 Dollar heißt es jeden Tag außer Freitag und Sonntag um 7 Uhr schon an der Schule zu sein. Bald kann ich eventuell mit meinem „rekonstruierten" Truck die Schule in 20 Minuten erreichen. Eine Versicherung zu finden wird aber sicher ein Problem.
Für Oktober plane ich, meine Eltern im Urlaub in Cancún, Mexico, zu besuchen. Die Genehmigung zum Ausreisen muss ich mir noch holen.
Gestern habe ich mit den besten Läufern knapp sieben Kilometer in 28 Minuten geschafft! Der Viertbeste war in 34 Minuten da, die letzten nach 50 Minuten. Doch nach dem Laufen schmerzte alles – ich gehe wie ein alter Mann! Dafür gab es ein Fußbad am Abend.
Heute geht es zum Training in die Berge, denn Samstag ist das nächste Rennen. Danach besuche ich Jennifer und Family. Sie wohnen hier in der Nähe, kommen eigentlich aus Frankfurt, können aber kaum noch Deutsch.
Mein Gastvater hat beschlossen, im nächsten Jahr eine Deutschlandreise zu machen, um unter anderem einige ihrer sieben Gastschüler zu besuchen und die Autobahn bis zum Limit zu testen. John Kerry kommt bald nach Albuquerque, gegebenenfalls besuche ich ihn. Am Sonntag hat meine Gastmutter Geburtstag.
Ich bekomme bald eine neue Kreditkarte aus Deutschland, da eine unberechtigte Buchung von 63 Euro erfolgte. Es stellte sich heraus, dass eine Frau aus Wien fast dieselbe Kartennummer besitzt, nur die letzten zwei Stellen vertauscht wurden.
Die Vorbereitungen auf den Schulabschluss beginnen schon jetzt. „Erinnerungsstücke" ab 100 Dollar sind zum Beispiel Schulringe (Class rings) mit dem Schullogo. Man sucht sich aus, was in den Ring alles eingraviert wird, inklusive Name. Dann noch ein bisschen Glaube – und schon wird dich dieser Ring symbolisch durch die High-School-Jahre bringen.
Am Freitag werde ich das hiesige Footballspiel aus einer anderen Perspektive betrachten: als Maskottchen! Ich werde mich als Bär verkleiden und kleine Kinder „gruseln", das wird bestimmt ganz lustig.

Derzeit versuche ich, meine Schulleiterin zu überzeugen, kostenlose Getränke in der Cafeteria anzubieten. Denn jeder bekommt derzeit nur 136 Milliliter Schokoladenmilch. Wie soll man das bei 36 Grad überleben? Zumindest haben wir den Luxus, die klimatisierten Water Fountains (Trinkbrunnen) zu benutzen.
Hurrikan „Ivan" rast auf Florida zu und beschert uns das trockene Wetter. Hurrikans erreichen New Mexico nie.
Gestern wurde einer aus Estancia zu zwölf Jahren Haft verurteilt, da er bei einem Autounfall einen Menschen getötet hat.
Polizeipräsenz ist hier in den USA an der Tagesordnung. In Deutschland sieht man die Polizei viel seltener.

Sport und Geburtstag

Sonntag, 19. September 2004, 20:57 Uhr

Hallo!
Den FREITAG überlebte ich in dem unklimatisierten Bärenkostüm! Einige meinten, ich wäre das coolste Maskottchen der Estancia Bears! Unser Footballteam hat trotzdem verloren. Nervig waren nur die kleinen Kinder. Doch bei der so genannten Bohnenmeisterschaft (BBC) gewannen unsere Volleyball-Ladys gegen andere Schulen. Es ist ein Freundschaftswettbewerb, der zweimal im Jahr von einer der umliegenden Schulen ausgetragen wird. In verschiedenen Sportarten treten dann die Schulen gegeneinander an. Volleyball und Softball sind

hier reine Mädchensportarten. Football und Baseball ist nur für die Jungs. Fußball wird von beiden Geschlechtern gespielt. SAMSTAG ging es mit dem Cross-Country-Team nach Albuquerque. Am Fuße der Bergkette hatten wir in der brennenden Sonne ein Rennen. Fünf Kilometer gebirgiges Land. Meinem Bein ging es genauso schlecht wie vor drei Tagen. Ich habe mein Bein „getaped" – wie bei Pferden –, aber es half nicht. Nach dem Start verlor ich sofort den Anschluss an die Gruppe – humpelnd rettete ich mich zu meinem Trainer. Mit Eis, Medikamenten und Salben versuche ich seit Tagen mein Bein zu schonen. Bekannte diagnostizierten „Shins Splints". Der Muskel hat sich wohl irgendwie vom Knochen gelöst – deshalb schmerzt alles vom Knie bis zum Fuß. Heilung dauert eine Ewigkeit. So hatte ich das zumindest verstanden. So eine Art Knochenhautreizung ist eine der häufigsten

Verletzungen im Laufsport. Nach dem „Rennen“ ging es zu einem Fußballspiel mit einer der 37 Enkelkinder.
Alle Achtung: „Frauenfußball“ kann man sich hier ansehen.
Dann ein Restaurant: Wieder aufgefallen sind die Plastikkrüge, die wie Glaskrüge aussehen. Keiner kann verstehen, warum wir in Deutschland Gläser benutzen: „Diese können doch brechen!“
Gilbert und ich machten uns auf die Suche nach einem Pawn-Shop. Eine Art An- und Verkauf gebrauchter Sachen. Auf Anhieb fanden wir eine Digitalkamera für Gilbert zu einem genialen Preis. Dann kauften wir noch die Speicherkarte. In der Autoabteilung verglich ich Preise für Zubehörteile für meinen Pick-up. In der Waffenabteilung fand ich zwischen Munition und Gewehren eine Sicherheitsweste, die mich beim Lauftraining am Rande des Highways sichtbarer machen soll.
SONNTAG fiel leider das River Rafting aus, da der Fluss hier zu wenig Wasser führt. Dafür ging es in die Kirche. Nach der Messe gab es ein „Geburtstagsfrühstück“ für meine Gastmutter Navolena. Sie wurde 67 Jahre alt, wirkt aber immer noch sehr jung und gesund.
Ich spielte „Tischfußball“ gegen Verwandte. Thema des Tages war unter anderem der Boxkampf des gestrigen Abends sowie die National Football League (kurz NFL), die „Bundesliga“ im Profifootball!
Den Rest des Tages notierte ich mir Daten des Pick-up, den ich komplett „aufmöbeln“ will. Ich habe eine große Delle schon fast beseitigt.
Morgen geht es vor der Schule zur Drivers ED (Fahrtraining) – Habe 53 Stunden Theorie zu absolvieren. Den praktischen Teil muss man selbst mit den Eltern (also Gasteltern) erlernen.

About the American Red Cross – Teil 1

Montag, 20. September 2004, 21:30 Uhr

Meine erste Fahrschulstunde war ganz lehrreich. Ich wollte noch was zum Thema Essen loswerden. Das Schulessen wird immer besser – gegebenenfalls, da ich mich daran schon gewöhnt habe. Freitag gab es bei „den Newtons“ Schnitzel zum Abendbrot. Eine supernette Familie, kennen gelernt durch eine Schülerin namens Jennifer, die Tochter der Familie. Ihr Vater war mit dem US-Militär in Deutschland und lernte die Liebe seines Lebens kenne. So oder so ähnlich wandern Europäer in die USA aus.
Sonst kommt eigentlich kein Haushalt ohne salziges Popkorn oder Sonnenblumenkerne aus. Süßes Popkorn kennen Amerikaner kaum, nicht einmal im Kino.

Hier ist mein erster Rot-Kreuz-Bericht, der im Landesverband des Deutschen Jugendrotkreuzes und im Städtischen Amtsblatt Linnich veröffentlicht wurde.

About the American Red Cross – Teil 1
Die ersten Wochen in den Staaten habe ich im Bundesstaat Vermont, in der Nähe von Boston, verbracht. Am 23. Juli besuchte ich das dortige American Red Cross (ARC). Im sechsstöckigen Hochhaus arbeiten viele Rot-Kreuz-Mitarbeiter. „Massachusetts Bay" verwaltet alleine drei US-Staaten, ähnlich wie bei uns auf Landesebene. Nach der Besucherregistrierung im Eingangsbereich befinden sich in einem Glaskasten Aufnäher aus verschiedensten Ländern. Mit dabei: JRK- und DRK-Aufnäher aus Deutschland. Mein ehemaliger Schulsanitätsdienstleiter hat mir einige Aufnäher mit über den „großen Teich" gegeben.
Im Verwaltungstrakt des sechsten Stockwerks traf ich auf die Direktorin des internationalen Service Programm. Ihr Büro befindet sich direkt neben einem Call-Center. Sie zeigte mir die vielfältigen Hilfsprogramme wie zum Beispiel Lebensmittel für Afrika, Obdachlosenhilfe, Suchdienst oder aktuelle Problemhilfe bei Krieg und Umweltkatastrophen. Das American Red Cross wird vom Staat großzügig gefördert und ist ähnlich wie bei uns strukturiert. Jedoch ist der Rettungsdienst kein Bestandteil der Rot-Kreuz-Organisation – dies ist Aufgabe der Feuerwehr und spezieller Rettungsdienste. Leider hatte die Dame wenig Zeit, jedoch versprach sie mit mir in Kontakt zu bleiben – wir tauschten Aufnäher aus.
Nach wunderschönen Tagen in Vermont ging es hinunter nach New Mexico. In der größten Stadt, Albuquerque, befindet sich nahe der berühmten „Route 66" das kleine Gebäude des ARC. Bei Waldbränden oder Swat-Situationen verpflegt das Rote Kreuz die Einsatzkräfte. Altkleidersammlung, Blutspendedienst und Krankenhausbesuche sind weitere Leistungen des American Red Cross. Ich traf mich mit der ehemaligen Koordinatorin des Youth Service, Diana Carrillo. Anders als bei uns ist das Jugendrotkreuz klein und keine eigenständige Organisation. Sie erklärte mir, dass es dem Nachwuchs finanziell und organisatorisch schlecht geht und er nicht in die Arbeiten der Erwachsenen integriert werden kann (Generationskonflikte). Dennoch haben die rund 25 Jugendlichen „Spiel und Spaß": Im Kindergarten schult der „Scrubby Bear Club" das Händewaschen, in der Schule begleitet die Klassen das „Disaster Kit", und in der High School gibt es HIV-Aufklärung. Schulsanitätsdienste gibt es leider so gut wie gar nicht. Jeder „Nachwüchsler" besitzt Grundkenntnisse in Erster Hilfe und kann weitere Ausbildungen absolvieren. Letzte Woche hat sich das Verpflegungsfahrzeug des ARC Albuquerque zum zweiten Mal auf den Weg nach Florida gemacht, um die dortigen Hurrikanopfer zu betreuen.

Mrs. Carrillo beneidet uns um unser System und die Leistungen des JRK und DRK sehr. Mit Informationen und Anstecknadeln verließ ich das Gebäude. Jedoch mit dem Versprechen, dass ich Mitglied im Jugendrotkreuz werde und einen „Youth Club" an meiner Schule eröffne! Ich bin begeistert und freue mich auf meine kommenden Ausbildungen. www.jrk-linnich.de, www.bostonredcross.org, www.jrk-nordrhein.de

Dies und das

Freitag, 24. September 2004, 12:43 Uhr

Hallo!
Drivers ED ist sehr einfach. Wenn alles klappt, kann ich hier schon bald durch die Landschaft fahren.
Gestern war ein Volleyball Game, heute gibt es ein Footballspiel außerhalb.
Meinem Bein geht es nicht viel besser. Jeden Tag wird geeist, gewärmt etc. im Fünf-Minuten-Wechsel. Medikamente sollten den Schmerz langsam beheben. Diesen Samstag werde ich nicht mitlaufen.
Dafür hab ich Drivers ED von 8 bis 12 Uhr. Danach ging es nach ABQ, um ein paar Sachen für meinen Pick-up zu kaufen. Dann half Gilbert mir bei dem nicht ganz ungefährlichen Job, die Zündkerzen zu testen. Als ich mit meinem Kopf unter der Motorhaube war, musste er doch glatt die neue Hupe ausprobieren! Zitternd vor Aufregung testete ich die erste Zündkerze – wunderbar! Bei der zweiten gab es einen kleinen Stromschlag. Aua! Beim dritten Sparkplug hupte Gilbert wieder. Er fand das sehr lustig! Nach fünf weiteren kleinen Schocks (und der Feststellung, dass sie alle funktionieren) machte Gilbert als Entschuldigung ein Sandwich. Am Wochenende wird weitergearbeitet: Farbe abtragen und Beulen entfernen.

Im Krankenhaus

Sonntag, 26. September 2004, 14:39 Uhr

Hallo!
Diese Woche gewann wieder unsere Volleyballmannschaft. Jedoch scheint unsere Footballmannschaft reihenweise zu verlieren.
SAMSTAG hab ich leider nicht am Cross-Country-Rennen teilgenommen. Stattdessen ging es zu einer Geburtstagsfeier und danach nach Albuquerque zum Doktor, denn die dauernden Schmerzen meines Beines waren trotz Schmerztabletten unerträglich. Samstagabend sind die Wartezeiten bei Hausärzten so lang, dass ich ein Krankenhaus besucht habe. Das riesige Hospital ist sehr modern. Da man sich sehr gut um mich kümmerte, gehe ich davon aus, dass meine Versicherung wohl eine gute ist und kräftig zahlt!
Ich humple ja nur ein bisschen, aber die Schmerzen sind nach zweieinhalb Wochen immer noch nach wie vor da. Ich musste mir ein „Gewand" anziehen. Nach Blutdruckmessung, Pulskontrolle, Temperaturmessung und Lungencheck ging es dann an mein Bein: Ich wurde im Krankenbett zum Röntgen gefahren. Auf dem Weg habe ich einen Lachkrampf bekommen, da ich das alles total übertrieben fand mit der ganzen Prozedur. Also am Knochen war nix festzustellen. Ich weiß nun, was los ist, darf zwei Wochen keinen Sport treiben und muss weitere Medikamente einnehmen.
Im Walmart benutzte ich dann einen der elektrischen Einkaufswagen und „Selbstbedienungskassen"! Ich habe mir unter anderem Alleskleber gekauft. Ich war geschockt als man mich fragte: „Bist du 18?" Mein Gastvater hat diesen dann für mich gekauft. Bei uns kann man Alkohol schon mit 16 bekommen. Na ja, in Amerika ist „Inhalieren" wohl traurige Mode. Die Gesetze sind in jedem Bundesstaat unterschiedlich, so kann man Tipp-Ex in Nebraska erst mit 18 erwerben.
Am SONNTAG ging es zur Kirche. Nach einem leckeren Frühstück arbeitete ich weiter am Truck. Mit einem „Slidehammer" habe ich viele kleine Löscher in die Karosserie des Trucks gebohrt um Beulen „herauszuschlagen". Mann, ist das Arbeit. Gegebenenfalls gebe ich meinen Traum „Pimp my ride" auf. Gilbert meinte, dass er eh damit in die Berge fahren wird, und es dann wieder Beulen reinhauen wird (diese Woche hat er einen riesigen Riss in die Karosserie geschlitzt!). Somit denke ich, dass sich die Arbeit und Investition nicht lohnen werden, da mein Daddy nicht lange dran Freude haben wird. Ich darf aber seinen brandneuen Truck fahren ... Na ja, bis dahin sind es ja noch gut fünf Monate!
Morgen gibt es wieder einen Test, für den ich lernen muss. Hier gibt es ja keine Klassenarbeiten, sondern wöchentliche Tests.

Schule und Fahrtraining

Dienstag, 28. September 2004, 22:13 Uhr

Hallo!
Meinem Bein geht es kaum besser. Jammern hilft leider nicht. Mein Vater macht sich große Sorgen – im Gegensatz zu Gilbert.
Letzte Woche war wieder eine „Mädchenwoche": Man hat versucht, mich mit insgesamt zwei Mädchen zu verkuppeln, die mehr oder weniger auch was von mir wollten. Eine schöner als die andere (oder umgekehrt). Ich denke aber, dass Fernbeziehungen nicht gut sind. Das darf ich auch ruhig so sagen: Mit meiner letzten Freundin in Deutschland habe ich mich darauf geeinigt, dass die Beziehung über das Jahr sinnlos ist, und wir haben uns in Frieden getrennt.
MONTAG gab es in der Schule Wahlen zur Vorbereitung des „Homecoming" – eine Art Woche, wo die ganze Schule auf dem Kopf steht: Spiel, Spaß, Tanz, Football, Sport, Parade etc. Man feiert das Ende der Footballsaison. Soweit ich weiß, hat unsere High School leider mehr als einmal verloren, und trotzdem laufen die Planungen dieses Festes auf Hochtouren. Nachmittags beschäftigte ich mich mit meinem Truck, irgendwie hab ich das Stück Schrott total lieb – es tut sich auch was: Das Bed (Ladefläche) wird ausgewechselt, und Beulen verschwinden nach mühsamem Bohren und Hämmern.
DIENSTAG hatten wir Picture Day: Gut angezogen und mit einem Lächeln wurden von jedem Schüler zwei Fotos gemacht, die man dann kaufen kann. Ein Foto kommt am Ende des Schuljahres auch in das Yearbook, das man ebenfalls erwerben kann.
Am Nachmittag ging es wieder zur Pflege meines Beines. Mein Coach hat ein Heißwasserbad mit einer Massagedüse.
Dann ging es zur ersten Führerscheinprüfung: 25 Theoriefragen – alle ganz einfach! Ich hatte vier Fehlerpunkte und somit bestanden. Ein amerikanischer Kollege hatte 13 – acht war die höchste Fehlerzahl, mit der man noch bestehen konnte. Dabei meinte er noch, wie easy der Test doch gewesen sei. Ich muss jetzt nur noch mein Visum vorlegen und den Sehtest wiederholen, diesmal mit Brille. Dann darf ich in Begleitung eines Erwachsenen fahren. Montag und heute ließ mich aber mein Gastvater morgens schon zirka 15 Kilometer Highway mit 80 km/h (50 mph) fahren. Mit „Oh, shit!" begrüßte ich jedes entgegenkommende Fahrzeug – bin halt ein kleiner Angsthase! Spaß macht es aber auf jeden Fall! Mein Visum-Anhang ist gerade in Boston, damit ich die Erlaubnis zum Besuch meiner Eltern in Cancún, Mexico, bekomme. Es wird immer früher dunkel und kälter: nur noch 23 Grad im Durchschnitt.
Heute habe ich die restlichen Beulen bei meiner großen Liebe mit einer speziellen Füllmasse bereinigt.

Wahlkampf und kleine Partys

Sonntag, 3. Oktober 2004, 22:01 Uhr

Statt Lauftraining arbeitete ich diese Woche am Pick-up.
DONNERSTAG war TV-Abend. Das erste von drei TV-Duellen: Bush gegen Kerry. John F. Kerry überzeugte meines Erachtens und machte seine

Fehler gut. Er neigt in letzter Zeit dazu, zu viele Sachen zu versprechen, was ihm viele nicht glauben. So widerspricht er sich manchmal mit seinen eigenen Aussagen. Umfragen von TV-Sendern zeigten, dass viele Kerry für den Sieger des Duells halten, aber beide Kontrahenten haben plus ein Prozent an Wahlstimmen gesichert, und Bush führt weiterhin um kleine Prozentpunkte. Spannend!
Estancia hat viele Republikaner. Dies ist typisch für diese Gebiete. Wie graphisch ausgewertete Umfragen darstellen, so sind die stark bevölkerten Küstengebiete im Osten und Westen mehr demokratisch. Ich bin so ziemlich der Einzige unter den Schülern, der für Kerry ist. Ich liebe einfach diese täglichen Diskussionen. Jedoch sollte man niemals Andersdenkende verurteilen. Doch so lerne ich die Hintergründe zu verstehen: Der Süden ist nun mal eher konservativ und religiös veranlagt. Bush ist unter anderem absolut gegen Abortion (Abtreibung). Diese Debatten werden besonders in US History gerne von meinem Lehrer thematisiert, was mir und den dagegen argumentierenden Schülern „Pluspunkte" einbringt.
FREITAG begann Homecoming. Der erste Wettbewerb unter den Jahrgangsstufen: So viele Schüler wie möglich sollen in den Farben der Schule (Rot-Weiß) zur Schule kommen. Natürlich bin ich keine Spaßbremse. Einige haben es aber vergessen oder wollten einfach nicht. Zur ersten Stunde (also Spanisch-Klasse) gab es ein mexikanisches Frühstück. Ich brachte die mit Abstand besten Bohnen der Welt mit, gekocht nach dem Geheimrezept meiner Gastmutter. Am Nachmittag ging es zum Sehtest für meinen Führerschein: bestanden. Nun muss ich weiter zum Theorieunterricht und insgesamt 50 Stunden bei Tageslicht und zehn Stunden in der Nacht mit meinen Gasteltern fahren. Da ich meine Gasteltern nicht unbedingt Papa oder Mama nennen will, nenne ich sie nun Opa oder Oma, wie es die 37 Enkelkinder tun. Das kommt natürlich auch vom Alter, da die Enkelkinder alle in meinem Alter liegen. Für Gilbert bin ich „The German Son", also sein dreizehnter und deutscher Sohn.
SAMSTAG ging es zum Pinions-Sammeln: Zwei Stunden auf den Boden rumkrabbeln und diese Art Nüsse (kaum größer als Erbsen) finden. Ich war das erste Mal dabei und derjenige, der am meisten gesammelt hatte. Die 30-minütige Fahrt zurück nach Hause durfte ich fahren. Anders als mit

dem Automatikauto fuhr ich den neuen Dodge-Pick-up meiner „Großeltern“ mit manueller Gangschaltung. Auf einer „T-Kreuzung“ (einmündende Straße) hab ich dann den Motor abgewürgt, hinter mir zwei drängelnde Fahrer. Mit manueller Gangschaltung ist es viermal schwieriger konzentriert zu fahren. Also heißt es üben!
Am Nachmittag ging es noch zu einem Kindergeburtstag im Stadtpark Albuquerque. Dabei traf ich auch einige der Jugendlichen und „Neffen“ (wenn ich Gilberts Sohn wäre), die ich beim Familientreffen kennen gelernt hatte. Ich habe mit einem beschlossen, Michael Moore (populärer Bush-Gegner) bei einer seiner kommenden Reden hier zu besuchen! Auf dem Rückweg (generell: das Auto ist immer voll von Enkelkindern) haben wir „Slug Bug“ gespielt. Im Laufe des Spieles habe ich erst erfahren, dass es darum geht, VW-Käfer und VW New Beetle zu sichten. Zumindest die Kinder waren verblüfft, als ich sagte, dass VW und BMW deutsche Marken seien.
SONNTAG ging es in die Kirche wie jeden Sonntag. Ich finde, unser Priester hält interessante und gute Reden über „the human Being“ (das menschliche Sein). Heute ging es um Abtreibung, Krieg und Waffen. Ich wünschte, jeder könnte seine Lehren hören und zur Kenntnis nehmen. Ich stimme durchaus mit den meisten seiner Aufforderungen überein.
Danach ging es zu einer Feier: Ein Bekannter zieht für ein Jahr in den Irak-Krieg. Zuvor muss er ein Training absolvieren, da man zum Beispiel einem Iraker zur Begrüßung die linke Hand gibt. Er muss in den Krieg ziehen, das ist hier leider öfters so, wenn man sich freiwillig verpflichtet hat. Ob er mit den anderen 1200 Soldaten begraben wird? Ich wünsche es ihm nicht. Er geht davon aus, dass die Massenvernichtungswaffen existieren und gefunden werden – und Bush einen Tag vor der Wahl dies feierlich bekannt geben wird. Ich habe auch erfahren, dass es die „Area 51“ (geheimes Militärgelände) wirklich gibt und dass sie in Nevada liegt. Und hier in NM gibt es ein Gebiet namens „White Sands“: Hier fand der erste Atombombentest statt.

Im zweiten Fernsehduell meinte The President of the United States of America übrigens, dass die Welt ohne Saddam viel sicherer sei.
Nun denn, nach der Feier und superleckerem Essen ging es wieder zu meinem Pick-up, bis es dunkel wurde.
Meine Eltern werden mir für meine Gasteltern eine Kuckucksuhr mitbringen – hier der Renner des Jahrtausends und sehr selten zu sehen!

Weitere Politik at School

Mittwoch, 6. Oktober 2004, 21:15 Uhr

Hi.

Mein aktueller Notendurchschnitt beträgt „B", das ist eine Zwei (Gut), was sich sehen lassen kann. Dies ist notwendig, damit ich in Cross Country weiter drinbleiben kann. Hier gibt es also keine Probleme. Meinem Bein geht es besser, und seit Montag trainiere ich wieder hart, da mich mein Coach überzeugt hat. Gestern acht Kilometer und heute zehn Kilometer – Muskelkater und Bleifüße ohne Ende; dadurch werde ich aber von den Schmerzen abgelenkt.

Mr. Walker, mein US-History-Lehrer, ist ein gutes Beispiel für die tollen Lehrer. Er weiß auf humorvolle Weise zu unterrichten und zu argumentieren. Er ist von morgens um acht bis 17 Uhr für die Schüler da. Du kannst jederzeit hineinkommen und nach Hilfe fragen. Er weiß, dass sein Unterricht hart ist, aber er gibt jedem Unterstützung.

Gestern redeten wir über das hiesige Waffengesetz, Mord und Steuerkürzungen für Millionäre. Aus amerikanischer Sicht und Geschichte sind einige Punkte durchaus verständlich. Viele leben in Angst vor Terroristen. Keiner weiß, dass Europa viel dagegen unternimmt. Angst gab es gestern auch, als ein kleiner Tornado an uns vorbeizog. Doch wir mussten nicht – wie es letztes Jahr geschehen ist – zusammen in der sicheren Sporthalle für Stunden abwarten, sondern konnten wie gewohnt nach der Schule nach Hause gehen. Hier kümmert man sich sehr um die Sicherheit der Schüler. Wie gesagt, Busfahrer haben ein spezielles Training absolviert, und eine wirklich freundliche Polizistin ist bei uns ständig auf dem Schulgelände.

In bitterer Kälte und Gewitter mussten wir am nächsten Tag trotzdem laufen – wieder Indoor. Nächstes Rennen für mich ist in etwa zehn Tagen.

Autofahren macht weiterhin Spaß, jedoch lässt mich Gilbert verständlicherweise nicht im Nebel fahren. Denn das Wetter spielt hier verrückt: gestern Unwetter, heute Sonne bei 21 Grad. Meine Gastmutter hat beim Einfahren Gilberts Pick-up gerammt! Na ja, ich bin ja nun Spezialist in „Body Repair".

Die internationale Balloon Fiesta ist im vollen Gange. Hier in Albuquerque starten und landen zu Sonnenauf- und -untergang mehr als 700 Hot Air Balloons (Heißluftballons) zur gleichen Zeit! Menschen aus aller Welt kommen zu diesem Fest. Ich werde von Samstag auf Sonntag mit meinem Gastbruder Danny, seiner Familie und unserem Motorhome dort campen.

Am 31. Oktober ist Halloween. Hier bei mir sind nicht viele Häuser, aber ich feiere mit einigen anderen Gastschülern bei unserer Betreuerin Mary.

Wie bei uns in Deutschland kann man Dekokram schon 60 Tage vorher kaufen.

Zum Thema Party: Jugendliche scheinen hier genauso zu trinken, nur ist es hier eben illegal und deshalb umso interessanter. Discos und Treffs gibt es leider auch nicht für Kids unter 21 Jahren. Drogen sind somit leider beliebter. Ich bin zum Glück noch nicht in so eine Situation gekommen. Heute habe ich in Metallarbeiten ein Jesuskreuz für meine Gasteltern geschweißt. Sie werden sich sicher freuen.

Balloon Fiesta und „Moore"

Montag, 11. Oktober 2004, 09:30 Uhr

Hallo!
War das ein tolles Wochenende. Wir acht Austauschschüler verstehen uns alle super und sehen uns auch manchmal am Weekend.
Diese Woche bekam ich viel Post: endlich meine hiesige Bankkarte! Eine andere Austauschschülerin musste drei Monate warten. Der zweite Brief war eine Rechnung: Für 45 Minuten berechnete das Krankenhaus wegen meines Beines 528 Dollar! Zum Glück hat meine amerikanische Krankenversicherung diese Summe übernommen.
Am DONNERSTAG gab es eine Videopräsentation von DaimlerChrysler zum Thema Drinking & Driving. Stars als Vorbilder versuchen, die Jugend über Alkohol und die Gefahren aufzuklären. Ich glaube, so richtig ernst genommen hat die Präsentation leider keiner. Denn bei Vergewaltigungen und Tod ist Alkohol der Verursacher Nummer eins in den USA. Alle 23 Minuten stirbt ein Autofahrer bei einem Crash – verursacht durch betrunkene Fahrer. Ich bleibe immer noch bei meiner Meinung, dass man erst mit Alkohol „Erfahrungen" machen sollte. Hier muss man 21 sein, um Alkohol zu konsumieren, aber nur 16, um Auto zu fahren.
SAMSTAG-Abend ging es zur internationalen Balloon Fiesta (www.balloonfiesta.com). Dies ist das größte Event in New Mexico und das größte Heißluftballontreffen der Welt! Fast 800 Heißluftballons (sieben aus Deutschland) trafen sich unter dem Motto „Frieden liegt in der Luft". Veranstaltungen und Wettkämpfe gab es vom 1. bis 10. Oktober zu

bestaunen. Für mich eines der schönsten Erlebnisse meines Lebens! An diesem Abend gab es das große „Aufleuchten“: 300 Balloons erleuchteten den Himmel. Unglaublich schön! Feuerwerk zum Abschluss. Flugzeuge und Helikopter filmten dieses am meisten fotografierte Event der Welt. Und ich machte immerhin 160 Bilder. Unter anderem ist Warsteiner offizieller Sponsor. Am nächsten Morgen hieß es früh aufstehen: SONNTAG 5 Uhr morgens begann der letzte Start der Heißluftballons in diesem Jahr: Pünktlich zum Sonnenaufgang hoben über 600 Heißluftballons in allen Farben und Formen in den Himmel ab. „Smokey Bear“, Balloon bzw. Maskottchen der staatlichen Forstwirtschaft, ist in einem knapp 200 Meter hohen Radiomast hängen geblieben. Die Passagiere hatten Glück im Unglück. Wir beobachteten die Rettungsaktion und machten dann noch einen Rundgang an den Buden entlang. T-Shirts, Hefte und Pins wurden gekauft, dann ging es bei strahlend schönem Wetter nach Hause.

Am Abend besuchten meine Gasteltern, unsere Nachbarn und ich die Universität von New Mexico in Albuquerque. Michael Moore (www.michaelmoore.com) hielt dort eine Rede. Der Entertainer, Filmemacher und Bush-Gegner (Autor von „Stupid White Man", „Bowling for Columbine", „Dude where is my Country" und „Fahrenheit 9/11") sprach zu über 6000 Studenten und Erwachsenen. Dies fand in der Basketballhalle der Uni statt. Mit knallharten Fakten und Lachern begann er den Kampf gegen Bush. Meine Gasteltern hatten viel Spaß. Ich war „Staff", da wir Connections hatten! Wir versuchten, die Rampe hinaufzugehen, wo Michael Moore herauskommen sollte, doch leider versperrte uns die Security den Weg. Leider kein Autogramm. Einige Republikaner meinten, was sagen zu wollen, doch Michael Moore brachte diese zum Schweigen; „Bush muss gehen! Moment – Welchen Teil davon versteht ihr nicht? ‚Bush' oder ‚muss' oder ‚gehen'?" Dann las er aus seinem neuen Buch vor: Briefe von Soldaten aus dem Irak, und wie es wirklich aussieht: 200 FBI-Agenten beschäftigten sich mit der „Clinton-Affäre" 1998: Kosten von rund 80 Millionen US-Dollar. Die Forschungen um dem 11. September 2001 verschlangen „nur" 20 Millionen Dollar. Mussten also 3000 Menschen sterben, nur weil man sich mehr darum kümmerte, wo Ex-Präsident Bill Clinton einst „seine Zigarre abgetupft" hatte?! – „Meinen neuen Film Fahrenheit 9/11 – raubkopiert und verbreitet ihn, so oft ihr wollt, jeder soll die Wahrheit wissen." – „Ich versteh nicht, warum so

viele Menschen nicht wählen gehen – sind es die, die mit 20 noch Jungfrau sind?" – „Nach 9/11 fragte ich einen FBI-Agenten und guten Freund, wie viele Al-Qaida-Terroristen es gibt: Dieser antwortete 200. Gestern fragte ich ihn noch einmal: Nun sind es Tausende! – Bush brachte mit dem Irak-Krieg mehr Zorn denn je gegen Amerika." Mit riesigem Applaus ging die Rede zu Ende. Tanzend verließ Michael Moore die Bühne. Er nennt diese Wahl die wichtigste aller Zeiten für die US und die Welt. Michael Moore ist auf großer US-Tour und besucht noch weitere 50 Städte. Seine Bücher sind in den Bestsellerlisten ganz oben und werden von Soldaten im Irak gelesen, seine Filme gewannen Preise.
Heute ist Columbus Day, also keine Schule. Diese Woche ist wie gesagt Homecoming – ich bin gespannt!

Homecoming und erster Schnee

Donnerstag, 14. Oktober 2004, 14:11 Uhr

Hallo!
Diese Woche ist die Schule total durchgedreht!
MONTAG war Columbus Day, also schulfrei. Dummerweise bin ich früh aufgestanden, da ich vergessen hatte, dass schulfrei ist. Pech.
DIENSTAG war Gothic Day: Wir sollten verkleidet zur Schule kommen. Da Deutschland „Home of the Gothics" ist, habe ich natürlich versucht, dies gut zu repräsentieren. Meine Nachbarn haben mir geholfen: schwarz lackierte Fingernägel, schwarze Kleidung und düsterer Mantel. Selbst meinen Gasteltern hat es Spaß gemacht, meine Augenränder und Lippen schwarz anzumalen. Zwischendurch wurden in der High School einige Spiele gespielt, und es gab Wettkämpfe zwischen den Jahrgangsstufen. Besonders der Teamgeist wird unheimlich gestärkt. Das sah am Ende so aus, dass die Klassen nebeneinander saßen und nacheinander so viel Lärm wie möglich machen. Die lauteste Jahrgangsstufe gewann. Das geniale ist, dass nahezu alle Lehrer mitmachen und sich auch verkleiden!
Mittlerweile laufen die Vorbereitungen für die große Homecoming Parade und sind in vollem Gange. Die Schulhallen der einzelnen Jahrgangsstufen wurden dekoriert. Leider sind wir, die Juniors, nicht gerade die kreativsten ...

MITTWOCH war International Day in der Schule: „Verkleide dich mit Kleidung aus einer anderen Nation." Ich bin als Jamaica Friend gegangen. Es hat nur geregnet, und es ist eiskalt hier. Und nur 20 Minuten von Estancia entfernt, wo ich lebe, hat es geschneit! Vier Zentimeter Schnee. Der Schnee hier „schmeckt" nicht so süß wie bei uns. Die weiße Landschaft hat mich so ein bisschen an Bayern erinnert! Die Skisaison beginnt ja bald.
Mittlerweile versuchen die Mädchen an unserer Schule alles, um Homecoming Queen zu werden. Es wird bald die „Königin" des Homecoming gewählt, die dann mit dem „König", üblicherweise aus der Footballmannschaft, feiert.
DONNERSTAG: Bei euch beginnen ja die Herbstferien, bei uns gibt es so etwas nicht. Der „Winter" hat dafür gesorgt, dass ich zu spät zur Fahrschule kam.
Heute mussten wir uns als Redneck (wie ein Hill-Billy) verkleiden, also eine Art armer Cowboy-Farmer. Howdy Ho! Der Begriff Redneck bezeichnet klischeehaft weiße Personen aus dem Süden der USA, die ein bestimmtes

Verhalten aufweisen. Das Klischee besagt, dass Rednecks erzkonservativ sind, auf dem Land wohnen, der Arbeiterschicht angehören, weiß sind und einen Sonnenbrand haben („red neck" – roter Nacken).
Normalerweise ist ein Redneck ein Mann, der billiges amerikanisches Bier und Whiskey trinkt.
Heute Nachmittag haben unsere Volleyball-Ladys (momentan erster Platz in New Mexico!) ein großes Spiel in Albuquerque. Gegebenenfalls werde ich mir das Spiel anschauen ...
Morgen wird es viel Spiel und Spaß geben, abends ein Dance bis 1 Uhr 30 morgens! Das Problem ist nur, dass ich früh aufstehen muss, da wir am Samstag ein Rennen haben. Mal sehen, wie ich das gebacken kriege!

Mehr Homecoming und Kürbisweitwurf

Sonntag, 17. Oktober 2004, 12:00 Uhr

Hallo! Mann, war das eine tolle Woche!
DONNERSTAG: Heute wurden Homecoming-König und -Königin 2004/2005 gewählt: Mit einer professionellen Wahlmaschinerie ging es an die Wahl. Lars aus Deutschland war unter anderem nominiert! Prinzessin ist bereits Marina, eine Austauschschülerin aus Brasilien (hatte ich nominiert)!
FREITAG war der finale Tag des Homecoming: Am Morgen hatte ich die Gelegenheit, in einem Polizeiauto „Probe zu sitzen". Die Beamten in Grün (hier in New Mexico in Schwarz) sind sehr freundlich, solange man nichts Unüberlegtes tut. Die Rückbank bewerte ich mit Gut. Keine Angst, ich habe nichts Böses getan. Nur das Verhältnis zwischen den Beamten und Schülern ist so gut, da hab ich einfach mal gefragt, ob ich mich mal ins Polizeiauto setzen darf. Wir haben unseren Homecoming-Wagen der Juniors dekoriert, denn es wird eine Parade zum Schulfest geben. Aber erst einmal ging es zum Footballfeld. Hier wurden Spiele gespielt: ob Eierjonglieren oder Donut-Wettessen! Leider wurden wir, die Juniors, nur Letzter. Danach ging es in eine der drei Turnhallen zur Verkündung des Homecoming-Paars des Jahres. Die anschließende Parade rundete das Fest ab. Am Abend war dann das letzte Heim-Footballspiel, auch dieses haben wir verloren. Den Frust konnten wir uns dann im Dance (von 21 bis 1 Uhr früh) austanzen. Formal gekleidet hieß es dann auf Rock, Pop, Hip-Hop und Spanisch zu tanzen. Ich hatte viel Spaß, dabei hat es nix ausgemacht, dass ich selbst nicht tanzen kann! Nach einem Abend ohne Alkohol, aber mit Telefonnummernaustausch, ging es dann ins Bett.
SAMSTAG fuhren wir um 6 Uhr in der Früh zum weit entfernten Cross-Country-Wettkampf. Ich selbst hatte nur drei Stunden Schlaf. Unsere Mädchen haben doch glatt den Start verpasst, da sie sich in der Wüste

aufgewärmt hatten. Coach Nev fand das gar nicht lustig. Eigentlich in Topform (nur meine Beine leicht gestresst vom Tanzen), lief ich total langsam. Keine Ahnung, aber mein Bein macht mir nach wie vor zu schaffen. So überschritt ich nach fünf Kilometern die Ziellinie mit einer Zeit von 28 Minuten (zum Vergleich: das erste Rennen in diesem Jahr 23 Minuten). Auf dem Rückweg nach Estancia haben wir noch einen fatalen Autounfall gesehen – auf einer schnurgeraden Landstraße.

In der Nähe von Estancia gab es das diesjährige Punkin Chunkin (Kürbisweitwurffest): Hunderte Menschen feierten auf einer kleinen Kirmes und bestaunten die riesigen Maschinen, die mit Luftdruck Kürbisse in Richtung Universum schießen. Wer den Kürbis am weitesten geschossen hat, gewinnt den Wettbewerb. Überall in Amerika finden solche Feste statt. Nebenbei gab es noch eine Autoshow.

SONNTAG: Meine Gasteltern sind nun in Albuquerque, ich bin zu Hause, um auf die vielen E-Mails von der anderen Seite der Welt zu antworten und Hausaufgaben zu machen.

Diese Woche ist wieder normale Schule. Freitag treffe ich meine Eltern in Cancún, Mexico! Ich freue mich schon!

¡La viva Mexicana!

Dienstag, 26. Oktober 2004, 14:53 Uhr

Hallo!

Da bin ich wieder zurück aus Mexiko. Ich hatte einen tollen Urlaub mit meinen Eltern. Nach 93 Tagen sahen wir uns wieder – nun sind es ja nur noch 230 Tage bis zum nächsten Wiedersehen. Jedenfalls war das Essen im Hotel super. Fünf-Sterne-Anlage für schlappe 60 Euro die Nacht. Cancún ist eine tolle Stadt mit vielen mexikanischen Traditionen. Beschreibungen würden zu lange dauern. Bei 30 Grad und Sonnenschein ging es ins tiefblaue Karibische Meer! Gerade mal knietief im Wasser sieht man Fische überall!! An der Poolbar gab es Cocktails wie „Piña Colada“ oder „Sex on the Beach“ –

so oft man will, im Preis inbegriffen. Im Hardrockcafé vervollständigte ich meine T-Shirt-Sammlung.

Am Sonntag ging es zu einer der bekanntesten Mayastädte: Chichén Itzá. Ich bestieg mit meinen Eltern den 30 Meter hohen und steilen Tempel. Doch die Luftfeuchtigkeit brachte einen zum Schwitzen.
Am Abend gab es noch Unterhaltung und Show im Theater. Ich habe noch nie so viele VW-Käfer gesehen. Dieser kleine Flitzer macht ungefähr ein Viertel aller fahrenden Untersätze aus. Außerdem wird in Mexiko viel Roller beziehungsweise Motorrad gefahren.
Außerhalb der Stadt sieht man noch einige originale „Native Mexicans", unter anderem die so genannten Mayas. Diese leben im Verhältnis sehr arm. Ich könnte mir nicht vorstellen, in einem Haus aus Holz zu leben, nur mit einem Radio und einem Obstbaum im Garten – und dann kommen laufend diese Busse mit den Touristen vorbei.
Es war echt komisch, meine Eltern und andere Touristen Deutsch sprechen zu hören!
Ich besuchte das Mexikanische Rote Kreuz (Cruz Roja Mexicana) in Playa del Carmen. Ich bekam einen Pin und einen Aufnäher. Humanitäre Hilfe ist dort angesagt. Menschen haben dort gerade auf einen kostenlosen Doktor gewartet.
Auf dem Rückflug über Houston (TX) mit einer Kuckucksuhr und zwei Kilogramm Haribo gab es so einige Probleme: ständige Sicherheitskontrollen und Papierkram ohne Ende. Als meine Kuckucksuhr durch die Durchleuchtung kam, trat das Sicherheitspersonal einen weiten Schritt zurück: „Öffnen!!! Öffnen Sie!", wurde ich aufgefordert. Verängstigt öffnete ich das kleine Päckchen, das ich als Handgepäck dabeihatte. Es stellte sich heraus, dass die zwei Bleigewichte (Antrieb der Kuckucksuhr) keine Sprenggranaten waren. Denn diese wurden als Granaten verdächtigt! Im Nachhinein sehe ich das alles ganz gelassen und habe Verständnis für diese Kontrollen.
Es war eine wunderschöne Woche mit meinen Eltern. Doch Heimweh habe ich jetzt genauso wenig wie vorher. Es war eher etwas komisch, sie wiederzusehen. Diese deutsche Sprache, die typischen Arten eines Deutschen ... Ich kann das sehr schlecht beschreiben. Es war in den ersten Minuten total komisch. Ob ich dieses Gefühl auch bei der Heimreise wieder haben werde?

Hello John F. Kerry!

Mittwoch, 27. Oktober 2004, 22:32 Uhr

Hallo!
DIENSTAG-Abend ging es zu der Abschlussrede von John F. Kerry in Albuquerque. Mit dabei war auch Sjors. Wie der Präsident, so reist auch der zweite Wahlkandidat quer durch Amerika, um die Menschen zu überzeugen. Natürlich gibt es mehr als zwei Parteien, wenn auch nur die zwei großen fast gleiche Chancen auf einen Wahlsieg haben. Streng bewacht, sprach Kerry nach einer Stunde Verspätung zum Volk. Selbst ein Indianer-Stammesführer segnete Kerry. Seine Rede war sehr gut und überzeugend. Nach zirka 50 Minuten war auch schon alles vorbei. Nun habe ich beide „Präsidenten" gesehen. Anders als bei Bush waren die Besucher hier bunt gemischt – Indianer, Farbige, Kinder, Senioren, Saudis, Punks etc. Es ist schon unglaublich, wie das Land hier während der Wahlen gespalten ist: Anders als bei uns gibt es hier nun einmal nur zwei große Parteien. Wir können gespannt sein. In sieben Tagen wissen wir mehr! Beide sind Kopf an Kopf, machen sich gegenseitig „schmutzig". Mittlerweile habe ich über 1600 Bilder mit meiner Kamera geschossen, davon zirka 60 Prozent aussortiert. Hier wird's immer kühler, wir haben jetzt nur noch so um die 20 Grad in New Mexico.

November bis Dezember 2004: Merry Christmas!

Halloween und Wahlen

Mittwoch, 3. November 2004, 16:15 Uhr

Hallo!

DONNERSTAG gab es eine Art Berufsinfotag an unserer Schule. In verschiedenen Räumen wurden uns einige Berufe direkt von Berufstätigen vorgestellt: ob Militär, Army, Navy, Krankenhaus, Waldschutz, Gefängnis, Hotel – fast alles private Unternehmen. Die nationale Waldschutzorganisation vertrat ein Deutscher Schäferhund aus Holland. Dieser kann Deutsch. Generell werden Diensthunde mit deutschen Befehlen ausgebildet.

FREITAG gab es keine Schule, da Elternsprechtag war. Meine Gasteltern wurden von keinem Lehrer eingeladen und somit war alles in Ordnung.

SAMSTAG ging es wieder mal zum Laufen in unseren District (Bezirk). Diesmal ging es um die Qualifikation für die State Championships New Mexicos. Wir hatten viel Mut ... zu viel ... wir sind zwar im Cross-Country-Landesfinale, aber nur deswegen, weil nur drei von vier Teams angetreten sind. Somit wären wir automatisch ins Finale gekommen. Meine Zeit für die 3,1 Meilen (fünf Kilometer) war leider nur 24 Minuten und 45 Sekunden. Ein Team besteht aus fünf Läufern. Ich kann mit keinem mithalten, bin also sozusagen als Backup der sechste Mann im Felde.

SONNTAG war Halloween! Aber erst ging es mit Sjors und Bruder Danny zu Bill Clinton, der in Albuquerque war. Er hatte eine Superkampfansage für die Präsidentenwahl. Ex-Präsident Clinton weiß wohl mehr über Kerrys Pläne als Kerry selber! Leicht mitgenommen von einer Operation am Herzen, aber doch ein siegessicherer Demokrat. Er dankte unter anderem Michael Moore für seine tolle Arbeit.

Hier wird Halloween groß gefeiert. Betreuerin Mary von EF hat eine Party organisiert. Wir haben gegrillt und Kürbisse geschnitzt, wobei ich den zweiten Platz für die beste Kunst am Kürbis erreicht habe. Währenddessen habe ich viele Menschen kennen gelernt, darunter Schüler aus der ganzen Welt. Heißes Thema war natürlich Politik.

Am Abend war ich zu müde, um noch durch die Häuser zu ziehen und Süßigkeiten zu sammeln.
MONTAG gab's leichten Schneefall – das Land ist überzogen mit einer Schicht Puderzucker! Nachts wird es bis minus zehn Grad, tagsüber bis zu milde neun Grad. Die Bäume verlieren ihre Blätter sehr schnell. Hier besuchen Leute aus den ganzen USA die Waldlandschaft New Mexicos, um das bunte Farbenspiel (wenn kein Schnee liegt) zu betrachten.

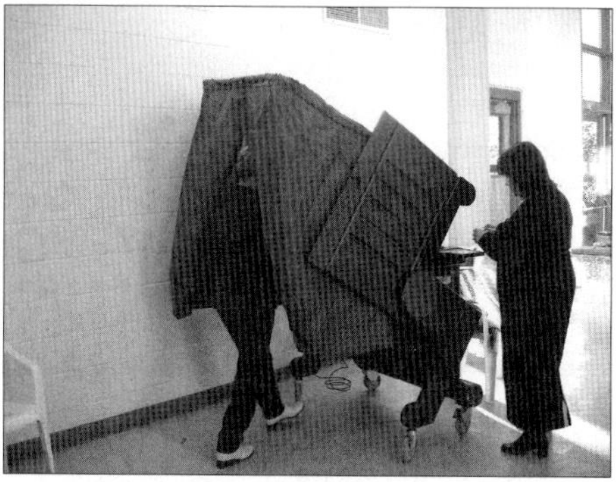

DIENSTAG: Election Day! Der letzte Tag mit Werbung im TV und Radio. Es wird sicher spannend. Früh um 7 Uhr habe ich meine Gasteltern in ein Wahllokal begleitet: zwei Stimmen schon mal für Kerry! Meine Nachbarn haben ein Headquarter eingerichtet. Dies ist eine Telefonzentrale, wo Neuwähler angerufen und aufgefordert werden „die Welt zu retten". Meine Gasteltern und ich haben mitgeholfen. Zwischendurch haben wir Werbung verteilt! Wirklich aufregend. Am Abend dann endlich die Ergebnisse: der Reihe nach jeder Bundesstaat.
Am MITTWOCH-Morgen mehr Ergebnisse: Je nach TV-Sender war Kandidat Kerry besser oder schlechter dran. Die Welt schaut nun auf New Mexico und Ohio. Das TV ist sich sehr uneinig, in vier Staaten müssen die Stimmen noch einmal gezählt werden. Um 9:15 Uhr in der Schule habe ich dann erfahren, dass Kerry seine Niederlage eingeräumt hatte. Keiner hatte mit diesem Zug vor dem amtlichen Ergebnis gerechnet. Ich gratulierte meinen Mitschülern. In 1459 Tagen muss Bush sein Amt niederlegen und kann nicht ein drittes Mal wieder gewählt werden. Das Land ist geteilt in jubelnde Republikaner und traurige Demokraten.
Ich hoffe, dass Präsident Bush sich im Positiven für die Welt bemüht. Nun wird bald alles vergessen sein, und Streitigkeiten zwischen den politischen Lagern bis 2008 sind eingestellt. Ich gratuliere George Walker Bush zur Wiederwahl! Diese Wahl hatte eine außergewöhnlich hohe Wahlbeteiligung.

Etwas zum Lachen

Donnerstag, 4. November 2004, 17:10 Uhr

Hallo!
Ihr kennt sicher die verrückten Laws in Amerika. Einige gibt es wirklich, andere sind einfach logisch, sodass diese gar nicht so exakt beschrieben sind. Wenn ihr noch einmal nachdenkt, können einige Gesetze gar nicht ernst gemeint sein. Es sind schon so viele skurrile Sachen passiert, die vor Gericht entschieden wurden. So entstanden quasi automatisch die Gesetze dazu.
Verrückte Sicherheitshinweise auf Produkten benutzt der Hersteller, um sich vor milliardenschweren Klagen zu schützen. Man hat gelernt. Denn die großen Tabakfirmen müssen jährlich Raucher für ihre Gesundheitsprobleme entschädigen. Jedes Jahr prämieren Komitees die verrücktesten Gesetze und Warnhinweise.

Produkthinweise:

- „Entfernen Sie vor Zusammenklappen dieses Kinderwagens das darin liegende Kind."
- „Diese Klobürste ist nicht zur Körperhygiene geeignet."
- „Wenn das Thermometer rektal eingesetzt wird, sollte anschließend keine Messung im Mund durchgeführt werden."
- „Achtung, dieses Produkt bewegt sich." (im Handbuch eines Rollers)

Gesetze:

- Aus dem Buch „Romeo und Julia" wurden aufgrund eines Gesetzes 400 Worte entfernt, die einen eindeutig sexuellen Inhalt hatten.
- In New Mexico dürfen die Taschen eines Mannes jederzeit von der Ehefrau durchsucht werden.
- Während der Fischfangsaison ist es den Männern im US-Bundesstaat New Jersey untersagt, zu stricken.
- In Los Angeles darf man nicht mehr als zwei Babys gleichzeitig in derselben Wanne baden.
- Auf dem Flughafengelände von Kingsville, Texas, ist Schweinen der Geschlechtsverkehr gesetzlich untersagt.
- Wer in Denver, Colorado, seinen Staubsauger an die Nachbarn verleiht, verstößt gegen das Gesetz.

Was ihr letztendlich glaubt, ist euch überlassen! Eine amerikanische Lebensweisheit lautet: Alles, was nicht verboten ist, ist erlaubt.
Mehr unter www.unmoralische.de/law.htm.

Cross Country Championships

Montag, 8. November 2004, 21:49 Uhr

Hallo!

DONNERSTAG hieß es anmelden für das „Yearbook". Dieses Jahrbuch der Schule ist voll mit Fotos und Infos der Schule. Für stolze 55 Dollar bekommt man ein gutes Erinnerungsstück. Professionelle Fotos wurden bereits von jedem Schüler angefertigt. Nur die Seniors bekommen Farbfotos. So ist es zumindest an unserer Schule ...

FREITAG ging es bereits morgens nach Gallup, zirka drei Stunden westlich von Albuquerque. In diesem Örtchen mitten in den Bergen findet am Samstag das Finale des Cross-Country-Laufens statt, die Cross Country State Championships. Organisiert wird das Ganze von der NMAA (New Mexico Activities Association; www.nmact.org). Auf dem Weg haben wir auf der Interstate die mittlere Kontinentallinie überquert. Mein Coach scherzte: Wenn man genau auf diese Linie „pinkelt", und es ist windstill, fließt genau die eine Hälfte in den Pazifik und die andere in den Atlantik. Mit Freude testeten wir das Schwimmbad im Hotel und besichtigten die Strecke. Der fünf Kilometer lange Kurs schlängelt sich durch rote Felsen im berühmten „Red Rock Park". Spaghetti gab es zum Abendessen von Veranstalter, Papa Staat und Pizza Hut.

Auf dem Rückweg zum Hotel machten wir Stopp, da unsere Mädchen sich endlich die Beine rasieren mussten. Eine Wette hatte dafür gesorgt, dass diese hübschen Beine Haare bekommen haben. Der Coach zwang aber dazu, diese Haare loszuwerden, da sie beim Laufen unnötigen Luftwiderstand erzeugen. Gegebenenfalls wird nächstes Jahr das XC-Team von „Wilkinson" gesponsert!

Nach ein bisschen Billard, dann ging es früh ins Bett.

Am SAMSTAG-Morgen ging es dann zurück zum Track. Kalt war es auch, schließlich ist unsere „Uniform" ein Hauch von Nichts. Ich selber war Nr. 36 von insgesamt 877 (!) Teilnehmern. Mit einem Sensor an den Schuhen wurden die Zeiten gemessen. Um 9:30 Uhr startete das erste Rennen und so auch ich: Wir liefen alle neue Bestzeiten. Trotz Schmerzen überschritt ich die Ziellinie in 22 Minuten und 34 Sekunden! Immerhin Platz 121 von 147. Ich war der Sechste und Letzte im Team, aber nicht Letzter im Feld. Um 11 Uhr starteten die Mädchen. Es gab insgesamt acht Rennen, unterteilt nach Größe der Schule und Geschlecht, da größere Schulen mehr talentierte Schüler haben. Unsere Schule gehört zu den kleinsten. Diese Unterteilung gilt für alle Sportarten und Schulwettkämpfe der verschiedenen Schulstufen. Unsere Austauschschülerin Hellen aus Neuseeland war unglaublich schnell. Somit brachten es unsere Mädchen auf den 18. von 21 Plätzen, die Jungs auf Platz 17 von 18. Coach Nev ist stolz auf uns, da wir A nicht Letzter geworden sind und B jeder seine Bestzeit gelaufen ist!

NEW MEXICO ACTIVITIES ASSOCIATION

This Certificate recognizes your Participation in the 2004 NMAA State Cross Country Championships

PRESENTED BY PIZZA HUT

Daniel Bartel

Estancia High School

Gary Tripp

Mark Koski

Nachdem jeder eine Teilnahmeurkunde bekommen hat, gingen wir Pizza im Pizza Hut essen. Müde ging es nach Hause. Ich werde jetzt erst einmal alle meine Wehwehchen auskurieren, gehe wie ein alter Mann (was wieder für zirka drei Tage anhält). In drei Wochen beginnt das Training für Track & Field (Leichtathletik). Ich ärgere mich sehr über mein Bein und die Rückschläge, die ich einstecken musste. Sjors hat auch eine tolle Leistung hingelegt.
Die Nacht habe ich bei meiner Betreuerin und Sjors verbracht, da Gilbert und Navolena übers Wochenende verreist waren. Wir schauten einen Film und aßen wieder Pizza. Wobei das tausendmal besser ist als täglich Bohnen und Chili!
SONNTAG hieß es für die Schule üben und am Pick-up arbeiten. Heute habe ich alle acht Bolzen entfernt, die die Ladefläche hielten. Einige musste ich abschleifen.
MONTAG: Leider haben wir den „Ice Cream Contest" in der Spanisch-Klasse verloren.

Schule total

Mittwoch, 17. November 2004, 20:51 Uhr

Hallo!
Ich beginne mit dem schönsten Tag der Woche.
FREITAG: Ich habe mich für den Skiclub der Schule angemeldet. Ende Februar werden wir insgesamt vier Tage in der Nähe von Santa Fe verbringen. Ich habe mich entschlossen, endlich Snowboard zu lernen. Mehr zum Skigebiet unter www.skisantafe.com.
Unsere Volleyball-Ladys sind in den State Championships bis ins Semifinale vorgestoßen! Leider haben sie das Spiel gegen Sandia Prep (Preparatory School, eine Art Privatschule, die während der High School auf ein College vorbereitet; www.sandiaprep.org) verloren. Cheerleader und Publikum gaben ihr Bestes.

Auf dem Rückweg hat mich Gilbert gefragt, ob ich denn auf der Interstate fahren will. Ich habe es dankend abgelehnt, da es stockdunkel war. Doch dann parkte Gilbert auf der Standspur und ließ mich ans Steuer. Ohne Erfahrungen und mit Todesangst habe ich mich in den Verkehr eingeschleust. Ich fahre genau am Speed Limit: Jeder riesige, tonnenschwere Lkw musste mich natürlich überholen! Gerade als es anfing, Spaß zu machen, mussten wir die Autobahn schon wieder verlassen ...

SAMSTAG ging ich am Mittag mit Hellen und Addy (aus Neuseeland und Schweiz) auf die Jagd. Jeder mit einem Schrotgewehr bewaffnet, haben wir Vögel „von den Bäumen geholt". Buddy, der Sohn meiner EF-Betreuerin, demonstrierte uns, wie man mit so einem Kaliber umzugehen hat. Amerika halt. Ich habe es nicht übers Herz gebracht, die kleinen Vöglein zu erschießen. Hellen tat es anschließend auch tierisch leid. Am Abend wurden alle Austauschschüler unserer Schule von Mr. Walker, meinem US-History-Lehrer, eingeladen. Bedingung: Jeder musste Essen aus seinem Land zubereiten. Somit gab es Frühlingsrollen, Hase im Römertopf, Kartoffelpuffer. Ich servierte Kaiserschmarrn aus der österreichischen Küche. Mr. Walker zeigte uns ein paar Tricks beim Poolbillard. Wir hatten alle sehr viel Spaß. Ich habe bei meiner Betreuerin übernachtet.

In der Nacht zum SONNTAG fielen zirka acht Zentimeter Schnee. Natürlich ging es wieder zur Kirche. Danach ging mein Gastvater mit Neffe und Schwiegersohn für zwei Tage fischen. Ich war ein bisschen sauer, da mich niemand gefragt hat, ob ich mit wollte, und so musste ich Navolena, eine zwar liebevolle, doch heute recht launische Person, aushalten.

Und was macht man an einem Sonntag in den Vereinigten Staaten? Shoppingtour! Mit dem ganzen weiblichen Bestand der Familie ging es nach Albuquerque. Ich hab mir Schuhe, Pullover und Hemden gekauft. Qualität und Preis: 1a.

MONTAG: Der Schnee und Probleme mit dem Leitungswasser in der Schule haben dafür gesorgt, dass um 12:45 Uhr schon Unterrichtsschluss war. Busfahrt durch Schnee und Matsch: 55 Minuten.

DIENSTAG und MITTWOCH wurden alle Unterrichtsstunden von 50 auf 40 Minuten verkürzt, also ging es um 14 Uhr schon nach Hause. Dies dient der Sicherheit, damit jeder Bus alle Schüler nach Hause gebracht hat, bevor es dunkel wird, da Glatteis und Schlamm die Fahrzeiten verlängerten.

DIENSTAG gab es Special-Olympic-Bingo: Das Special-Olympic-Team (Club der körperlich behinderten Schüler unserer Schule) veranstaltete einen tollen Bingo-Abend. Das Geld diente einem guten Zweck. Gespendete Preise wie zum Beispiel Fleisch, Blumen und Spiele gab es auch. Familie Newton (die Mutter ist eine ehemalige Frankfurterin) war auch dabei. Normalerweise bin ich der Looser bei Glücksspielen, doch an diesem Abend gehörte ich zu den Gewinnern: eine Zimmerpflanze, ein Kilogramm Schinken und eine Schnellauftauplatte! Juhu!

Weihnachten steht schon vor der Tür!

Freitag, 19. November 2004, 19:02 Uhr

Hallo!
Seit zwei Wochen findet man hier TV-Werbung, Plastiktannenbäume, Dekoration und Autos im Winterschlussverkauf.
Falls ihr euch überlegen solltet, mir etwas zukommen zu lassen: Versanddauer von Deutschland in die USA liegt zwischen drei und sieben Wochen.
Hier ist erst einmal Thanksgiving. Ich bin sechsfacher Uronkel geworden! Dank dafür geht an meine liebe Schwester und ihre Hunde.

Thanksgiving und Athletic

Montag, 22. November 2004, 19:50 Uhr

Hallo, ihr da drüben im kalten Deutschland!
DONNERSTAG: Da meine Gasteltern nach Kalifornien zu einer Hochzeitsfeier gefahren sind (14 Autostunden), übernachte ich bei verschiedenen Familienmitgliedern in der Nachbarschaft. Am Abend ging es zu einem Speech Contest (Redeturnier) in einer christlichen Schule. Meine „Nichte" (13 Jahre alt) hatte wie einige andere Schüler eine eigene Rede vorbereitet. Das Thema sollte etwas mit Gott zu tun haben. Sie bekam den zweiten Platz. Doch eine Schülerin aus der sechsten Klasse hat mich vom Hocker gerissen. Sie schaffte den ersten Platz mit folgender Rede: „(...) Nach dem 11. September war ich geschockt – ich bin ja so froh, dass unsere Soldaten im Irak sind und die Menschen dort befreien (...) Ich hoffe, dass unsere Truppen bald mehr Länder dort befreien können. (...) Gott wünscht sich mehr denn je von den Menschen: mehr Frieden, mehr Militärinvasionen und mehr Glauben an Gott (...)" Einige Zuhörer waren doch sehr erstaunt, aber applaudierten für die mutige Dame.

„Freedom of Speech" erlaubt die Redefreiheit, die ich hier auch zu nutzen weiß! Danach ging es noch zu einer interessanten Versammlung von „4-H".

Beim „Food Drive" der Schule wurden Lebensmittel für Thanksgiving gesammelt, um armen Familien ein gutes Familienessen an diesem Feiertag zu gönnen. Das wurde zu einer Art Wettkampf zwischen den einzelnen Klassen. Am Freitag mussten wir alleine über 700 Lebensmittel auflisten und sortieren. Insgesamt bekam unsere Schule 1519 Lebensmittel (Konserven etc.) zusammen. Dazu spendet die Schule „Turkeys" (Truthahn, beliebte Mahlzeit in den USA, auch traditionell zu Thanksgiving). Es ist unglaublich, wie viel man für hilfsbedürftige Personen tun kann. Die Klasse, die am meisten geleistet hatte, bekam von der Schule eine Pizzaparty spendiert.

Nach der Schule habe ich mit Gewichtstraining im Fitnessraum der Schule begonnen, und somit bereite ich mich für Leichtathletik vor. Mein Bein hat nun gar keine Schmerzen mehr, kein Humpeln – gar nix. Aber ich fühle immer noch eine Zerrung an der Hüfte. Am Abend war ich noch zu einem „Middle School Dance".

SAMSTAG ging es zur Thanksgiving-Party, nachdem ich weiter am Pick-up gearbeitet habe. Ich bereitete zum dritten Mal in diesem Jahr Kaiserschmarrn zu. Über 60 Leute sind anwesend, davon über 30 Austauschschüler aus ganz New Mexico. Wir hatten viel Spaß. Ich übernachtete wieder einmal beim RC (Regionaler Koordinator), also meiner EF-Betreuerin.

SONNTAG nach meinem längsten Schlaf in den USA (bis 9.30 Uhr morgens) ging es zur Athletik-Preisverleihung der Schule. Ich wurde für meine Leistungen in Cross Country (abgekürzt CC oder XC) ausgezeichnet. Mein Coach sagte: „Daniel, ein weiterer Übersegler, begann als Läufer – doch heute ist er ein Humpler."

MONTAG war es morgens bitterkalt und extrem nebelig ... gegebenenfalls wird es heute Abend wieder schneien. Im Dunkeln und bei Regen habe ich versucht, alleine mit dem Auto die Post für meine Gasteltern abzuholen, jedoch hab ich bei der Hin- und Rückfahrt den Sammelkasten nicht gefunden. Nette Erfahrung.

MITTWOCH gibt es nur drei Stunden Schule. Den Rest der Woche wird Thanksgiving gefeiert. Üblicherweise mit Ausflügen, Familienfeiern und einem großen Abendessen. Geschenke werden nicht vergeben beim „Dankeschöntag".

Partys und Interstate I-40

Montag, 29. November 2004, 15:07 Uhr

MITTWOCH war Thanksgiving mit einem riesigen Familienessen. Außerdem habe ich vier Stunden damit verbracht, den Pick-up zu schrubben. Wie gesagt, gab es den Rest der Woche keine Schule.
DONNERSTAG: Wie jede freie Gelegenheit nutzte ich den Donnerstag aus, um am Pick-up zu arbeiten.
FREITAG fuhren Gilbert und ich – also ich fuhr – zu einem See. Die Familie hat dort ein Trailer, und in diesem müssen wir die Rohre entwässern, damit sie nicht gefrieren und platzen. Na ja, leider hat wohl jemand vergessen den Wasserhahn der Badewanne richtig zu schließen: Alles stand unter Wasser, und das wohl schon seit Wochen! Schade um das schöne mobile Haus. Da erwartet meine Gasteltern ja noch viel Arbeit. Insgesamt fuhr ich sechs Stunden auf der Interstate I-40. Die I-40 ist eine der meistgenutzten Autobahnen in den USA. Sie verbindet Ost- und Westküste, genauer gesagt Los Angeles und den Bundesstaat South Carolina, und ist 2554 Miles (4137 Kilometer) lang. Mit 100 Kilometern pro Stunde und manueller Gangschaltung, aber mit Cruise Control (automatisches Halten der Geschwindigkeit) brachte ich den gelben Pick-up erfolgreich ans Ziel. An diesem Tag habe ich sehr viele Fahrmanöver gelernt. Ein bisschen mangelt es noch am Schalten und am Stadtfahren.
Am Abend ging es noch auf eine kleine Party in einem drei Kilometer entfernten Dorf.
SAMSTAG besuchte ich meine sechste von insgesamt zwölf Gastgeschwistern, etwa 30 Minuten von Albuquerque entfernt. Ein Familienmitglied kam aus New York zurück, und auch dies wurde gefeiert. Ich habe auch eine Austauschschülerin aus Oldenburg getroffen.
SONNTAG habe ich in bitterer Kälte am Pick-up gearbeitet, diesmal am Getriebe und den Armaturen.
MONTAG gab es das letzte Mal Fahrschule. Nun, nach 62 Theoriestunden,

muss ich meine 50 Fahrstunden zusammenkriegen. 23 habe ich schon. Die Schule war schon um 9:30 Uhr zu Ende, da es wieder Schneefall gab. Wir haben hier jetzt minus zehn Grad bei sechs Zentimetern Schnee. Im TV zeigt ein Laufband des regionalen Fernsehsenders derzeitige Wetterwarnungen und deswegen geschlossene Schulen an. Schulen schließen schon bei kleinem Schneefall. Paulina aus Hongkong hat das erste Mal in ihrem Leben echten Schnee gesehen! Da muss ich an eine tragische Geschichte erinnern, die sich vor ein paar Jahren in den Bergen hier abgespielt hat: Eine Jugendgruppe, darunter ein Austauschschüler, der das erste Mal Schnee sah, spielte im Schnee. Plötzlich zog sich der Schüler die Kleidung vom Leibe und rannte in den Schnee ... man fand ihn drei Wochen später erfroren. Verhängnisvoller Freudensprung. Das ist schon wieder so eine gruselige Geschichte meines Geschichtslehrers, ob man es nun glauben soll oder nicht.

Santa Claus the Fighter

Sonntag, 5. Dezember 2004, 20:48 Uhr

Hallo!
Weihnachtsfieber überall. Das heißt dicke Prozente in der Werbung. Vor den Kaufhäusern bilden sich an einigen Tagen kilometerlange Schlangen. Die Woche über war nicht viel los. Ich habe eine Art Referat in US History und Spanisch gehalten. Thema war das alte Mayareich Mexikos; ich war ja selbst da. Mein Notendurchschnitt liegt bei 2,1. Die Estancia High School gilt als eine normale Schule: wenig Hausaufgaben, manchmal Freistunden etc.
Wenn ich in Albuquerque bin, sieht man einen riesigen Unterschied zur Lebensweise der Menschen. Fahrzeuge werden hier generell länger genutzt als in Europa – deshalb also die vielen alten und legendären VW-Busse! Ist New Mexico nun Amerika oder Mexiko? Komplette Mischung. Gilbert erzählte mir, dass, als er und Navolena in New York waren, einige Leute dachten, dass New Mexico zu Mexiko gehört und nicht ein offizieller Bundesstaat der USA ist. Sehr nett!
DONNERSTAG hatte das Militär kostenlos einen „Charaktertest" angeboten. Auf Papier hieß es drei Stunden Fähigkeiten unter Beweis stellen. Mein Ergebnis kommt im Januar. Wehrdienst gibt es nicht, aber viele Leute haben aus Familientradition beim Militär gearbeitet. Viele, mit denen ich gesprochen habe, waren auch in Deutschland üben und lernen. Germany wird von vielen als der schönste Ort ihrer Militärzeit beschrieben.

FREITAG begann die Basketballsaison. Die Estancia Bears verloren trotz „Dirk Nowitzki" alias Austauschschüler Lars. Ein paar Schüler hatten mich auf eine Party eingeladen, aber das Basketballspiel war nicht einmal zu Ende, schon roch es nach Marihuana. Da ich mein teures Austauschjahr jetzt noch nicht beenden will, lehnte ich die Einladung dankend ab.
SAMSTAG ging es zum Einkaufen: Ich brachte Schuhe zurück, da diese absolut nicht wintertauglich waren. Als Gilbert und ich das Gebäude verließen, ereignete sich Folgendes: Zwei Diebe rannten hinaus, mit gestohlener Ware unter der Jacke. Doch hinterher der Weihnachtsmann?! Dieser hat einen der Ganoven erwischt, auf den Boden gerissen und geknebelt. Cooler Weihnachtsmann! Selbst Handschellen hatte er dabei! Das ist Sicherheit heutzutage. Eine Mutter war besorgt über die brutale Vorgehensweise des Santa: „Bitte nicht so gewalttätig vor den Augen der Kinder!" Ich hoffe, ihr lernt daraus, dass sich Klauen niemals lohnt, und der Weihnachtsmann im Namen des Gesetzes handelt.
Dann kauften wir für 170 Dollar Teile für den Pick-up ein. Nun gibt es wieder viel Arbeit.
SONNTAG – zweiter Advent: Advent wird hier nicht so groß gefeiert, ich musste meine katholischen Gasteltern dazu anheuern, einen Adventskranz zu kaufen. Adventskalender sind noch unbekannter. Nach der Kirche ging es nach Albuquerque ins Kino. Tickets kosten umgerechnet nur 4,50 Euro. Ich habe mich mit Paulina (aus Hongkong), McKinley (aus Maine, USA), Talgat (aus Kasachstan) und Housida (aus Usbekistan) getroffen. Wir hatten viel Spaß. Es ist mittlerweile sehr einfach, einen Film auf Englisch zu verstehen. Ich denke nicht mehr über jedes einzelne Wort nach, das gesprochen wurde, und trotzdem versteh ich zu 99 Prozent alles.

Manson & Co.

Mittwoch, 15. Dezember 2004, 09:16 Uhr

Hallo!
Ich hab mich ein bisschen erkältet, und die finalen Klassenarbeiten stehen bevor – also halte ich mich kurz: hier feiert man ja keinen Nikolaus, dafür wird am 8. Dezember „die Heilige Maria" gefeiert.
Die letzte Woche Schule: Finale Halbjahrestests werden geschrieben, die 20 Prozent der Semesternote ausmachen. Unser vollautomatischer Weihnachtsbaum – natürlich mit Plastiknadeln und integrierter Lichttechnik, sieben Spezialeffekten und

14 Melodien – steht auch schon hier. Die Weihnachtsfeier wird riesig sein – Bescherung ist bei den Luceros am Abend des 24. Über 50 Familienmitglieder werden das kleine Wohnzimmer fluten. Schon jetzt wird fleißig gebacken und gekocht. Es ist auffällig, wie oft Deutschland in den News und im TV erwähnt bzw. gezeigt wird. Oder fällt mir das nur auf, weil ich aus Deutschland komme? Für viele ist es das Reiseziel Nummer eins in Europa. Selbst ich habe nicht schlecht geschaut, wie schön doch Deutschland in einer 45-minütigen Werbesendung für die DVD-Kollektion „Germany" sein kann.
SAMSTAG gab es eine Lichterparade im kleinen Estancia: Mit dem Sonnenuntergang wurden die Straßen erleuchtet – eine Art beleuchteter Karnevalszug zu Weihnachten! Mittlerweile sind schon viele Häuser geschmückt.
SONNTAG ging es morgens zur Kirche und anschließend zu einer kleinen Frühstücksfeier. Amerikaner lieben Besuch!
Nach hartem Arbeiten am Pick-up ging es früh zu Bett, denn am MONTAG fuhren wir nach der Schule zu einem Marilyn-Manson-Konzert, wo dieser weltbekannter „Skandalrocker", in Albuquerque die „Toten" erwecken wird. Alonso (Einheimischer) aus meiner US-History-Klasse kam mit. Meine Gasteltern haben großes Vertrauen zu mir und wissen, dass ich kein satanistisches Gedankengut besitze. Meine Literaturlehrerin meinte dazu nur, dass ich Bush gesehen habe und dass es hier nix Schlimmeres gäbe. Über 4000 Menschen waren da. Leute wie du und ich: Amerikaner, Mexikaner, extreme Fans, Gothics, Christen, Satanisten und ... Kinder?! Sie warteten alle auf Marilyn Manson. Doch vor Beginn wurde das neue Album von Rammstein gespielt – das war für mich total komisch. Warum ausgerechnet deutsche Lieder, die keiner versteht? Die Vorband „Slunt" war super, Marilyn Mansons Musik und Bühnenshow war nicht zu toppen. Für schlappe 25 Euro (in Deutschland undenkbar) war es ein „erholsamer" Abend.
Nachrichten interessieren Jugendliche wenig, dafür wird viel geglaubt, was man gesagt bekommt: Hitler der Zweite sei unser neuer Bundeskanzler, ich bin mit der neuen Titanic nach Amerika gefahren. Ist doch komisch, wie sich hier „alles liebt" trotz der vielen Unterschiede und zusammenleben kann – Mut, Verantwortungsgefühl, Heiterkeit und Freundlichkeit sind die vorrangigen Eigenschaften, die ich bei den Amerikanern zu schätzen weiß! Besonders die Geschichte der US ist faszinierend. Mein Geschichtslehrer Mr. Walker meinte gestern: „Die USA sind ein junges Land, am Daumen nuckelnd und frech zu den alten Nationen wie Europa! Mit jedem Tag lernen wir aber dazu!" Deshalb wohl die riesige Motivation und außenpolitischen Handlungen ...
Weihnachten steht vor der Tür!

Ein Wochenende in America

Montag, 20. Dezember 2004, 20:49 Uhr

Hallo!
Als mein Gastvater am Freitag einkaufen war, hat man mich doch glatt aus der Alkoholabteilung rausgeschmissen! Gilbert wollte einen Wein kaufen, und ich bin ihm aus Versehen hinterhergelaufen. Alkohol steht in Supermärkten und Tankstellen abgetrennt vom Rest. Mitarbeiter des Geschäftes sind in der Nähe und verhindern alleine schon das Anschauen der Spirituosen durch Minderjährige.
Letztens hab ich eine Autowerbung gesehen, die lautete: „Mit 150 Meilen pro Stunde (241 Stundenkilometer) ist unser Auto der Marke XY Autobahn-ready!" – So gut wie jeder hier kennt die deutsche „Autobahn". Navolena möchte unbedingt den neuen Audi meines Vaters auf dem „Superhighway" testen!
FREITAG war der letzte Schultag. In der Schule wurde gefeiert und Candy-Grams – „anonyme Botschaften" von Schülern – an die Schüler verteilt. Unsere Direktorin schrieb auf ihrem jährlichen Rundschreiben „Frohe Weihnachten" auf Deutsch ... Warum auch nicht?! Am Abend gab es in unserer Kirche ein kleines Krippenspiel.
SAMSTAG ging es zum Wrestling bzw. Bodenkampf. Einer der vielen Enkelkinder hatte einen Wettkampf. In der gut ausgestatteten Schulhalle durfte ich mir einen ganzen Tag Bodenkämpfe anschauen. Ich denke, dies wäre etwas für meinen Bruder Kay! Gleichzeitig bestaunte ich, wie wichtig der Schulsport ist – man ist sogar bereit, Eintritt zu zahlen. Ich finde, dass es nach wie vor eine geniale Idee ist, Schule mit Freizeitsport zu verbinden! Die Schüler trainieren professionell und repräsentieren ihre Schule. Wie auch ich bekamen die Athleten Auszeichnungen und die Chance, an den Landesmeisterschaften der High Schools teilzunehmen. Wrestling ist schön anzuschauen, aber für mich wäre das zu viel Körperkontakt.
Am Abend ging es zu einer kleinen Party bei einem weiteren Gastbruder. Boxen lief im Programm ... In Las Vegas, Nevada, schlug unter anderem Vladimir Klitschko den Amerikaner Williams k. o. Hehe! Weiter so!
SONNTAG: Gottesdienst! Danach ein nettes Frühstück – und ran an mein Hobby, den Pick-up. Irgendwie macht es mir Spaß, diesen alten Pick-up zu restaurieren. Vielleicht ist das schon eine Sucht.
Da meine Gasteltern kurzfristig nach Las Vegas, New Mexico, verreisten, übernachtete ich bei Jennifer mit Mutter und Bruder. Wir hatten viel Spaß. Die Familie Newton unternimmt mit mir sehr viel. Jennifer ist so etwas wie meine US-Schwester, auch wenn wir uns manchmal total streiten. Wir besuchten ein traumhaftes Theater-Gospel-Spiel. Hunderte ehrenamtliche Darsteller und Kinder spielten uns in professionellem Stil eine

Weihnachtsgeschichte vor. Danach ging es ins Kino!
Jennifers Mutter musste mir dann beweisen, dass in New Mexico sonntags kein Alkohol verkauft werden darf und auch nicht wird, weder im Supermarkt noch an der Tankstelle. Ich könnte eh keine Spirituosen kaufen. Dafür und für Kasinos müsste ich schon 21 sein. Rauchen und Lottospielen geht mit 18 Jahren.
MONTAG ging es wieder nach Hause. Ich hatte gehofft, dass ich das erste Mal einen Tag ohne Braune-Bohnen-Essen auskomme. Und als Überraschung gab es am Abend: grüne Bohnen! Mittlerweile bekomme ich bereits einen kleinen „Bohnenbauch". Allen ein frohes Weihnachtsfest!

Indianer und Paintball

Montag, 27. Dezember 2004, 22:12 Uhr

Servus!
Diese Woche habe ich viel erlebt. Wo fange ich da nur an ...
Also am FREITAG war Heiligabend. Morgens ging es erst einmal nach Albuquerque. In einer Bibliothek habe ich mir Bücher für meinen „Biosketch" geholt. Ich muss als Hausaufgabe in US History zum Start des zweiten Semesters Johannes Gutenberg (Deutscher, Erfinder des Buchdrucks) präsentieren. Nach zahlreichen Anrufen von Freunden und Bekannten in Deutschland haben wir noch Last-Minute-Geschenke gekauft, und dann ging es in die Kirche. Unser Priester erklärte uns unter anderem, dass das Lied „Stille Nacht, heilige Nacht" im deutschsprachigen Raum gedichtet wurde. Nach einem guten Essen – eine Art Buffet – mit zirka 60 Verwandten ging es an die Geschenke: Der große Stapel wurde zunächst in kleinere aufgeteilt.
Was habe ich geschenkt:

- ein Buch über „Die Macht des positiven Denkens" für Navolena;
- einen Spielzeug-Pick-up mit Bildern vom Pick-up für Gilbert;
- einen selbst geschweißten Topf- und Pfannenhalter für meine Gastschwester und Victor.
- Jede Familie hat außerdem ein kleines Bündel mit deutschen Süßigkeiten bekommen.

Was habe ich bekommen:

- eine Armbanduhr, deutsche Schokolade und einen Kugelschreiber in Chiliform von meinen Gasteltern;
- ein Schweißband von Harley Davidson, dazu eine passende Mütze;
- eine kuschelige Decke und ein T-Shirt.

Ich feiere Weihnachten aber nicht wirklich, da ich nicht bei meiner eigenen Familie bin. Somit lasse ich es praktisch ausfallen. Die Stimmung ist auch ganz anders als bei uns zu Hause. Hier ist das eher wild und wie eine Party. Heiligabend musste ich viel an meine Eltern denken. Wir sind am ersten Weihnachtstag immer zu meiner Tante und meinem Onkel gefahren. Ich habe vor zwei Wochen erfahren, dass dieser an einer seltenen und tödlichen Krankheit leidet. Und ich bin so weit weg ... Ich habe vielen Freunden und Verwandten letzte Woche Weihnachtskarten geschrieben und hoffe, dass diese angekommen sind.

Am SAMSTAG gab es dann noch ein großes Frühstück bei Verwandten im zirka zwei Kilometer entfernten Haus meiner Gastschwester. Steve (jüngster Sohn meiner Gasteltern) und seine Familie haben mich dann „entführt".

Wir besuchten einen der vielen Indianerstämme in New Mexico. Santa Domingo hieß das Ziel, nur zehn Minuten von Albuquerque entfernt, direkt an der Autobahn. Mir kam es vor, als ob ich 1000 Meilen gereist sei: Häuser aus Lehm und Holz, die Wege aus Erde und Staub. So gut wie alle Indian Pueblos sind mit der „modernen Welt" verbunden. Wenige Indianer haben einen Job – dafür werden sie vom Staat mit Fahrzeugen und Wohnungen unterstützt. Kasinos und Tankstellen sind meist im Besitz der Ureinwohner Amerikas – zur Existenzerhaltung der Stämme. Durch die Geldeinnahmen sind die Indianerstämme in der Lage, von den USA Land zurückzukaufen. Wusstet ihr, dass bereits ein Skigebiet, eine Autobahn, TV-Sendestationen – sogar das Wohnhaus des Bürgermeisters von Albuquerque nun im Besitz der Indianer sind? Wenn die Native Americans sich so wie die Amerikaner früher benehmen würden, dann müsste der Bürgermeister ausziehen, und New Mexico hätte keine Fernsehsender mehr!

In den kulturellen Gebieten ist Fotografieren strengstens verboten. Steve hat Indianerfreunde, also waren wir willkommen. Die Indianer sind zwar zum Christentum konvertiert, pflegen parallel dazu aber noch alte Rituale

und Traditionen. Jugendliche müssen die normale Schule besuchen, tragen „amerikanische" Kleidung und beherrschen Englisch wie ihre Stammessprache. Jede Wohnung besitzt TV, Kosten für Strom und Gas bezahlt der Staat. Lieblingshaustier ist der Hund. Je bunter ein Indianer geschminkt ist, desto „wichtiger" ist er für das Volk.
Danach hatten wir einen Filmabend.
Am SONNTAG ging es in die Kirche. Die Messe war etwas anders als die in Chilili. Wir besuchten zum zweiten Mal das kleine Indianerdorf. Diesmal gab es einen Tanz. Auch einige Zuschauer waren da. An berühmten Festtagen ist das kleine Örtchen voll von Touristen. Sie werden aber ignoriert. Fotografieren und das Betreten der heiligen Gebäude wird, wie gesagt, kräftig bestraft. Zu sehen gab es einen rituellen Tanz mit Kindern und Jugendlichen, eingekleidet in traditionellen Kleidern. Später kam der „Weihnachtsmann" – beziehungsweise Indianer als „weiße Amerikaner" verkleidet. Das sah ungefähr so aus: ein kugeliger Schneemann mit Clownsgesicht, dickem Bauch und dickem Hintern. Es war ein verrücktes Schauspiel. Zwei Indianer, schwarz geschminkt, jagten dann den Weihnachtsmann, der im Übrigen eine Sonnenbrille und einen Cola-Regenschirm trug. Man muss es einfach gesehen haben, um es zu verstehen. Es war ein tolles Erlebnis. Ich hätte so gerne Fotos gemacht, aber war halt verboten – verständlich.

Danach ging es mit den Jungs und Steve raus zum Paintball. Es hat viel Spaß gemacht. Wir waren insgesamt fünf Personen pro Team. Spezielle Luftdruckgewehre mit Farbkugeln, die beim Aufprall platzen, waren die Waffen. „Such- und Versteckspiel" – und mit blauen Flecken gab's noch einen Filmabend mit Pizza. Unter anderem haben wir uns im TV die „VW-Käfer-Rennen" Amerikas angeschaut.
MONTAG war nicht viel los – komischerweise sind bei allen Verwandten, die wir besucht haben, die Computer kaputt. Da kann ich weiterhelfen!
PS: Wusstet ihr, dass selbst über die Weihnachtstage einige Geschäfte ununterbrochen geöffnet haben?

Weihnachten mit Gilbert und Navolena Lucero

Flutkatastrophe

Mittwoch, 29. Dezember 2004, 13:43 Uhr

Hallo!
Die Erdbeben und der daraus entstandene Tsunami haben für die Menschen in Südostasien unfassbare Schäden verursacht. Wie in Deutschland gibt es auch hier News rund um die Uhr. Über 250.000 Menschen haben ihr Leben verloren, darunter ein Drittel Kinder. Germany wird im TV für seine Geldspenden gelobt. Was wir brauchen, sind auch Helfer, allein das Rote Kreuz mit 10.000 Helfern ist auf dem Weg. George W. Bush ist im Urlaub auf seiner Range in Texas – debattiert über ein neues Frühwarnsystem ...
Über eine Million Kinder werden mindestens einen Elternteil verlieren. Der Schaden übersteigt bereits an die 15 Billionen Euro. Rotkreuzler aus meiner Heimat machen sich auch auf den Weg, um Seuchen einzudämmen und die Versorgung sicherzustellen. Hunderte Amerikaner und Deutsche sind noch vermisst. Auch Amerika ist an der Spitze der Helfer, spendet Transportflüge, Geld – und Trost.

Januar bis Februar 2005: Neues Jahr – Neues Glück

Happy New Year

Dienstag, 4. Januar 2005, 22:50 Uhr

Hallo und ein frohes neues Jahr!
Ich war am Silvesterabend in Belen. Einer meiner Neffen hat mich über Nacht aufgenommen.
Es gab ein tolles Rockkonzert in der Mormonenkirche von Belen.
In dieser Religion gibt es zum Beispiel strengere Regeln und längere Messen.
Silvester wurde groß gefeiert. Ich habe einen Austauschschüler aus Deutschland getroffen.
Mormonenmädchen sind entweder unendlich hübsch oder total unattraktiv! Freundlich sind sie alle!
Der Sänger der Band ist State Champion im Singen – ein weiterer Kurs, den manche Schulen anbieten. Gegebenenfalls kann ich die Band für unseren Abschlussball anheuern! Der Vater des Sängers ist aus Kanada. Es hat mich gewundert, dass ich auf Deutsch angesprochen wurde. Er weiß so viel über Deutschland, war aber noch nie da. Gegebenenfalls wird sich das ändern, wenn er uns besuchen kommt.
Die Schule hat schon am Montag begonnen. Einige Vorbereitungen sind zu treffen, ich habe meinen Stundenplan gewechselt. Mein neuer sieht so aus:

1. US History
2. Weight Lifting
3. Auto Motor Repair
4. Metal Fabrication
5. American Literature
6. Algebra II
7. PC Repair

Oklahoma und Texas

Dienstag, 11. Januar 2005, 18:50 Uhr

Hi-Ho!
Über die Woche fand wieder der so genannte BVC-Wettkampf (Beans Valley Championship) statt. Es geht hierbei um alle Sportarten – gegen benachbarte Schulen. Die Estancia-Bären wurden Dritte.
Wusstet ihr, dass in und um Albuquerque Feuerwerk aus Brandgefahr verboten ist? Somit gab's Silvester auch kein Feuerwerk.
DONNERSTAG ging es um 5 Uhr in der Früh in Richtung Osten: Ziel war das zwölf Stunden entfernte Oklahoma City im Bundesstaat Oklahoma. Am Abend haben wir Antonio (einen meiner 37 Neffen und Nichten) vom Westpoint College (New York) beim Wrestling zugesehen. College-Wrestling ist unterteilt in Bundesstaaten sowie staatliche Einrichtungen wie Militär, Luftwaffe, Marine. Antonio ist seit längerem für die US Army im „Ring". Wrestling ist in meiner Gastfamilie eine Traditionssportart. Ich habe mich mit ein paar Wrestlern der US-Armee unterhalten: In dieser Schule, die sich auf den Militärbereich spezialisiert hat, ist vom Ablauf her alles wie auf einer High School!
FREITAG folgten wir dem Wrestlingteam nach Dallas, Texas. An der Tankstelle hab ich mir eine Telefonkarte für die USA besorgt – siehe da: Selbst im „Bush-Land Texas" war die Kassiererin eine Demokratin!
Wir besuchten das Oklahoma-Denkmal in Oklahoma City, wo am 16. April 1995 um 9:02 Uhr ein Anschlag auf ein neunstöckiges Staatsgebäude verübt wurde. 168 Menschen wurden getötet – die meisten darunter waren Kinder. Es hat mich ziemlich mitgenommen. Zwei Amerikaner hatten diesen Anschlag ursprünglich auf Albuquerque geplant, jedoch war das Gebäude beziehungsweise die Parkgarage, wo

der Lkw mit der Bombe explodieren sollte, von der Polizei geschützt. So wurde das Staatsgebäude mit einer Kinderstätte in Oklahoma zum Ziel. Der Grund war ganz alleine nur die Unzufriedenheit mit dem eigenen Land. Dieser Anschlag ist auch als „Oklahoma Bombing" bekannt.
Am Abend in Dallas angekommen, ging es in ein gutes Steakhaus. Ich habe Bruder Gabriel ein Heineken-Bier spendiert. Das hat mich aber Nerven gekostet: Ich wollte ein Bier bestellen für den Herrn neben mir. Doch der Kellner war erst 19 Jahre alt,

und in den USA darf dieser somit keinen Alkohol servieren. Fünf Minuten später kam dann die Chefin des Steakhauses – und ich bekam dann nach zwei Minuten eine Flasche Bier auf den Tisch gestellt. So, wo ist das Glas? Gabriel wollte das warme Bier in sein gebrauchtes Cola-Glas geben. Auf Anfrage haben wir ein neues Glas erhalten. Das Essen war gut, doch am Ende habe ich mich beschwert, dass selbst im Restaurant das Bier in Flaschen und ohne Glas serviert würde. Nachdem die Kassiererin begriffen hatte, dass ich aus dem „Bierland Deutschland" komme, musste ich das Bier nicht mehr bezahlen. Es gab dann eine kleine Schulstunde, wie man denn Bier servieren sollte! In der Gastronomie ist es auch üblich, dass auf der Rechnung neben der Mehrwertsteuer auch schon Trinkgeld (in den USA „Tip" genannt) von 15 Prozent angegeben ist. Später habe ich erfahren, dass Kellner in den USA wohl sehr wenig Lohn bekommen, und dass sie das Bier aus eigener Tasche bezahlen mussten und das Trinkgeld ein Teil des Verdienstes sei. Das nächste Mal weiß ich Bescheid! Mein Gastvater gab mir aber Recht, dass das Bier doch anständig serviert werden sollte. Es ist aber generell üblich, Trinkgeld zu geben.

Am SAMSTAG war Wrestlingtag: Viele Bundesstaaten kämpften wieder gegeneinander. Für insgesamt acht Stunden sah ich Wrestling. Am Abend ging es zu „Chucky Cheese": eine Art Kinderrestaurant und Spielhalle in einem. Glücksspiele sind halt ein wichtiges Einkommen für die USA, aber man sollte klein anfangen ...

SONNTAG ging es auch schon wieder nach Hause! Zwölf Stunden auf der Landstraße, die eine Geschwindigkeitsbegrenzung von 60 Meilen pro Stunde (mph; entspricht 97 km/h) hatte, stundenlang geradeaus und geradeaus ... Links und rechts Baumwollplantagen und riesige Industriegebiete alleine zur Baumwollverarbeitung! Nun habe ich einige Hausaufgaben nachzuholen, was aber kein Problem ist.

Polizeiwagen in Dallas, Texas

Good Morning America!

Montag, 17. Januar 2005, 21:37 Uhr

Hallo!
Ich bin gerade dabei, mich beim „EF Language & Culture Camp 2005“ als Returnee zu bewerben. Dann könnte ich 14 Tage länger hier bleiben und als „Betreuer“ im Camp den „Neulingen aus Übersee“ helfen ... Drückt mir die Daumen!
Wusstet ihr, dass Amerika einen Fernsehsender nur zum Thema Essen hat?
Einer meiner Lieblingssender ist der History Channel (ein Geschichtssender, auch wenn in 50 Prozent aller Reportagen Hitler über die Bildfläche flackert ...; www.historychannel.com).
SAMSTAG haben wir abends eine kleine Party in Albuquerque besucht. Anlass war eine Hochzeit. Unter den Gästen war auch eine ältere Dame aus Deutschland. Viele deutsche Frauen sind nach dem Zweiten Weltkrieg mit einem US-Soldaten ausgewandert.
SONNTAG ging es wieder nach Albuquerque zu einem Spaghetti-Mittagessen. Der Erlös aus dem Verkauf kommt Justins Wrestlingteam zu Gute. Die besten Spaghetti, die ich je in den USA gegessen habe! Danach ging es wieder an den Pick-up.
MONTAG gab es schulfrei zu Ehren von Martin Luther King Jr. (Junior). Er war ein US-amerikanischer Baptistenpastor und Bürgerrechtler, der 1968 ermordet wurde. Er zählt zu den wichtigsten Vertretern im Kampf gegen die weltweite Unterdrückung der Schwarzen.
Der US-Dollar kostet mittlerweile nur noch 75 Eurocent! Unter www.x-rates.com kann man den aktuellen Wechselkurs verfolgen.

Anders in den Staaten

Montag, 24. Januar 2005, 21:17 Uhr

Hallo!
Die Sonnenaufgänge werden hier immer schöner ... Nachts ist es unter dem Gefrierpunkt und tagsüber bis zu 17 Grad! Schnee liegt nur in den höheren Bereichen.
FREITAG haben wir im Schulfach Geschichte das Thema „Freedom“ besprochen. Zum Beispiel ist der Besitz einer Waffe einfach ein Recht auf Freiheit. Den Einwand gegen Seat Belts (Sicherheitsgurte im Auto) eines Mitschülers begründete mein Lehrer, Mr. Walker, so: „Natürlich ist es Pflicht, einen Sicherheitsgurt zu tragen, und raubt somit die Freiheit, ohne zu fahren. Da aber bei schweren Unfällen die Exkremente teilweise durch die Scheibe fliegen, andere Leute verletzen und hundert Meter weiter

aufgesammelt werden müssen, wurden Sicherheitsgurte zur Pflicht." Nach dieser unterhaltsamen Schulstunde habe ich bei den Newtons übernachtet. Deren Tochter Jennifer plant, im nächsten Sommer für ein Jahr nach Deutschland zu kommen. Da wird sie aber auf eine englischsprachige oder deutsche Schule Nahe Frankfurt gehen. Ihre Oma lebt dort.
SAMSTAG sind wir dann einkaufen gegangen. Mit wirklich guter Beratung bin ich mit 225 US-Dollar (umgerechnet 170 Euro) ausgekommen. Markenkleidung bis hin zur Ware von Walmart – alles war dabei. Am Abend ging es dann zur Belohung meiner „Berater" ins Kino: Horrorfilm auf amerikanische Art. Ich hatte mich sehr gefreut.
Hier braucht man eindeutig mehr Kleidung als in Deutschland. Wenn man eine Hose oder einen Pullover zwei Tage hintereinander trägt, wird man von den Mitschülern direkt komisch angeschaut, warum auch immer ...
SONNTAG ging es wie immer zur Kirche und danach auf eine kleine Geburtstagsfete bei einer meiner vielen „Cousinen". Navolena und Gilbert lassen mich sogar schon ein bisschen alleine Auto fahren.
Am Wochenende habe ich meine Returnee-Bewerbung abgeschickt. Ich habe wirklich nette Empfehlungsschreiben meiner Gasteltern und meiner Schule bekommen.
Im nächsten Monat bekomme ich meine Abflugtermine. Wenn ich jedoch Returnee werde (entscheidet sich im April), bleibe ich bis Ende Juli hier!
Slipnot, die andere Skandalband, kommt nach Albuquerque. Hehe, mal sehen! New Mexico hat irgendwie das Bedürfnis nach wilderer Musik ...

Ski und Snowboard

Sonntag, 30. Januar 2005, 18:15 Uhr

Hallo!
Meine Rückflugplanung ist im vollen Gange. Zwischen dem 13. Juni und 2. August wird die Rückreise stattfinden.
Am MITTWOCH war nur einen halben Tag Unterricht wegen Lehrerfortbildung.
FREITAG ging es frühmorgens ins Skigebiet von Santa Fe (www.skisantafe.com).
Nach zirka zwei Stunden Busfahrt ging es auf maximal 3700 Meter Höhe. Ich habe den Snowboardkurs gewählt. War am Anfang sehr schwer. Am Nachmittag habe ich das Snowboard in der Ecke stehen lassen und mir Snowblades (sehr kurze Ski) geliehen.

Das Wetter schwankte zwischen Sonne und Nebel-Wolken-Mix. Wir hatten alle viel Spaß. Die Wolken hingen so tief, dass Gipfel und Skipisten über den Wolken waren! Ein genialer Anblick.
Am Abend ging es noch zum Fast-Food-Restaurant. Ich habe wieder bei meiner Betreuerin übernachtet.
SAMSTAG war ein typischer amerikanischer Fernsehtag. Da meine Gasteltern bis Sonntagabend in Phoenix, Arizona (AZ), sind, bin ich alleine. Am Abend bin ich mit Bruder Danny und Lisa zum 4-H-Treffen gegangen. Es hat viel Spaß gemacht.
SONNTAG wurde ein kleines bisschen am alten, grauen Pick-up gearbeitet. Zirka zwei Zentimeter Schnee liegen hier, wobei schon fast wieder alles weggeschmolzen ist.
Mittlerweile ist der Truck komplett fahrtauglich, ich baue in der Schule gerade einen Überschlagschutz. Für 75 US-Dollar (57 Euro) im Monat bekomme ich eine Versicherung. Jetzt kommt es nur noch drauf an, ob es sich rechnet, da das PS-Monster ein Benzinschlucker ist!

This is Germany

Sonntag, 6. Februar 2005, 21:19 Uhr

Hallo!
Diese Woche hat das Training für „Track & Field" begonnen. Ich werde wohl ein Sprinter oder Langstreckenläufer sein. Das erste Training ging mit Muskelkater zu Ende.
DONNERSTAG ging es mit der Autoshop-Klasse auf einen Tagesausflug. Unter dem Motto „school-to-work" haben wir uns eine Fabrik angeschaut. In diesem kleinen Unternehmen werden Rohre für Belüftungs- und Beheizungsschächte hergestellt. Nur 30 Mitarbeiter arbeiten dort, produzieren für fast ganz Amerika. Die Firmenleitung war vor zwei Jahren auf einer Europareise, um Ideen und Geräte zu holen. Das einzige deutsche Wort, das der Chef lernte, war „Autobahnbier". Er kann sich dran erinnern, dass er mit einem Mercedes von Freiburg nach Italien fuhr, „die Deutschen sind verrückte und schnelle Autofahrer". In Freiburg wurde eine Laserschweißmaschine gekauft, davon gibt es nur 14 Stück auf der Welt. Eine davon steht nun hier in New Mexico. Sie ist die einzige westlich des Mississippi. Dann hatte ich mir eine Erkältung eingefangen. Mit so einer Art grün-bläulicher Medizin hab ich mich schlafen gelegt. Die Medizin hatte so viel Alkohol drin – so besoffen war ich noch nie! Freitag geht es schließlich wieder ins Skigebiet, und da muss ich ja fit sein.
FREITAG fuhren wir also wieder nach Santa Fe. Nach zwei Stunden Busfahrt direkt auf die Piste! Nun klappt es mit dem Snowboard schon viel

besser. Ein Kerry ist unser Lehrer für den Vormittag. Am Nachmittag darf jeder alleine fahren beziehungsweise üben. Ich hab dann das Snowboard gegen Ski ausgetauscht – macht natürlich mehr Spaß (weil ich, seitdem ich laufen kann, Ski fahre). Mit strahlend blauem Himmel und Pulverschnee vom Feinsten war es ein toller Tag!
SAMSTAG, nach einer weiteren Übernachtung bei meiner Betreuerin Mary, haben wir TV gesehen und einen Trift Store (so ne Art Secondhandladen) besucht. Don hat sich für 30 Dollar über 100 Bücher gekauft. Er macht nix anderes, als alles über Ebay und Amazon zu verkaufen, von Schrottplatz zu Schrottplatz zu fahren und überall zu handeln – dies macht ein ansehbares Monatsgehalt!
Zum Halbjahr sind einige Austauschschüler gegangen. Es gibt noch andere, die „nur" ein halbes Jahr hier sein werden: eine Schülerin aus Korea und ein Schüler aus Brasilien, den wegen seiner Haarpracht alle „Afro" nennen. Somit bin ich mit meiner Frisur auf Platz zwei gerutscht!
SONNTAG ging es morgens wie immer in die Kirche und danach am Pick-up weiter voran. Diese Woche bringe ich den Pick-up zur Schule, um zum Beispiel die Bremsen zu justieren.
Sonntag war auch Super Bowl, also das Finale des Profifootball! Mit riesigem Spektakel und Party wurde es vor dem Fernseher gefeiert!
Bald ist Deadline der Planung meiner Rückreise. Ich muss noch diesen Monat angeben, wann ich nach Hause fliegen will. Verlängerung meines Aufenthalts um vier Wochen kann ich gegen eine Pauschale „buchen".

Steak zu Valentine

Montag, 14. Februar 2005, 15:10 Uhr

Hallo!
Am FREITAG ging es wieder in den Schnee. Nebel, Schneeregen usw. haben mich dazu gezwungen, mich den ganzen Tag mit dem Snowboard am unteren Hang auseinander zu setzen. Jedoch habe ich während der Mittagspause meinem Snowboardlehrer meine dreizehnjährige Skierfahrung demonstriert – beim Lifteinstieg bin ich jedoch „auf die Schnauze" gefallen! Wie peinlich. Na ja, Snowboarden klappt schon ganz gut.
Abends war ich wieder bei meinem guten Freund Sjors aus Holland.
SAMSTAG ging es nach Albuquerque. Mein EF-Betreuer ist ein Veteran,

und so konnten wir „steuerfrei“ und günstiger in der Militärbasis einkaufen. Sonst waren wir nur unterwegs und haben ein paar Kleinigkeiten eingekauft.
Ich hab dann noch den Computer meiner Gasteltern aufgerüstet. Ich werde unter anderem eine Diashow und Grußkarten für die goldene Hochzeit meiner Gasteltern anfertigen. Diese ist schon am 19. Februar.
SONNTAG ging es morgens zur Kirche, danach mit meinen Gasteltern nach Albuquerque – Verwandte besuchen. Dann holten wir Teile für den Pick-up. Und am Abend ging es in ein australisches Steakhaus namens „Outback“. Ich hab mir ein 350-Gramm-Medium-Steak bestellt – köstlich. Mein Bruder hätte wohl auch alles aufgegessen bekommen. Ich habe meinen Nachbarn und Gastvater auf ein Bier eingeladen, leider gab es auch diesmal kein deutsches Bier, sondern nur holländisches. Auch hier gab es wieder nur eine Flasche und kein neues Glas, sondern Plastikbecher mit Cola-Resten. Ich habe meiner Familie erklärt, dass es so wäre, als ob man eine Cola getrunken hat und darauf einen warmen Kaffee ins gleiche Glas füllt. Zumindest ging es mit einem lecker gefüllten Bauch ins Bett.
MONTAG war Valentinstag. Hier in Amerika wird das noch viel mehr gefeiert. Ich hab meinen Gasteltern eine Karte geschrieben. Amerikaner lieben Grußkarten und sammeln sie!
Auch in der Schule gab es gutes Essen – mit Liebe gekocht, freundliche Lehrer und verliebte Schüler. Unsere Schulleitung hat uns mehrmals klar gemacht, wie lieb sie uns alle hat!
Nun hoffe ich, dass meine Erkältung langsam verschwindet. Die Vorbereitungen des 50. Hochzeitstags (50th Anniversary) meiner Gasteltern laufen auf Hochtouren.

News-Flash!

Donnerstag, 17. Februar 2005, 16:05 Uhr

Hi!
Ich hab noch ein paar Sachen zu erzählen, deshalb ein Zwischenbericht: Am kommenden SAMSTAG ist ja golden wedding (goldene Hochzeit) meiner Gasteltern. Gefeiert wird in einer Kirche, danach im Kasino. Über 700 Gäste werden auf 70 Tische verteilt sein ... Und ich kümmere mich um Fotos und Diashows.
Einer meiner Neffen, Dimitri und vier Jahre alt, hat gestern versucht, sich zu rasieren! Das war einfach nur zum Totlachen. Gemerkt haben wir es erst, als er sich ganz leicht ins Bein geschnitten hatte und anfing, wie ein Sterbender zu schreien!

Irgendwie hab ich das Gefühl, dass das Jahr schon vorbei ist – dabei geht es ja noch nach Kalifornien und Kanada, an die Ostküste, nach NY usw. Ich kann die Tage kaum zählen! Einerseits freu ich mich auf die Rundreise, andererseits auf meine Eltern zu Hause. Doch so wirklich weg will ich nicht. Ein Chaos der Gefühle ...
Meinem Pick-up geht's gut, der Motor ist jetzt auch getuned: Heute hab ich beim laufenden Motor rumgewerkelt und bin mit meinem Daumen an den Stromgenerator gekommen – schwups war mein Fingernagel zerschlagen. Zum Glück ist nicht mehr passiert!
Dann gab es hier noch direkt nebenan im Nachbarort McIntosh (200 Einwohner) eine Swat-Situation. Familie Newton lebt dort auch. TV, Helikopter, sogar Panzer waren da, um eine Geiselnahme zu beenden. Polizei war aus dem ganzen Land da, Schulbusse wurden umgeleitet. Nach heftigem Schusswechsel, Gasgranaten und über elf Stunden Zähneklappern war es dann vorbei. Geiselnehmer tot, Polizisten verletzt. Wie in Hollywood!
Letzte Woche habe ich auf Einladung einer Middle-School-Klasse Kaiserschmarrn gezaubert. War genial, jedoch habe ich ausdrücklich darauf hingewiesen, dass ich Mehl brauche – aber man brachte mir nur fertigen „Pfannkuchenmix".
Meine Schulnoten sind soweit ganz gut.

Goldene Hochzeit

Montag, 21. Februar 2005, 11:42 Uhr

Hallo!
Am FREITAG ging es statt in die Schule ins Kasino. Meine Gasteltern feierten am Samstag ihre Jubiläumshochzeit für 50 Jahre Treue! Also hieß es für die Kinder ran zur Vorbereitung eines unvergesslichen Events. Es wurden zirka 200 Einladungen versendet, ich hab zum Teil die Teilnahmebestätigungen per E-Mail und Telefon angenommen. Das „Santa Ana Star Casino" ist eines der vielen großen Kasinos in New Mexico. In diesem riesigen Gebäude befindet sich nicht nur eine große Spielhalle, sondern auch 22 Kegelbahnen, Restaurants, Eventhallen, Räume, Geschäfte – eine Kleinstadt unter einem Dach! Also 70 Tische mit 700 Stühlen stehen schon. Nun werden die Wände dekoriert und letzte Planungen ausgeführt. Es war ein lustiger Tag, meine elf Geschwister und ich hatten viel Spaß. Zwischendurch konnten wir am Luxusbuffet essen: Fisch, Krabben etc. – köstlich!

Am Abend haben wir noch beim Wrestling gestoppt. Landesmeisterschaften für zwei meiner 38 Neffen. Navolena und Gilbert wurden – ohne am Boden zu kämpfen – mit der Goldmedaille ausgezeichnet.

SAMSTAG: Der große Tag! Schick gemacht, ging es um 9 Uhr morgens nach Albuquerque. Haare gestylt – ab zur heiligen Messe. Brechend viele Leute! Nur die wenigsten erkannte ich wieder. Ich wurde gefragt, wie es meinem neu geborenen Sohn gehen würde! Ich erinnerte mich, dass der Freund meiner Nichte, Steve, unglaubliche Ähnlichkeit mit mir hatte. Mit einem Lachen verwies ich auf den echten Vater.
Danach ging es mit Gottes Segen zum Auffrischen ins Hotel. Im Kasino wurden wir herzlich empfangen. Um 6 Uhr war dann schon das Buffet eröffnet. Ich bin danach mit meinen Neffen zum Kegeln in den zweiten Stock gegangen. Da ich ja der „zweite Fotograf" bin, habe ich von fast allen 70 Tischen Fotos gemacht. Am Ende hatte ich 180 Bilder zusammen.

Somit habe ich schon über 2600 Bilder in den USA geschossen. Unter anderem habe ich auch eine nette Diashow mit Bildern meiner Gasteltern von 1945 bis heute organisiert, die während des Essens lief.
Um 22 Uhr war die Live-Musik schon zu Ende. Wir hatten alles versucht, diese Party zu verlängern, aber nix half. Meine Füße taten eh schon vom vielen „versuchten" Tanzen weh. Ich hätte doch auf meinen Papa hören und einen Tanzkurs machen sollen! Ach ja: Ich habe auch eine Rede gehalten. Ich war zwar nervös, aber alle meinten, ich war toll! Viele hatten bei dieser eigentlich lustig gemeinten Rede Tränen in den Augen. Wir haben noch bis 3 Uhr morgens gefeiert.
SONNTAG ging es dann ans Geschenke-Auspacken. In einer Kiste waren nur Grußkarten. Es hat drei Stunden gedauert, bis alles ausgepackt war. 5000 Dollar in Bargeld und unzählige Geschenke! Ich freu mich schon auf meine goldene Hochzeit!
MONTAG: Bilder aussortieren und sich an die vielen glücklichen Momente zurückerinnern. Es war eine tolle Feier! Es gab heute auch keine Schule, da President's Day ist, ein Feiertag für Herrn Bush.

Meine Rede zur goldenen Hochzeit:

Dear friends and family of Navolena and Gilbert Lucero, dear Grumpy & Grumpier!
I am Daniel, the seventh and hardest exchange student – also called the German son. I live with Navolena and Gilbert Lucero since August. It is amazing to feel with them, to talk with them, to play with them, to travel with them, to pray with them and – of course – to eat beans and chili with them.
Since four years they lived alone – in a big house on a big hill on a lonely stretch of highway. More often or less they forget that I am here – but I am used to it because my natural parents are exactly the same kind of personality. – Shit happens.
Family, God and Friends are the most important things for Los Luceros. For me it is so difficult to get all names from the 698 People who are here tonight. My natural parents are not even close to the 50th and the 38 grandkids – they have two right now! I goanna be as productive as "Nobi and Gilberto", my great idols!
They brought me closer to God – Marilyn Manson or the Election of 2004 can not even interrupt their faith.
Now a shortcut to the family: The Navolena's Sister Clan: They all sound the same on the phone.
The Kids: Every single one is an individual and "almost" grown up soul.
The Grandkids: My 38 nieces and nephews give me a great friendship and action.
But let me now go back to "Tarzan and Jane":
Robert was calling me (between all the R. S. V. Ps) and asked me the question of the question: "Who is more nervous about the anniversary – Mom or Papa?" It didn't take me long to answer: Mom of course! She has to get pounds off to fit back into her dress – Dad is sitting in his chair – watching TV and taking naps all day long!
Navolena is a peaceful person with true love and a great chef.
Her (sometimes) negative attitude can help to get your Rebates back from BestBuy. Her power, intelligence (she can use every type of phone without reading instructions), and love guarding me every day.
Gilbert is an open minded, smart and sometimes silly person. You can learn a lot from him, he is still young and so dynamic. The best thing you can do is to buy him a McDonald's "Big and Nasty" with triple cheese!
Now I am standing here, still looking for the black sheep in the family – can't find one.
Every single one of you have a great attitude and brings me so much love and fun – even Victor, the one-and-only great Republican in the

world! I will never forget this big and great family... I try to learn all your names this afternoon! God bless you all, this is the best year of my life, I have an awesome experience and learn a lot. Thank you; give this great couple their honor for ever!

Weekend

Montag, 28. Februar 2005, 13:55 Uhr

Hallo!
Ich hoffe, es geht euch allen gut. Ich freue mich schon auf Zuhause ... Nur noch 117 Tage.
Das Wetter hier spielt verrückt: Heute ist es sonnig bei 16 Grad, gestern war es eiskalt mit Schneeschauer.
MITTWOCH war ja George Walker Bush bei euch in Deutschland. Die Nachrichten über seinen Besuch in Brüssel und Deutschland kommen hier teilweise anders an: „Friede mit Deutschland, die alte Freundschaft", „Bush wurde als Terrorist Nummer eins beschimpft" etc. Mittlerweile muss ich mir von ein paar Leuten in Deutschland anhören, dass ich ja nun ein Republikaner sei. Die ganzen Vorurteile sind unbegründet.
FREITAG ging es zum vierten und letzten Mal ins Skigebiet Santa Fe. Der Himmel grau und kalt, aber die Schneeschauer störten mich nicht. Ich bin den ganzen Tag Snowboard gefahren – am Ende war ich ziemlich erschöpft. Habe dann wie immer bei meiner Betreuerin übernachtet, da sie uns nach dem Skitag abholte. Sie hat nun zwei körperbehinderte Neffen bei sich zu Gast, mit denen ich aber total viel Spaß habe.
SAMSTAG: Nach TV-Schauen ging es nach Hause. Ich hab dann ein Superschnäppchen bei ebay.com gemacht: einen Laptop!
SONNTAG ging es in die Kirche. Direkt nach der Kirche wurden Frühstücks-Burritos (Tortillas gefüllt mit Bohnen, Rührei, Salat, Fleisch, Kartoffeln und Gewürzen) verkauft – für das Estancia-Softballteam. Auch im „Hinterland" namens Chilili sind Leute bereit, Sachen für einen guten Zweck zu verkaufen bzw. zu kaufen – ohne zu sagen: „Dies ist zu teuer ..." Dann gab es noch ein Familienfrühstück mit meinen zwölf „Geschwistern". Meine Gasteltern haben diese nach Albuquerque ins Kasino, wo wir letzte Woche gefeiert haben, eingeladen. Superbuffet – kann man nix meckern. Ich hab sogar frischen Lachs gegessen! Wie sehr habe ich doch fresh Seafood vermisst.
Die Band „Papa Roach" kommt bald auch nach Albuquerque! Superstars am laufenden Band zu Spottpreisen.

Einer der vielen tollen Sonnenuntergänge in New Mexico

März bis April 2005: Wie die Zeit vergeht ...

Basketball

Sonntag, 6. März 2005, 12:21 Uhr

¡Buenos dias!
Wusstet ihr, dass mich viele „Danny" nennen? Woher das wohl kommt?! Für die einen bin ich „Danny DeVito" oder „Danielson", für die anderen einfach nur „Baartelll".
Hier gibt es viel mehr Bierwerbung als in Deutschland – und diese Werbung zeigt auch deutsches Bier. Die Nummer eins der importierten Biere kommt aus Bremen.
Im Autoshop der Schule haben wir unter anderem einen alten Volkswagen und eine brandneue Mercedes-Luxuskutsche repariert.
Diese Woche war nicht viel los, außer dass ich ein bisschen erkältet bin.
Am 17. März habe ich ja Geburtstag – bitte nicht mitten in der Nacht anrufen! Sondern entweder morgens „um 15 Uhr" oder am Wochenende.
FREITAG habe ich meinen Laptop bekommen: für 500 Dollar, beziehungsweise 390 Euro – ein Superdeal! Sogar so gut, dass ich den Laptop für 750 Euro in Deutschland verkaufen könnte. Hehehe ...
Leonardo aus Brasilien wird das Wochenende mit mir verbringen.

SAMSTAG ging es abends zum letzten Heimspiel der New Mexico Lobos. Meine Gasteltern und Leonardo aus Brasilien waren auch dabei. New Mexico hat noch kein NBA-Team, aber dafür Uni-Basketball. Colorado war der Gegner. In der ausverkauften Halle war es mit über 17.000 Leuten ziemlich laut!!! Wir hatten viel Spaß.
SONNTAG ging es müde zur Kirche.

Weekend of Christian Living

Sonntag, 13. März 2005, 21:36 Uhr

Hallo!
Erst einmal Happy Birthday an meinen Bruder.
FREITAG, SAMSTAG, SONNAG ging es auf eine ungewisse Reise: Ich wurde zu einem „Wochenende nach christlichem Leben" (Weekend of Christian Living) eingeladen. Es ist schwer zu erklären, aber ich versuche es mal: Mit über 70 Jugendlichen ging es um die Fragen des Lebens und die Bedeutung von Gott. Am Anfang mussten wir uns gegenseitig vorstellen, die Teens schauten nicht schlecht und fanden meinen Akzent einfach nur „awesome" (unglaublich)!
In Gruppen eingeteilt, mit fremden Menschen, haben wir erst einmal „dumme" Lieder gesungen, beziehungsweise sehr „affig" dazu getanzt. Dadurch wurde aber die Atmosphäre lockerer. Der Priester ist sehr nett und weiß, wie man mit Jugendlichen am besten redet. Meine Gasteltern haben über das ganze Wochenende für die Gruppe gekocht. Bereits überzeugte jugendliche Christen haben Reden gehalten und erzählt, wie sie mit der Kraft Gottes schreckliche Situationen überwunden haben. Freitag, bevor es nach Hause ging, stellte der Priester den Kids die Frage, ob diese völlig frei bei diesem Programm mitmachen möchten und sich für Jesus öffnen wollen ...
SAMSTAG waren überraschend alle erschienen. Es war ziemlich früh am Morgen. Wir hatten viel Spaß bei Gruppenspielen und beim Finden neuer Freunde. Doch zwischendurch haben Schüler überwältigende Reden gehalten. Über Sünden, Kriminalität, Abhängigkeit von Sex und Drogen, Vergewaltigungen, Selbstmordversuche und Tod – im Freundes-/ Familienkreis wurde geweint. Und natürlich davon, wie Gott diesen Seelen Hoffnung und Wunder gegeben hat. Unser Gruppenleiter hat uns erklärt, worauf es ankommt: Dass wir lieben sollen, und er hat uns den Ablauf einer heiligen Messe sehr einfach erklärt. In einem Video haben wir gesehen, wie ein Vater bei einem Unglück seinen Sohn für hunderte ahnungslose Menschen in einem Zug geopfert hatte. Danach sollten wir uns eine ganze Stunde alleine auslaufen und hören, was uns Jesus zu sagen hat. Nun haben wir einen Brief an Jesus geschrieben, mit was immer wir auf dem Herzen hatten. Jeder einzelne Brief wurde dann vorgelesen. Viele wollten eine Antwort wissen oder einfach nur danken. Vor einem tollen Mittagessen haben wir „Brot und Wein" mit den anderen Jugendlichen geteilt. Symbolisch haben wir unser Leben für jeden Einzelnen geteilt, für Freundschaft und Nächstenliebe fürs Leben. Jeder hat eine Kerze entzündet, den Raum erhellt und um Erbarmen gebetet. Nachdem unsere „Sünden" reingewaschen waren, haben wir für mehr Frieden, Liebe etc. gebetet. Danach haben wir uns in einen dunklen

Raum gesetzt: eine Art Vorstellungsreise. Folgendes sollten wir uns vorstellen:
An einem schönen Tag, der Himmel ist blau, erklimmst du mit all deinen neuen Freunden den Sandia Peak (Berg nahe Albuquerque). Ihr findet eine Höhle, der Eingang groß genug, um hineinzugehen. Innen bewundert ihr die Steine, die bunten Lichter an der Wand. Ihr seid glücklich. Doch dann eine Explosion, ihr seid in Panik. Was ist passiert? Es wurde dunkel. Du hörst einen rufen, dass der Ausgang verschüttet ist. Die Luft reicht für zehn Minuten, danach müssen alle sterben ... In diesen Minuten hörte man eine Uhr ticken, uns wurde unser bisheriges Leben vor Augen geführt. Nur noch sieben Minuten zu leben ... was für tolle Zeiten wir hatten ... Nur noch fünf Minuten ... Wie wir mit unseren Eltern Spaß haben ... nur noch vier Minuten ... wie wir manchmal unseren Eltern keinen Respekt entgegengebracht haben, sie angeschrieen haben, ihnen wehgetan haben ... nur noch drei Minuten zu leben ... wir sehen ein Licht ... unsere Freunde und Eltern stehen da ... lächelnd ... nur noch zwei Minuten ... Wir schreien auf, rufen, doch sie antworten nicht ... nur noch eine Minute ... Wir schreien, dass wir nicht sterben wollen ... „Hilfe, holt uns hier raus!" ... „Mama, Papa!" ... nur noch 30 Sekunden ... Wir suchen um Vergebung, sagen „Sorry!", können nicht fassen, dass alles vorbei ist ... Dann kam ein helles Licht, Jesus brachte uns in den Himmel!
Das Zimmer wurde hell, der Spuk war vorbei. Viele haben während dieser Meditation geschrieen und geweint. Wir haben uns an einen Tisch gesetzt und sollten den Personen, die wir „gesehen" haben, einen Brief schreiben. Meiner ist auf dem Postweg nach Deutschland! Es ist einfach unfassbar, welchen Einfluss der Priester auf uns hatte. Der Zweck ist, zu sehen, wie wichtig unsere Community und die Familie ist. Mir läuft es immer noch kalt über den Rücken hinunter, wenn ich daran denke.
Am Ende des Samstags haben wir Briefe von Familie und Freunden bekommen. Ich habe mit keinem einzigen gerechnet. Doch ich bekam über zehn von meiner Gastfamilie: „Du bist das Licht, Daniel." – „Wir lieben dich über alles." – „Du weißt es zwar nicht, aber du bist eine Botschaft Gottes mit deiner Freundlichkeit und deinem Sinn für Humor." – „Daniel, mit deinem weichen Herz hilfst du vielen Menschen, der Herr ist mit dir." ... Eine herzzerreißende Situation ... es war einfach nur ein tolles Gefühl. Natürlich habe ich auch geweint. Ich vermisse meine Eltern und Freunde in Deutschland, gleichzeitig bin ich so glücklich, wie nett alle zu mir sind!
SONNTAG ging es dann nach einem tollen Frühstück in die Sonntagsmesse. Es war ziemlich genial. Wir haben noch einmal alles reflektiert, Reden angehört und selbst geredet, was uns das Wochenende brachte. Ich habe mich nochmals bei meinen Gasteltern bedankt und nun eine andere Sicht auf Gott und die Welt. Ich kann sagen, nachdem,

was ich so von anderen „ach so coolen und fröhlichen Kindern gehört habe“, dass ich bis jetzt ein kummerloses und liebes Leben hatte – was ich mit dem Roten Kreuz nun noch viel mehr anderen Menschen dieser Welt schenken will. Ich habe halt so viel gelernt und so viele Fragen beantwortet. Auch wenn man nicht an Gott glaubt, würde ich sagen: „Dieses ist common sense“ (natürlicher Verstand), was die Bibel lehrt, Freiheit und Liebe sind unabhängig von Drogen und Alkohol. Ich könnte noch so viel schreiben, ich hoffe, es macht wenigstens ein bisschen Sinn, was ich hier für euch verfasst habe! Es ist halt schwer, es zu beschreiben. Und dann noch ein Anruf am späten Abend aus Boston: Ich wurde fürs EF Language & Culture Camp 2005 ausgewählt! Nur dreizehn der über 40 Bewerbungen haben es geschafft – darunter zufälligerweise auch Sjors, der hier direkt um die Ecke wohnt! Als Returnee werde ich die „Neulinge“ aus aller Welt auf die USA vorbereiten und den Lehrern den Rücken stärken. Ich freue mich riesig, auch wenn ich Deutschland dann erst am 31. Juli wieder sehe ... bis dann!

Keine Schule zum Geburtstag

Samstag, 26. März 2005, 12:06 Uhr

Hallo!
MONTAG: Schnee, Schnee, Schnee: also keine Schule!
DIENSTAG: Noch mehr Schnee ... keine Schule – TV, Lesen, PC zocken ...
MITTWOCH: Noch viel mehr Schnee; ein Wunder, dass wir noch Strom haben. Nun schon über einen halben Meter Schnee ... keine Schule!
DONNERSTAG: Sonnenschein bei 13 Grad. Der Schnee schmilzt: Wasser, Wasser, Wasser, Schlamm ... ach ja: Da war noch mein 18. Geburtstag! Jetzt kann ich mir einen uneingeschränkten Führerschein abholen! Sonst fühle ich mich eigentlich wie immer. Die Party, die man zu einem 18. in Deutschland macht, hat hier nicht stattgefunden. Irgendwie merke ich gar nicht, dass ich 18 geworden bin. Richtig zu feiern habe ich auch keine Lust. Dabei hatte ich ein paar Anrufe und Briefe aus Deutschland bekommen. Hier in den USA ist man erst mit 21 volljährig. Dies hat seine Vor- und Nachteile.

Zumindest bekommt man mit 18 seinen vollen Führerschein, und man hat sich die Probezeit, mit den Eltern zu fahren, erspart.
FREITAG: Endlich wieder Schule. Hehe!
SAMSTAG gab es dann abends eine kleine Geburtstagsfeier mit Familie und Freunden. Leonardo aus Brasilien hat die Sauce für das Spaghetti-Dinner gezaubert. Es war eine tolle Feier. Meine Nachbarin Lisa (Frau von Gastbruder Danny) hatte diese organisiert. Als Dankeschön habe ich der Familie einen neuen PC zusammengebaut.

Ich habe auch einen Geburtstagskuchen bekommen ... Was drauf steht? „Happy Birthday Daniel" mit einem ungefähren Länderumriss von Deutschland in der Mitte und ein kleines „USA" in der linken Ecke! Übernachtet haben Leonardo und ich bei den Newtons ...
SONNTAG ging es mit den Newtons nach Albuquerque zur Kirche, in der auch das geniale Weihnachtstheater stattfand (ich berichtete im Dezember). Diesmal ging es zu Ostern um die Bewegung Gottes, seine Leistungen, Kreuzigung und Auferstehung. Am Abend ging es dann in die kleine „Blue Ribbon Bar" zum Poolbillardspielen.
An meinem Geburtstag war übrigens St. Patrick's Day. Patrick ist der irische Schutzpatron, dem viele Wunder zugerechnet werden. Der Namenstag des britischen Bischofs (jawohl, St. Patrick war gar kein Ire, er missionierte nur in Irland) wird am 17. März begangen – nicht nur in Irland, auch in den USA, wo sehr viele Einwohner von irischen Vorfahren abstammen. Etwa ein Fünftel der weißen US-Bürger führt ihre Herkunft auf Irland zurück.
Die USA haben auch mehr Gedenktage (zum Beispiel Welttag, Tag des Lehrers), aber diese werden für gewöhnlich nicht mit einem „freien Tag ohne Arbeit" gefeiert.

Schule, Sport und Ostereier

Montag, 28. März 2005, 00:13 Uhr

Hallo!
Diese Woche gab es bundesweite Tests. Also hier in New Mexico hat man für drei Tage einen großen Test in verschiedenen Bereichen schriftlich zu absolvieren. Dieser geht mit in die Noten ein und wird zur Kontrolle des Schulsystems verwendet. Wir Austauschschüler mussten diesen auch machen, obwohl es keinen Sinn hat. Nun ja, ein Tag Testing bestand aus drei Stunden mit nur zehn Minuten Pause. Die ersten zwei Tage waren nur Rechtschreibung und Grammatik gefragt. Antworten wurden in Kurzantworten oder als einseitige Aufsätze abgegeben. So einen langwierigen Test hatte ich noch nie gesehen, und meine Finger taten vom Schreiben weh. Viele Schüler haben die Motivation verloren ... ich wundere mich nur, wer nun all diese Antworten liest und auswertet? Enttäuschenderweise wurden wir am dritten Tag darauf aufmerksam gemacht, dass wir diesen Test als Gastschüler ja doch nicht hätten machen müssen. Danke für den rechtzeitigen Hinweis. Wir haben eh nur den Notendurchschnitt der Schule angehoben!

MITTWOCH gab es einen so genannten Buyout. Für nur zwei Dollar durften sich Schüler von der Schule „freikaufen". Statt Schulbank gab es dann Gruppenspiele, Spaß, Karaoke, Essen, Feier etc. Es machte riesig Spaß. Die kleinen Spiele (Kegeln, Dart-Werfen etc.) kosteten jeweils einen kleinen Beitrag, der der Schule zugute kommt. Ich hab unter anderem meinen stellvertretenden Direktor der Schule und meinen US-History-Lehrer beim „Tortenwurf" ordentlich eingesaut! Den Spaß haben sie freiwillig mitgemacht – auf meiner ehemaligen Schule in Deutschland sicherlich undenkbar!
Wir mussten uns auch verrückt einkleiden ... ich mit Krawatte, Anzug, verschiedenen Socken, Pins, kurzer Hose. Hab auch einen kleinen Preis in Form eines Plüschbären dafür gewonnen.
Kleine Ostereier gab es auch schon von der Schule.
DONNERSTAG war schulfrei! (Genauso wie Karfreitag und Ostermontag.) Dafür gab es das erste „Track Meet". Der für letzte Woche geplante Leichtathletik-Wettkampf musste wegen Schnee abgesagt werden. Überraschenderweise hat mich der Coach für den 800-Meter- und 3200-Meter-Lauf eingeteilt. Ich war nur für Sprint trainiert, aber hatte wegen Cross Country (Langstreckenlauf im ersten Halbjahr) Kondition. Wir, die Estancia Bears, sind gegen sieben andere Schulen angetreten und

hatten Heimvorteil. Wie gesagt, Schulen treten nur gegen gleich große Schulen des Bundesstaates an. Das Besondere bei uns ist, dass fast 50 Prozent unserer Highschool am erfolgreichen Trackprogramm teilnehmen. Wir haben also über 70 Athleten, andere Schulen nicht einmal 20. Die ersten Events dauerten ziemlich lange. Nach drei Stunden hieß es dann für mich an den Start: Ich führte gegen zirka fünfzehn andere Läufer in der ersten Runde, doch ich begann zu schnell, meine Beine wurden schwer wie Blei! Na ja. Dann hatte ich nur 30 Minuten zum Erfrischen, es ging dann um die 3200 Meter (acht Runden). Diese hab ich ziemlich gut gemeistert und meinen eigenen Teamkameraden geschlagen. Es war für mich mehr ein Training als ein Wettkampf. Am Ende des Tages haben unsere Jungs Platz zwei und unsere Ladies Platz eins belegt. Ein guter Start, um am Ende des Jahres zu den anstehenden Bundesmeisterschaften zu kommen. Nur noch zehn weitere Wettkämpfe, dann ist schon alles vorbei.

FREITAG ging es mit Muskelkater nach Albuquerque. Ich habe mir Laufschuhe geholt. Die gibt es ja in hunderten Varianten. Ich hab mir welche für Middle Distance (bis 1000 Meter) gekauft. Ich kann aber mit den Spikes problemlos auch die 3200 Meter laufen. Natürlich nicht auf Feldwegen.

Dazu habe ich mir noch ein langärmeliges Sweatshirt aus speziellen Fasern geholt, um auch im Kalten laufen zu können. Das sollte mich warmhalten ... Insgesamt hab ich 96 US-Dollar ausgegeben. Es ging dann noch zur Kirche. Wir nennen es Good Friday („Guter Freitag"), ihr nennt es „Karfreitag". Genauso wie in Deutschland ist dies auch hier ein christlicher Feiertag.

SAMSTAG habe ich meiner Gastmutter beim Vorbereiten der Osterfeier geholfen. Sonst war nicht viel los. Habe den PC, den ich meinem Gastbruder eingerichtet habe, fertig bekommen. Freitag und Samstag habe ich mich auch um deren Tiere auf der kleinen Farm gekümmert. Wurde mit 150 Dollar belohnt!

SONNTAG: Bei uns in den USA ist die Zeitumstellung erst nächste Woche, also am 2. April. Wir hatten zusammen auf Winterzeit umgestellt, doch die Sommerzeit scheint hier eine Woche kürzer zu sein?! Nun haben wir die nächsten sieben Tage neun Stunden Zeitverschiebung! In zwei Staaten werden die Uhren überhaupt nicht umgestellt.

Nach der Kirche wurde mit der ganzen Familie Ostern gefeiert. Um die 35 Familienmitglieder waren da. Es war schön. Unter anderem habe ich mit meinen „Enkelkindern" ein vorbereitetes Spiel meiner „Geschwister" gespielt. So ne Art Eiersuche. Als Preise gab es Rubbellose und Süßigkeiten. ¡Adiós!

About the American Red Cross – Teil 2

Wie schon angekündigt, hier das „Update" über meine Arbeit im American Red Cross:
Im November habe ich meine Eltern in Cancún, Mexico, besucht. Dies habe ich natürlich schamlos ausgenutzt und das RK im nahen Örtchen Playa del Carmen besucht. Mexiko ist nicht nur ein Tourismusgebiet, sondern auch ein Land voller hilfsbedürftiger Menschen. Die kleine Station des „Cruz Roja" bietet für zwei Stunden am Tag einen kostenlosen Allgemeinmediziner an. Der Warteraum ist überfüllt, Kinder schreien, Fliegen schwirren in der Hitze. „Viele Menschen können es sich nicht leisten in die Stadt zu fahren", berichtet ein junger Freiwilliger des RK, der währenddessen weitere Anmeldungen entgegennimmt. Ein kleiner Rettungswagen steht für Notfälle bereit, der passende Bereitschaftsdienst scheint jedoch zu fehlen. Nach einem Foto und dem Austausch von Aufnähern habe ich an diesem Tag viel an das Elend der Menschen gedacht.
Ich hatte ja geplant, einen Rot-Kreuz-Club an meiner High School zu eröffnen, dies ist jedoch an der Schulleitung und der niedrigen Zahl der Einwohner gescheitert. Aber meine riesige Gastfamilie steht mir bei – wir werden im April eine große Spendensammlung veranstalten.
Ende März fand ein Orientierungstreff in meinem Verwaltungsabschnitt „Rio Grande" statt. Ich habe Weiteres über das American Red Cross gelernt: Während des Zivilkriegs zwischen Nord- und Südamerika hat sich Clara Barton, spätere Gründerin des ARC, ununterbrochen um das Elend der Soldaten gekümmert. Sie reiste dann in die Schweiz und traf auf Henry Dunant, der bereits aufgrund der gleichen Misere das internationale Rote Kreuz gegründet hatte. Clara Barton startete 1881 die Rot-Kreuz-Bewegung in den USA. Seitdem hat sich das ARC dazu verpflichtet, in Kriegen die Militärkräfte zu unterstützen und das Leben der Armen in den USA zu erleichtern. Heute hat das ARC noch viele weitere Aufgaben dazu bekommen, darunter Jugendrotkreuz (1971) und Katastrophenhilfe. Mein Ortsverein (Albuquerque, US-Bundesstaat New Mexico) wird besonders zu Waldbränden oder Schneestürmen gerufen und ist der einzige in den Staaten, der kostenlose Hausreparaturen für arme Bürger anbietet. Über 700 Haushalten gilt es jährlich zu helfen; zu beachten ist, dass das ARC keinen Cent vom Staat bekommt – außer eine „High Five", wenn wir den staatlichen Rettungsdiensten „aus der Patsche" helfen. Spendengelder

sind das einzige Mittel, das den Verein am Leben hält. Selbst der Blutspendedienst ist in vielen Staaten nicht möglich, da bereits große Privatfirmen dies erledigen. Wie dem auch sei, international hat das Rote Kreuz Großes geleistet. Ein aktuelles Beispiel ist die Spendensammlung für die Tsunami-Katastrophe im fernen Asien. Holocaust-Opfer suchen noch heute nach Verwandten; hier klappt die Kommunikation mit dem DRK-Suchdienst sehr gut.
Trotz der kleineren Unterschiede sind Grundeinstellung und Struktur des ARC unserem RK ähnlich! Freiwillige sowie die Jugendrotkreuzler stellen sicher, dass unsere Zukunft für Katastrophen vorbereitet ist. „Ohne die vielen anderen Hilfsorganisationen in den USA könnten wir nicht existieren", so eine Mitarbeiterin des Rio Grande Chapters.
www.jrk-linnich.de, www.redcrossalbq.org, www.jrk-nordrhein.de

Rodeo und Taufe

Sonntag, 3. April 2005, 22:29 Uhr

Hallo!
MITTWOCH habe ich meine Gasteltern zum Italiener eingeladen. Essen war günstig und schmeckte gut. Nur das Restaurant (amerikanische Leitung) scheint wohl ein wenig komisch zu sein. Als erstes war der Tisch nicht gedeckt. Wir haben Getränke bekommen und konnten zum Beispiel den Zucker nicht umrühren, da es keine Löffel gab. Wir haben dann Besteck bekommen – doch ohne Löffel ... Es gab einen bunten Salat. Zu bunt, denn in meinem hab ich ein Stück Plastikfolie gefunden!!! Hmmm ... Die Kellnerin wollte ich gerade fragen, ob ich den Manager sprechen kann, aber sie kam mir zuvor: „Möchten Sie mit dem Manager sprechen?" Nach einem kleinen Gespräch mit ihm hoffte ich auf Besserung, aber das Brot war halb verbrannt. Nudeln und Steak waren aber super.
Diesmal habe ich trotzdem großzügig Tip gegeben. Denn in den USA bekommen Kellner nur wenig Verdienst pro Stunde, dafür 100 Prozent vom Tip. Nebenbei ist zu erwähnen, dass ich unser bestes italienisches Eiscafé in meinem deutschen Heimatort vermisse!
DONNERSTAG ging es mit Bauchschmerzen zur Schule. Das war wohl die Lektion – „Beschwer dich nie in einem Restaurant, denn du weißt nicht, was sie dir dann ins Essen tun!", belehrte mich meine Gastmutter. Keine Trackübung heute, ab nach Hause.
FREITAG kam ich erst gar nicht von der Toilette! Na ja, nachmittags war ein Wettkampf in Leichtathletik – da ich nicht in der Schule war, kann ich das auch knicken.

SAMSTAG wieder ein Track Meet, nun hab ich das zweite von zehn verpasst! Super, denn in der Schulordnung heißt es, dass, wenn du am Vortag nicht in der Schule warst, du am folgenden Tag nicht an Schulaktivitäten teilnehmen kannst. Dafür ging es mit meinem Bruder „Danny" und Tochter zum Rodeoüben. Es war total genial. Ich hab ein großes Pferd geritten, natürlich nicht schnell – aber ich hab mich in diesen vier Stunden auf dem Rücken festgeklammert. Ich bin einfach aufs Pferd drauf und hab es alleine (ohne Seil und Hilfe) quer durch die Landschaft geritten. Ich kann mich noch gut an die schreckliche Reitschule vor acht Jahren erinnern!
SONNTAG ging es zur Kirche. Trauer um Papst Johannes Paul II. Er hat einfach so viel Menschliches geleistet, genoss Respekt. Es wird nie einen geben, der ihn ersetzen kann. Die Trauer hier ist groß, pausenlos gibt es Berichte über den „Vater der Väter".
Nach der baptism (Taufe) ging es zu einer Party. Mein „Doppelgänger" Steve und meine „Nichte" Andrea (beide sehr jung) haben zusammen ihr Baby getauft. Evin-Patrick ist sein Name. Sonst habe ich noch Hausaufgaben gemacht, am PC mit Cisco gedaddelt. Ab Samstag (eine Woche Schulferien) geht es nach Kalifornien! Juhu!

Auf nach California!

Freitag, 8. April 2005, 21:50 Uhr

Hallo!
Heute Abend wird gepackt, morgen früh geht es für eine Woche an die West Coast. Mich erwarten mehrere Tage Disneyland, Los Angeles, Grand Canyon, Hollywood und vieles mehr.
Diese Woche war nicht viel los. Mein Magen ist immer noch etwas komisch drauf.
MONTAG hatte ich üble Bauschmerzen. Der Amerikaner nutzt meistens Pepto-Bismol, eine strahlend pinke, sirupartige Flüssigkeit. Nun hab ich dummerweise meine Nachbarn falsch verstanden, und hab statt einen Messbecher gleich vier genommen. Geschadet hat es kaum was, aber die Nebenwirkungen ...
DIENSTAG: Pepto-Bismol entzieht das Wasser aus dem Darm (gegen Durchfall). Ich habe auf dem Klo gekämpft, hab nix herausbekommen ...
MITTWOCH: Mache mir langsam Sorgen, das Essen von Sonntag sitzt

immer noch in meinem Darm. Hmmm ... Werd ich explodieren? Kriege ich Magen-Darm-Krämpfe??? Ich habe mir eine Freistunde gegönnt, nach 20 Minuten Arbeit auf dem Schulklo und 52 Stunden, 22 Minuten und 33 Sekunden fühlte ich mich wieder um einiges erleichtert!
DONNERSTAG: Ich habe mich entschlossen, doch lieber Langstrecke zu laufen. Übung war schon früh am Morgen bei knapp über null Grad. Am Rest des Tages waren es sonnige 21 Grad. Wir haben der Middle School bei deren Track Meet (Leichtathletikwettbewerb) geholfen.
FREITAG: Ging es mit dem „Autoshop“, also meiner Kfz-Klasse, nach Albuquerque. Die Technische Uni (TVI) hatte Tag der offenen Tür. War ganz interessant. Außerdem hat meine Direktorin mir die Bescheinigung für Drivers' ED (Fahrschule) überreicht. Ich bin mit dem alten Pick-up über die 25 Meilen (40 Kilometer) lange Landstraße von der Schule aus nach Hause gefahren. Dieser stand für kleinere Arbeiten für zirka eine Woche im Autoshop der Schule. Samstag geht's auf nach Kalifornien!

Frühlingsferien pur!

Sonntag, 17. April 2005, 00:30 Uhr

Hallo!
Ich habe so viel erlebt und Spaß gehabt! Ich bin froh, dass meine Eltern mir eine Digitalkamera mitgegeben haben, ich habe alleine diese Woche über 550 Bilder geschossen.
SAMSTAG ging es morgens los in Richtung Westen. Mit insgesamt zwei Kleinbussen (Vans) und einem Anhänger fürs Gepäck! Wir waren neben meinen zwei Betreuern 18 Austauschschüler aus aller Herren Länder.
Sorry, aber ich bin müde, und mein Sprachzentrum im Gehirn braucht auch mal ne Pause. Auf dem Weg hatten wir viel Spaß, stoppten an kleineren Orten. Zum Beispiel bei einem Park in Arizona, wo Baumstämme – aus welchem Grund auch immer – sich in Stein verwandelt haben. Am Abend gab es Burger – und ab ins kleine Motel.

SONNTAG ging es über die Grenze nach Kalifornien! Kurz die Uhren umgestellt – durchquerten wir die Wüste Arizonas, wo viele Klapperschlangen leben. Ein Stopp am Fuße des Grand Canyon war atemberaubend!
Es war zwar nebelig, aber es ist einfach nur ein verdammt tolles Gefühl, da hinunterzuschauen! Und natürlich in die Ferne! Du hast wirklich kein Gefühl für

Entfernungen und Tiefen, so überwältigend! Auf dem Weg haben wir auch ein paar riesige Elks (Elche) auf dem Highway getroffen. Sonnige 24 Grad. Am Abend kamen wir schließlich nach Annaheim, Vorstadt von Los Angeles. Die Tankstelle gegenüber erwies sich in den nächsten Tagen als Lebensmittelgrundversorger.

MONTAG um 8 Uhr früh vor den Toren Disneylands (nur zehn Minuten zu Fuß vom Motel) erwartete uns ein langer Tag mit Micky und Co. Man fühlt sich wie ein kleines Kind! Das Ticket war auch für den Nachbarpark Disney Adventure gültig. Dieser ist mehr für die „Älteren": eine Mega-Achterbahn, Freefalltower etc., etc. Alles ist mit viel Liebe zum Detail hergerichtet. Es waren „nur" 40.000 Besucher dort, also Nebensaison. Um 20 Uhr abends wurde der Park geschlossen. Dafür ging es nach Disney-Downtown, eine Art Einkaufsstraße mit Geschäften und Restaurants.

DIENSTAG ging es noch einmal zum Disneyland Ressort und Disney's California Adventure. Wieder pure Sonne. Es war wirklich toll. Walt Disney hat den Park (das erste Disneyland der Welt) 1955 persönlich eröffnet. Im Mai wird das fünfzigste Jahr gefeiert –

über eine Millionen Leute werden an einem Tag da sein! Somit konnten wir schon einige Tests des Feuerwerks bewundern. Über 7000 Leute arbeiten jeden Tag für Disneyland in Kalifornien! Bei einer dieser Mitarbeiterinnen habe ich mich beschwert, da Disneyland ja schon um 20 Uhr schließt. „Wenn Walt Disney noch Leben würde, würde er den Park länger offen halten, da es nicht ums Geld, sondern um die Kinder geht!" Danach ging ich mit Leonardo zu McDonalds. Hier fanden wir heraus, dass seit 1995 auf den Rechnungen das Wort „Restaurant" falsch geschrieben wurde. Wir gingen zur Kasse, haben es den Leuten deutlich gemacht: Großes Lachen kam auf. Ausgerechnet Austauschschüler decken dies auf! Ich fand es weniger lustig: „Nicht nur ihr Essen macht Kinder fett, sondern ihre Rechtschreibung lässt diese auch noch in der Schule versagen." Es war also ein sehr lustiger Tag. Hab so um die 18 Kilometer (28.892 Schritte) zu Fuß zurückgelegt! Danke für den Schrittzähler, den ich von einem Physiklehrer bekommen habe.

MITTWOCH besuchten wir die Universal Studios in Hollywood. Also eine Art Filmpark. War genial. Freunde aus TV und Shows waren da. Hautnah war ich dabei, wie Effekte in Filmen zustande kommen. Außerdem sah ich die Kulissen vieler Drehorte weltberühmter Filme. Wir haben auch ein paar Teens aus England getroffen – deren Englisch ist so verschieden. Ich war in London, und mir ist das nicht aufgefallen! Hehe ... In einer „Wasserstuntschau" wurden wir nass, in einer feurigen Show verbrannten wir uns fast! Auf Achterbahnen wurden wir durchgeschüttelt. Das einzige Mal, wo mir in den drei Tagen übel wurde, war im „Teetassenkarussell", wo man ja selber die Tasse „drehen" darf. Ein Hardrockcafé-T-Shirt hab ich mir natürlich auch geholt. Trotz strahlend blauem Himmel war der berühmte Schriftzug „Hollywood" nicht zu sehen – Dreckluft und brauner Smog versperren die Sicht bei einem wolkenfreien Tag. Am Abend ging es dann zum Strand von LA – Pazifischer Ozean – schmeckt genauso wie der Atlantik und die Ostsee! Es war ein schöner Sonnenuntergang.

Nun aber auf nach Hollywood – zum „Walk of Fame", wo Superstars aus aller Welt ihre Hand- und Fußabdrücke verewigt haben! Sogar Kermit der Frosch hat einen Stern auf dem Bürgersteig. Insgesamt aber ist das Gebiet einfach nur dreckig, und komische Leute laufen herum. McDonalds in Hollywood hat die dreckigsten Toiletten der Welt!

Elche entlang des Highways um den Grand Canyon

Wrack einer Boing 737 – Hollywood macht's möglich

Ich habe auch ein paar Star-Wars-Freaks getroffen. Im Mai ist die Premiere des neuen Kinofilms. Diese Freaks sind seit längerem Tag und Nacht draußen an der Straße, berichten übers Internet, wie das Warten auf den Film so ist – und für einen guten Zweck ist es auch!
DONNERSTAG hieß es „Good-bye California, Land of the Golden Sun", und es ging zurück nach Arizona. Wir übernachteten in Phoenix. Spät angekommen, habe ich ein Taxi organisiert – es ging nach Phoenix-Downtown zusammen mit drei weiteren Austauschschülern. U2 (die Band) hat wohl ein Konzert gegeben – es war also in der Stadt selber nicht viel los. Hab mir ein T-Shirt beim Hardrockcafé geholt. Normalerweise wäre Phoenix kein Haltepunkt gewesen, aber ich hab es zu einem gemacht. Spät abends haben wir sogar noch eine kleine Rundtour in einer „Fahrradkutsche" gemacht! Phoenix ist eine wirklich schöne Stadt!
FREITAG: Vorbei an Albuquerque, ging es nach „White Sands". Dieses Gebiet ist ein weiteres internationales Naturspektakel! Auf dem Weg sahen wir entlang der Autobahn so eine Art Elch. Diese Tiere mit langen Hörnern leben hier in einer Überpopulation, da sie in den US keine natürlichen Feinde haben. Heute leben sie in der Wüste New Mexicos. White Sands ist eine riesige Wüste mit wirklich schneeweißem Gipssand!! Es fühlt sich an wie Schnee, doch ist warm wie Sand! Einfach nur unglaublich! Das Wetter war auch super, der Sonnenuntergang genial! Auf meinen

White Sands – traumhafter, schneeweißer Sand

Schwarz auf Weiß

Bildern werden wohl einige denken, dass ich in Shorts und ohne Schuhe durch Schnee laufe! In diesem Gebiet wurden früher Atomraketen getestet, vor zirka zwei Jahren haben deutsche Luftwaffeneinheiten hier fliegen gelernt, heute ist es eine Attraktion und ein Raketentestgelände. Es sind noch einige Schilder auf Deutsch vorhanden. Außerdem kann man auch sagen, dass hier deutsche Soldaten trainiert wurden. – Wo sonst findest du in den USA eine deutsche Kneipe direkt an der Autobahn mit Wüste drum herum? Wusstet ihr, dass es in den USA keine „Blitzer" gibt? In den USA verletzen diese Dinger das Privatleben und das Freiheitsgesetz. Mein Vater, der Raser, wäre glücklich hier! Am Abend ging es ins „Golden Corral", einem „All-You-can-eat"-Restaurant. White Sands war ein unvergesslicher Moment! Wir übernachteten in Los Alamos: Hier wurden die erste Atombombe gestestet und die tödlichen Bomben des Zweiten Weltkriegs gebaut.

SAMSTAG: Wir stoppten bei Carlsbad, einer der größten unterirdischen Höhlen der Welt. Es ging 300 Meter in die Tiefe. Es war „awesome"! Überall Tropfsteine untermalt mit farbigen Lichtern. Sjors zeigte mir auf der langen Rückfahrt noch ein US-Buch mit einer Ansammlung von lustigen Pannen, verrückten Verkehrsschildern etc. Ich konnte meinen Augen nicht trauen: Mein Nachbarort Titz ist in diesem amerikanischen Buch verewigt! Es zeigt das Autobahnschild „Titz, Ausfahrt in 1000 Meter." Wobei das Titz sich anhört wie das Vulgärwort für Brüste im Englischen.
Als letztes stoppten wir bei den Ufos und Aliens – Roswell, New Mexico. Hier wurde ein vermeintliches „unbekanntes Flugobjekt" im Militärgelände gefunden. Das kleine Museum zeigt Aliens, Ufos und Geschichten aus aller Welt – ob man es glaubt oder nicht, bleibt jedem selbst überlassen!
Um 6 Uhr abends war ich wieder zurück! Nun bin ich todmüde und gehöre ins Bett! Wir hatten lange Nächte und erlebnisreiche Tage. Und ich hab's nicht einmal im Detail beschrieben!
Insgesamt sind wir 2500 Meilen gefahren – das sind zirka 5630 Kilometer pro Van/Bus!

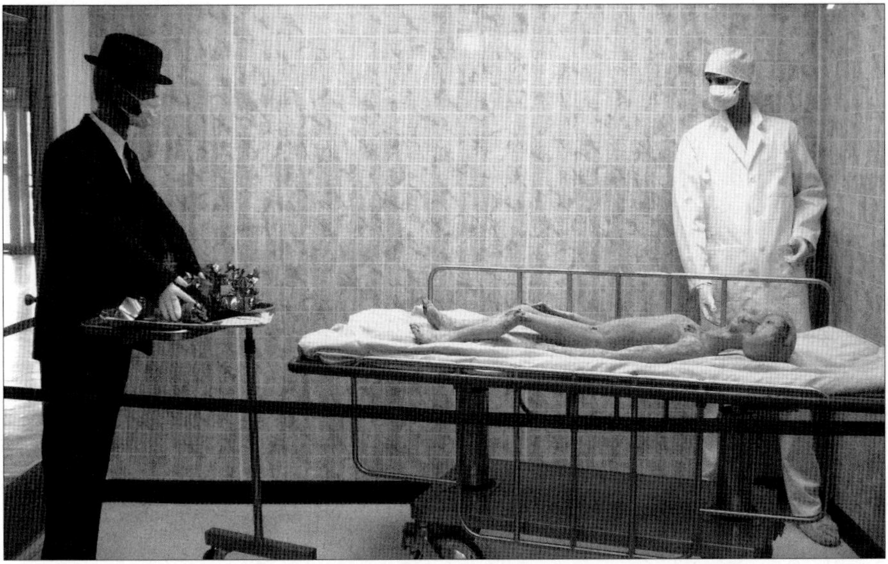

So sollen die Aliens von Roswell seziert worden sein

Wunderschöner Sonnenuntergang an der West-Coast bei LA

Track & Field

Sonntag, 24. April 2005, 13:28 Uhr

Hallo!
Die Schule endet am 28. Mai – dann geht es direkt nach New York!
Die Reaktionen auf den neuen Papst Joseph Alois Ratzinger – „Pope Benedikt XVI" – aus Deutschland sind sehr unterschiedlich, aber eher positiv.

MONTAG ging es zurück in die Schule. Ich habe meine „Letterman Jacket" bekommen, also eine Jacke meiner Schule im amerikanischen Style – kennt ihr sicher aus den US-Filmen. Um diese Jacke kostenlos zu bekommen, habe ich 20 Stunden lang Lehrern und der Schule geholfen. Normalerweise bezahlt man um die 150 Dollar. Nun kann ich den Letter (Athletikabzeichen), meinen Namen und das Schullogo auf dieser Jacke anbringen lassen. Ein großes „E" für Estancia befindet sich dann auf der Brusttasche. Pinstecker symbolisieren außerdem die Ehrungen. Diese Jacken werden auch Varsity Jackets genannt. Das repräsentiert den Stolz der Schule.
DIENSTAG hatten wir ein Track Meet. Ich bin ziemlich gut gelaufen, trotz einer Woche ohne Übung im Spring Break (Frühlingsferien). Unsere Schule ist unter den Top Three in New Mexico.
MITTWOCH ging es nach der Schule wieder zum Training wie jeden Tag. Laufen, Laufen, Laufen. In gut zwei Wochen sind schon State Championships in Track & Field. Die Qualifikationszeiten sind sehr schwer zu erreichen. Ich hatte meinen Muskelkater in den Waden nicht sehr beachtet – dieser wurden dann am DONNERSTAG unerträglich! Aspirin, Kräuterbad, Sprudelbad, Heißwasser statt Training.
FREITAG: Habe ich wieder leicht mit dem Training angefangen. Es zählt nun jeder Tag, damit ich mich qualifizieren kann. Liege noch über 20 Sekunden bei den 800 Metern zurück. Ich bin froh, dass es nur

Muskelkater ist. Aber ich hatte noch nie einen so heftigen. Wir hatten mal wieder Feueralarm in der Schule – Fehlalarm. Meine Gastschwester hat mir ein Hardrockcafé-T-Shirt aus San Diego mitgebracht.
SAMSTAG war der höchste BVC-Wettkampf. 15 Schulen aus dem ganzen Bundesstaat New Mexico nahmen an diesem Track Meet an unserer Schule teil. Ob Hochsprung,

Stabhochsprung, Staffellauf, Weitwurf, Weitsprung, Langlauf, Kurzstreckenlauf, Sprints, Kugelstoff, Speerwurf: Wir haben auch diesmal den Wettkampf gewonnen. Unsere Staffelläufer haben sich schon für die States qualifiziert. Meine Beine waren auch okay.

Hier meine Zeiten:

2 miles = 3200 Meter	= 8 Runden	= 13 Minuten 5 Sekunden;
1 mile = 1600 Meter	= 4 Runden	= 5 Minuten 38 Sekunden;
½ mile = 800 Meter	= 2 Runden	= 2 Minuten 31 Sekunden.

SONNTAG ging es in die Kirche. Ich habe bekannt geben, dass nächstes Wochenende ein Lebensmittelverkauf für das Amerikanische Rote Kreuz stattfindet, den ich organisieren werde. Und sonst hab ich noch was für die Schule getan: Ich bereite eine Art Referat über den Holocaust in US History vor.

Ein kultiges Polizeiauto der Albuquerque Police

Mai bis Juni 2005: Endspurt!

Track und Red Cross

Sonntag, 1. Mai 2005, 20:06 Uhr

Hallo!
Diese Woche habe ich sogar schon ein bisschen Heimweh bekommen. Es ist halt Alltag und wenig Abwechslung. Aber das vergeht sicher wieder, wenn es nach NY geht! Juhu! Ich wollte meine Nachbarn in einen Comedyclub einladen, aber man muss wohl 21 Jahre alt sein, damit man die „derben" Scherze auch ja versteht.
MONTAG: Track, Track, Track – üben fürs Laufen. Wie immer nach der Schule.
FREITAG gab es die Qualifikationswettkämpfe für Leichtathletik. Es war ein sehr langer Tag. Mit zwei Liter Gatorade und Erdnussbuttersandwiches habe ich eine neue persönliche Bestzeit in den 800 Metern geschafft: zwei Minuten und 22 Sekunden. Leider hat dies für eine Qualifikation für die Bundesmeisterschaften nicht gereicht. Wegen der Sperrung der Autobahn waren wir erst um 10:30 Uhr abends zu Hause.

SAMSTAG war der zweite Teil der Wettkämpfe. Unser Bus, mit 63 Trackteilnehmern unserer Schule, machte sich um 6:30 Uhr morgens auf den Weg. Noch erschöpft vom Vortag, bin ich die 1600 Meter nicht erfolgreich gelaufen. Gleiche Zeit wie beim letzten Wettkampf: fünf Minuten und 38 Sekunden. Na ja, auf jeden Fall hatte ich viel Spaß, meine Teamkameraden anzufeuern! Für mich war's das mit Leichtathletik in diesem Jahr!
SONNTAG habe ich mit meiner Gastfamilie einen „Fundraiser" (Verkäufe für einen wohltätigen Zweck) veranstaltet. Wir haben nach der Sonntagsmesse Burritos, Tortillas, Brownies, Kekse etc. verkauft. 105,50 US-Dollar und weitere Spenden vom Montag gehen an das Amerikanische Rote Kreuz in Albuquerque. Meine Gastfamilie ist sehr stolz, dabei mitgeholfen zu haben. Mit dem Geld wird es auf unserer kleinen Schule HIV/Aids-Schulungen geben und Aufklärung, wie man zum Beispiel Peer Pressure (Gruppenzwang) oder Drogen aus dem Weg gehen kann. Estancia hat mit diesen Themen schon seine Probleme!

Track at State

Montag, 9. Mai 2005, 20:27 Uhr

Hallo!
Die letzten Schulwochen heißt es: Hausaufgaben, Hausaufgaben! Es sind Final Exams, also die letzten Tests fürs Abschlusszeugnis. Wusstet ihr, dass viele hier deutsche Familiennamen haben? Da gibt es eine Familie namens „Metzger", die Schweine verkaufen. Einigen in meiner Schule habe ich die Übersetzung des Namens gesagt, und jetzt wollte keiner mehr lebendes Schwein von einem potenziellen Schlachter kaufen! Ein anderes Beispiel ist mein Kfz-Lehrer „Cleine" (ausgesprochen: Klein). Als Familien aus Europa in die USA eingewandert sind, wurden deren Namen der Einfachheit halber geändert bzw. umgeschrieben, also amerikanisiert.
FREITAG ging es zu den States-Bundesmeisterschaften für Track & Field. Wir hatten uns ja letzte Woche qualifiziert. In meinem Event – 1000 Meter, 800 Meter – hat sich leider keiner unserer „Bears" qualifiziert. Dabeisein ist (bzw. war) alles! Das zweitägige Finale findet am Universitätsgelände der „Lobos" direkt in Albuquerque statt. Es ist ein großes Event, viele Zuschauer sind da, die Tribünen sind überfüllt. Einige Jungs haben sich die Kopfhaut und Beine rasiert – um die letzten Millisekunden aus ihrer Geschwindigkeit herauszuholen!

SAMSTAG habe ich bei meinen Nachbarn die Tiere auf dem „Bauernhof" gefüttert – konnte also nicht zum zweiten Tag des Track-&-Field-Finales. Wir haben in diesem Jahr den achten Platz errungen!
Joan, eine weitere Gastschwester, trainiert eine Fußballfrauenmannschaft einer High School in Albuquerque. Wir haben uns das Spiel angeschaut – nicht schlecht. Am WWII-Gedenktag liefen im TV und im History Channel ununterbrochen Dokumentationen über „the third Reich". Wir sind auch im US-Geschichtsunterricht gerade beim Thema Zweiter Weltkrieg. Ich hab viel dazugelernt, vor allem aus der Sicht der Amerikaner. Das 900 Seiten starke Geschichtsbuch spricht über viele Themen sehr ausführlich.
SONNTAG war Muttertag! Ich hab meiner Gastmutter eine Karte geschenkt, das Bett gemacht und Frühstück vorbereitet! Und ihr noch einen Gutschein für den Schönheitssalon beigelegt. Auf der kleinen Party sind während des Tages Gastgeschwister erschienen, um Navolena zu feiern. Auch am Muttertag wollte Navolena ja unbedingt was tun: Sie hat mir zwei T-Shirts geflickt.

Bear Bug Trip und Führerschein

Sonntag, 15. Mai 2005, 16:33 Uhr

Hallo!

MONTAG ging es mit einigen Schülern zum „Bear Bug Trip". „Bear Bugs" sind eine Art Geldscheine der Schule. Immer wenn ich zum Beispiel Lehrern geholfen habe oder eine sehr gute Note bekommen habe, gab's einen Bear Bug. Und am Ende des Jahres konnte man diese für einen Ausflug eintauschen. Zehn Bear Bugs hat's gekostet. Es ging mit den anderen fleißigen Schülern nach Albuquerque zum Isotope Baseballspiel gegen Omaha. Es war ganz interessant. Das Stadion ist sehr modern. Wie beim Baseball üblich gibt es zwischen den „Innings" (Spielrunden) kleine Gags und lustige Shows. Es ist eher ein Park, da es Liegewiesen, Imbissbuden und Spielplätze gab. Ich hab mir während des Baseballspiels die Haare schneiden lassen! Mal was ganz anderes!!! Es war sehr warm an diesem Tag.

DIENSTAG bis DONNERSTAG: Schule und Alltag.

FREITAG gab es Wahlen zum „Student Council President", also eine Art Schülervertretung. Schüler, die sich für diesen hohen Posten zur Wahl stellten, versuchten die Massen mit Reden, Postern und Werbegeschenken zu überzeugen. Nach der Schule ging es zum DMV (Department of Motor Vehicles; www.dmv.org). Am Freitag, den 13. hatte ich meinen Fahrtest. Mit heftigen Kopfschmerzen, Erkältung (durch die offenen Fenster des Busses auf dem Heimweg vom Baseball Game am Montag) und Nervosität habe ich den Test mit 100 Prozent bestanden! Da Estancia kaum Verkehr und keine Ampeln hat, war es total einfach. Der Fahrtest mit der örtlichen Polizei dauerte nur vier Minuten! Einmal um den Block – das war's! Für 16,50 Dollar habe ich dann den begehrten Lappen bekommen! Gültig bis 2009 – fahren werde ich aber in größeren Städten hier sicher nicht. Wenn ich zurück in Deutschland bin, wird erst einmal geübt! Und ich brauche in Deutschland nur den Führerschein umschreiben lassen – keine Prüfung, gar nix.

Meine Gasteltern haben mir mit einer Einladung ins „Red Lobster", ein Restaurant, gratuliert. Ich hab meine Fischplatte mit Hummer, Krabben etc. sehr genossen!

SAMSTAG: Am Morgen hat die US Navy bei mir angerufen! Die Navy ist ja Teil des US-Militärs, unternimmt Manöver auf See, ist also die Marine. Na ja, ich kenn ja schon einiges über die US Army und deren Maschen. Diese sind regelmäßig auf den Schulen und machen Werbung: „I want you for

US Army." Es gibt ja hier keine Wehrpflicht, dafür lockt das Angebot besonders einkommensschwache Familien: Sohn bekommt kostenlose Unterkunft und Ausbildung, Militärausbildung und kann für das Geld sein Studium finanzieren.
Also wie gesagt, ich hab einen Anruf bekommen. Dieser junge Soldat am Telefon hat sehr schnell geredet. Dazu noch „Jugendsprache" gewählt: „Hey Daniel, Mann, wie geht's Alter?" – „Wir wollen dich für die US Navy." Ich hab daraufhin gesagt, dass ich ja nur ein Austauschschüler bin. „Hey, klaro, das ist kein Problem, Kumpel! Ich werde dich Dienstag in der Schule treffen, um dir Infos zu geben!" ... Okay, dachte ich.
SONNTAG blieb ich im Bett, um meine Erkältung auszukurieren. Nur noch neun Tage Unterricht.

Party and Prom

Montag, 23. Mai 2005, 16:02 Uhr

Hallo!
Mann, war das ne anstrengende Woche! Ich hatte noch eine Erkältung und eine Entzündung der Nasennebenhöhlen. Ich hab's aber überlebt!
Letzten SAMSTAG: Ich habe wohl vergessen zu erwähnen, dass es eine Grillparty bei meinem US-History-Lehrer gab. Steak, Chicken, Corn (Mais) und Spareribs gab's frisch vom Grill. Am Abend Marshmallows (ähnlich wie Mäusespeck) gemütlich am Lagerfeuer. Ich habe ein herzhaftes Bierbrot mitgebracht. Rezept stammt aus dem Internet, und ich habe natürlich deutsches Importbier verwendet! Brot backen (und vor allem die Zutaten zu finden) hat mich einen ganzen Tag aufgehalten. Doch es hatte sich gelohnt.
MONTAG: Ich bin mit Maverik, der in der Nähe lebt, auf seine Schule gegangen. Die Manzano High School (http://manzano.aps.edu) hat ungefähr 2200 Schüler und ist in Albuquerque. Der Grund für den Schulbesuch war, dass ich ein paar US-Freunde, Familienmitglieder und andere Austauschschüler kennen lernen wollte. Es ist schon ein großer Unterschied auf einer „mittelgroßen" High School. Nach der Mittagspause gab's dann ein Rockkonzert einer bekannten Band mitten auf dem Fußballfeld. Ich hab mir einen Sonnenbrand geholt. Alle sind sehr nett. Bei so vielen Leuten siehst du, dass sehr viele Schüler unterschiedlich sind und ihren eigenen Stil haben. Und die Lehrer sind total freundlich und lustig. Als

ich in die Englischklasse hineinkam, hat der Lehrer gerade einen irischen Stepptanz getanzt. Ein interessanter Tag. Talgat aus Kasachstan habe ich auch wieder getroffen.
DIENSTAG: In vielen Klassen bin ich bereits mit den Tests fertig. Also gibt es nur wenig zu tun, und ich konzentriere mich auf meine Spendenaktion, die für diese Woche geplant ist.
Jeder Schüler musste eine Präsentation entwerfen, die Note geht mit in das Zeugnis ein. Ich habe über „Schindlers Liste" berichtet, währenddessen der gleichnamige Film mit den Schlüsselszenen ablief. In der Klasse war es extrem ruhig. Viele mussten schlucken, ich auch. Dann gab es Applaus. In der nächsten Stunde berichtete eine amerikanische Schülerin aus der Parallelklasse über die Machtergreifung Hitlers in Germany. Sie hatte mich zusammen mit unserem Geschichtslehrer gefragt, ob ich Hitler nachspielen würde. Ich habe lange überlegt und dann Ja gesagt. Also die Aufführung war gut. Ich komme verkleidet in die Klasse, und da hängt ein riesiges gebasteltes Hakenkreuz, vier mal vier Meter groß! Ich war leicht geschockt. Kurz auf Deutsch rumgeflucht, schon war die Sache vorbei. Das kostete viel Mut. Die Schüler fanden es interessant und lustig, diese überzeugende Tonlage der deutschen Sprache. Ich habe mein Ziel erreicht: den amerikanischen Schülern die Geschichte zu vermitteln. Amerikaner machen generell einen großen Strich zwischen den heutigem Deutschland und dem damaligen unter Zwang eines Terrorregimes.
Nun musste ich mir noch eine Krawatte für die Prom (Abschlussball) kaufen.

MITTWOCH habe ich die Spendenaktion fürs Rote Kreuz vorbereitet. Ich habe ein „Change Drive" organisiert. Dabei treten am Donnerstag Klassen gegeneinander an. Die Umschläge mit Anleitungen habe ich an diesem Tag verteilt.
DONNERSTAG: Morgens war ein „Lockup". Das heißt, dass die Schüler in ihren Klassen bleiben. Ich hatte also vier Stunden lang US History! Grund war ein Einbruch in der Schule in der Nacht. Schüler der Abschlussklassen haben wohl im ganzen Schulgebäude Ketchup, Sirup und Rasierschaum verteilt. Randaliert wurde auch – ein Schaden von 3000 Dollar ist entstanden. Dank der „guten" Seite der Abschlussklasse (zwölfte Klasse), die freiwillig alles gereinigt hat, wurde die Prom nicht abgesagt. Die Täter sind nicht bekannt!
Am Ende der vierten Stunde habe ich die Schüler aufgefordert, ihr Change (Wechselgeld wie Cents etc. im Portemonnaie) für einen guten Zweck zu spenden. Die Gewinnerklasse mit den höchsten

Spendeneinkommen wird von mir eine „Root Beer Float Party“ (eine Party, wo man Root Beer mit Vanilleeis trinkt bzw. isst) bekommen. Dann habe ich mir fünf Freunde geschnappt, um das Geld zu zählen. Knapp 400 Schüler aus Middle School und High School haben 322 US-Dollar gespendet. Das Zählen war ein langwieriger Prozess, wir haben unter anderem über 3950 Pennys gezählt! Am Abend habe ich dann einen zehnseitigen Bericht geschrieben. Insgesamt habe ich fürs Rote Kreuz in Albuquerque 475 Dollar gesammelt. Dies von einer eher ärmeren und kleinen Community. Das Geld ist für das Jugendrotkreuz und deren Schulungen an unserer High School. Meine Gasteltern, die Schule und das Rote Kreuz sind sehr stolz auf mich. Ich habe mich bei der Schulleitung noch für die Genehmigung bedankt.

FREITAG hab ich dann noch die Eisparty für die Gewinnerklasse organisiert. Meine Gastschwester Jennifer bezahlte das Eis, das Root Beer wurde von der Schule bezahlt. Root Beer ist ein kohlensäurehaltiger und alkoholfreier Softdrink mit viel Süße und Kräutern. Man kann es ein bisschen mit Malzbier vergleichen, jedoch ist es viel süßer und schmeckt für mich immer noch nach Zahnpasta. Doch mit Vanilleeis (= Root Beer Float) in riesigen Plastikbechern ein wahrer Genuss.
Heute ist auch letzter Schultag für die zwölfte Klasse. Am Abend fand die Junior-Senior-Prom (Abschiedsball) statt. Nach der Schule ging es nach Hause zum Umziehen. Rein in den feinen Anzug – dann habe ich mit Gilbert mein Prom Date, Nicole, abgeholt. Sie ist 17 und „Hispanic“, also Amerikanerin mexikanisch-spanischen Ursprungs. Wir Austauschschüler (Leonardo, Sjors, Lars und ich) haben uns in Albuquerque getroffen. Nun hat uns eine Stretchlimousine abgeholt. Die Damen schauten nicht schlecht. Sie hat uns nun für vier Stunden transportiert. Alle genossen den

Luxus, nur Alkohol gab es nicht. Durch die getönte Scheibe habe ich dem Fahrer die Adresse von Sjors' Begleitung mitgeteilt. Endlich an der anderen Seite der Stadt angekommen, klingelte Sjors an der Haustür, fein im Anzug. Doch statt seiner Dame machte ein dicker, nur mit Handtuch bekleideter Mann die Tür auf. Geknickt kam Sjors zum Auto zurück. Bis mir plötzlich auffiel, dass es nur ein Zahlendreher war und wir am falschen Haus standen. Also folgte noch ein Happy End. Diese lange, weiße Lincoln-2002-Limousine hat die restlichen Dates abgeholt und uns dann zu einem Steakhaus gefahren. Das war ein Heidenspaß! Wie die „Könige von E-Town" fühlten wir uns. Nach einem köstlichen Essen (die Damen wurden selbstverständlich eingeladen) ging es zum Dance (Tanzball). Nach einem kurzen Alkohol- und Drogentest betraten wir den aufwändig dekorierten Saal. Lehrer und Schüler aus meiner Klasse haben dann bis

Mitternacht das tolle Schuljahr gefeiert. Zwischendurch wurde man aufgefordert, ein professionelles Fotos der Paare zu schießen. So auch mit unserer Schulleitung. Man war das Aufregend. Alles war wunderbar dekoriert, die Tanzfläche war immer überfüllt. Um Mitternacht ging schon alles wieder nach Hause. Meine Kreditkarte hat ein großes Loch in meine Hosentasche gebrannt – so viel Geld habe ich noch nie ausgegeben. So endet also ein typischer und ganz normaler High-School-Abschlussball.

SAMSTAG habe ich Talgat besucht. Wir hatten uns ja Montag in seiner Schule getroffen. Talgat fliegt schon Dienstag zurück. Er, seine Gastfamilie und ich hatten viel Spaß beim Barbecue. Bei ihnen lebt auch ein Apache-Indianer. Viele Indianer haben trotz der Unterstützung und Schule des Staates Probleme, sich zu integrieren, da in ihrer Kultur die Erziehung eine andere ist. Dieser Indianer ist anstatt in einem Gefängnis bei einer Gastfamilie untergebracht. Leider hatte er auch dort Mist gebaut und muss ab Montag für sieben Monate ins Gefängnis. Traurig mit anzusehen.

SONNTAG ging es zur Kirche. Unser Priester macht während der Messe immer ein bis zwei Witze. Sehr unterhaltsam. Endlich hatte er seine Rede fehlerlos aufgesagt. Immer, wenn es um den Papst ging, hat er von Johannes Paul statt von Benedikt geredet.

Danach ging es zur Familienfeier (Frühstück). Ein anderer Daniel wurde nach 18 Monaten Gefängnis entlassen. Er hatte mit einer Gang Autos gestohlen. Nun ist er wieder mit seiner Familie und seinen zwei Töchtern zusammen.

Nun muss ich noch lernen. Es verbleiben fünf Tage Schule.

Letzter Schultag – und auf nach NY!

Samstag, 28. Mai 2005, 00:32 Uhr

Hallo!
MONTAG hieß es letzte Tests schreiben. Die Abschlussklasse hat letzte Woche ihren letzten Schultag gefeiert. Ich habe eigentlich nicht viel zu tun.
DIENSTAG war keine Schule. Meine Busfahrerin hat mich morgens angerufen. Grund ist die Hitze und der hohe Wasserverbrauch vom Wochenende in Estancia. Es war über 36 Grad warm, und es gab ein kleines Fest am Stadtpark. Der Wassertank (auf Stützen, über der Erde) wurde komplett genutzt. Dann ist noch ein wahnsinniger Vogel in die Wasserpumpleitung hineingestürzt. Loch in der Leitung – der Wassertank konnte also nicht mehr befüllt werden. Hier rufen dich sogar die Busfahrer an, was für ein Service!

MITTWOCH ging es wieder zur Schule. Wir haben unsere Yearbooks bekommen – eine Art Fotoalbum mit vielen Fotos von Schülern und Lehrern. Mich kann man dort über drei Mal finden. Nun muss jeder im Buch unterschreiben bzw. einen Spruch hinterlassen. Das Sammelfieber aller Schüler ist ausgebrochen. Wenn du keinen schreibfähigen Stift dabei hast, siehst du schön alt aus.
DONNERSTAG: letzte Arbeiten am Pick-up – neuen Tankdeckel angeschweißt, Gasfilter gewechselt, Überschlagschutz angebracht. Für diesen hatte ich das zweite Semester hart gearbeitet – selfmade.
Noch hier und da ein paar Fotos gemacht – so langsam realisiere ich, dass der letzte Schultag sich anbahnt. Schüler und Lehrer signieren das Yearbook – oder mit Edding auf meinen Allerwertesten.

Den Nachmittag habe ich bei den Newtons verbracht. Paulina aus Hongkong und Leonardo aus Brasilien haben mich durch E-Town (Estancia) begleitet. Dann haben wir noch leckere „Chocolate Chip Cookies" (Kekse mit Schokoladenstückchen) gebacken.
Am Abend ging es zurück in die dekorierte Turnhalle der Schule – es war Zeit für die Gratulationen und die Urkundenvergabe des zweiten Semesters. Euer Daniel hat insgesamt drei Ehrungen bekommen: Teilnahme am Schulsport mit einem Notendurchschnitt von über Gut;

dann für die erfolgreiche Teilnahme an Track & Field und zu guter Letzt für besondere Leistungen in US History. Die letztere Urkunde ist eine ganz besondere: Jeder Lehrer durfte sich pro Klasse, die er unterrichtet, für eine Ehrung für einen besonderen Schüler entscheiden. Völlig überrascht hörte ich meinen Namen und Applaus. Ich hab weniger damit gerechnet, da ich von den Noten her nicht der Beste in der Klasse war (übrigens war US History meine anspruchsvollste Klasse). Ich bin wohl der erste Austauschschüler an der Estancia High School, der diese Ehrung, den „Academic Excellence Award", bekam! Dazu gab es einen Pin für meine Letterman Jacket. Ich habe das Jahr über viel von der US History mitbekommen: Ich hab Michael Moore, Clinton, Kerry und Bush gesehen und davon berichtet, politische Auseinandersetzungen mit Mitschülern angezettelt, von der Position Deutschlands erzählt, über den Holocaust hautnah berichtet, Johannes Gutenberg gespielt und Adolf Hitler verarscht (okay, dafür braucht man Mut)!
FREITAG ging es durch die Schule, um jedem „Good-bye", „God bless you" und „See you soon" zu sagen. Ich habe Sjors, Leonardo, Paulina, Talgat und weiteren Austauschschülern versprochen, sie zu besuchen. Ich hoffe, einige werden mich besuchen kommen, da das sonst sehr teuer werden könnte! Dann habe ich Felizitas getroffen. Sie war eine Austauschschülerin vom letzten Jahr und besuchte ihre Gastfamilie in Estancia für zwei Wochen. Wir haben viel Deutsch gesprochen, da Leonardo unsere Sprache lernen wollte! Wir hatten viel Spaß. Am Abend hat mich Victor auf ein gutes „alkoholfreies" Bier eingeladen. Mit Lächeln habe ich dann fröhlich den Koffer gepackt.

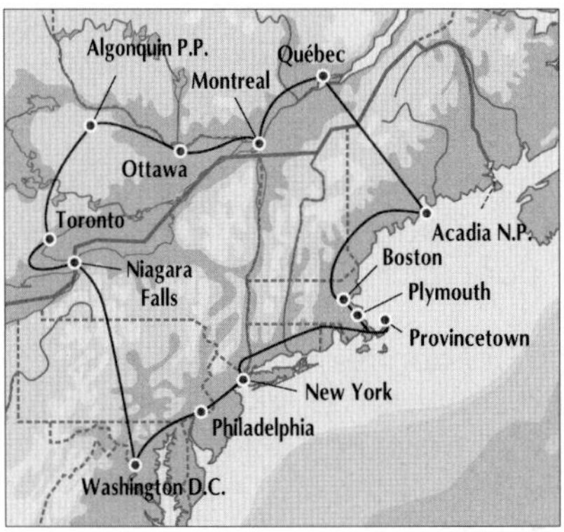

Denn heute früh geht's auf nach New York. Mich erwarten 16 Tage Campingtour an der East Coast. New York, Washington, Boston, Philadelphia und Kanada: Québec, Montréal, Toronto – zurück in die USA – Halt bei den Niagarafällen und weiteren Parks. Die Organisation ist professionell und hat über 40 Jahre Erfahrung. Es geht in großen Vans auf den Highway. Mit dabei ist auch meine Freundin Wiebke (aus Deutschland), die ich vor fast genau einem Jahr in Norwich kennen gelernt hatte. Sie lebt in Nebraska. Wir sind uns über das Telefon während des Jahres immer näher gekommen und haben diese Reise zusammen geplant. Ich hoffe, dass wir uns ein Zelt alleine teilen dürfen! Bis jetzt habe ich nichts über meine Liebe gesagt, damit meine Eltern mich nicht mit Fragen bohren.

East Coast Adventure

Mittwoch, 15. Juni 2005, 21:48 Uhr

Hallo!
Die letzten 16 Tage war ich „Trekking“ durch die Landschaft und Metropolen der USA und habe auch Kanada besucht.

SAMSTAG (28. Mai) ging es von Albuquerque nach New York City. Ich war vier Stunden vor der „Boarding Time“ da, habe aber den Flug verpasst! Ich habe ja alles knallhart kalkuliert, aber „auf die letzte Minute“ ist Folgendes vorgefallen: Ich habe vergessen, meinen Laptop beim Security Check aus meinem Rucksack herauszunehmen. Dies veranlasste das Sicherheitspersonal meinen Rucksack nach Sprengstoff (TNT) zu durchsuchen. Mit chemischen Tests und angespannten Gesichtern des Sicherheitspersonals musste ich einige Fragen beantworten. Als ich dann ins Flugzeug wollte, wurde die „Brücke“ bereits entfernt. Ich war eigentlich noch vier Minuten vor Abflug da. Nach zwei Stunden „Krisenmanagement“ habe ich dann noch einen kostenlosen Ersatzflug bekommen. Der Mann meiner Fluggesellschaft war sehr freundlich. Da ich zweimal durch die Sicherheitskontrollen ging, habe ich noch eine „private“ Abtastung bekommen.
Ich hatte Glück, dass ich noch am gleichen Tag fliegen konnte – trotz einiger überbuchter Flüge. Andernfalls hätte ich gegebenenfalls meine Tour verpasst. Mein Koffer war schon im Flugzeug, diesen habe ich aber am nächsten Morgen abgeholt.
Auf dem Weg vom Flughafen zum YMCA-Hostel hatte ich einen „verrückten“ Taxifahrer. Es war Mitternacht, aber immer noch sehr viel Verkehr um New York. Der Fahrer ist mit „Affenzahn“ links und rechts am Verkehr vorbeigedüst. Schließlich mit Verspätung angekommen, erwartete mich Wiebke sehnsüchtig mit dem Zimmerschlüssel ...

SONNTAG (29. Mai) gab's ein Frühstück – und auf nach Manhattan, dem „Big Apple“. In einem Hotel habe ich „meine Tour“ getroffen. Wir sind zehn Leute: unsere Reiseführerin aus Kanada, Erwachsene aus UK und Australien, ein Jugendlicher aus Südkorea und vier weitere aus Deutschland. Koffer auf das Dach unseres Minibusses geladen – und auf nach Philadelphia, in die Stadt, wo einst die

„Liberty Bell" für die Unabhängigkeit der USA geläutet hat!
Nachdem ich ein Hardrockcafé-T-Shirt gekauft habe, ging es runter nach Washington DC, in die Hauptstadt der USA. Nachdem wir unser erstes Camp „aufgeschlagen" hatten, ging es auf eine Nachttour durch die bezaubernde „weiße" Stadt, vorbei am Weißen Haus und am Pentagon. Wir haben uns über die Woche in kleine Fußgruppen aufgeteilt und konnten selbst entscheiden, was wir in der kurzen Besuchszeit der Städte besichtigen wollten.

MONTAG (30. Mai) ging es schon frühmorgens durch die Straßen Washingtons. Es war „Memorial Day", ein Feiertag zu Ehren der in Kriegen gefallenen Soldaten. Übrigens gibt es nur an den wenigsten der vielen Feiertage keine Schule oder geschlossene Geschäfte.
Auf dem Weg zum Friedhof und zur Gedenkstätte „Arlington" wurden wir von Sicherheitskräften beim Überqueren der Straße aufgehalten. Wenige Sekunden später rauschten Polizei und Limousinen an uns vorbei. Drinnen: Präsident G. W. Bush mit Ehefrau und US-Verteidigungsminister Donald Rumsfeld! Wenige Minuten später gab es von beiden eine Rede zu Ehren der US-Soldaten. Wir haben uns die Gedenkrede für die für das Land gestorbenen Soldaten angehört. Anschließend wurden Kanonenschüsse abgeschossen, während Soldaten marschierten. Auf dem riesigen Gelände ist unter anderem auch das Grab von John F. Kennedy. Die Gruppe ist richtig super, wir haben viel Spaß zusammen. Der Abend wird gemütlich am Lagerfeuer verbracht.
Washington ist eindeutig eine meiner liebsten Städte der Welt geworden! Nur leider hab ich einen Halt am Hardrockcafé vergessen! Traurig, Traurig.

Hunderte Grabsteine für US-Soldaten in Arlington, Washington DC

DIENSTAG (31. Mai) ging es raus in die Landschaft. Wir sind im Bundesstaat Pennsylvania, auch bekannt als Pennsylvania Dutch, also ein „Deutschland der USA". Dutch ist hergeleitet aus Deutsch bzw. „Deitsch" (und nicht von Holland). Dort leben viele Amische, Altdeutsch sprechende Menschen, die auch „Amish" genannt werden. Das Gebiet

wurde ursprünglich von deutschen Immigranten besiedelt. Diese Personen leben sehr streng nach ihrem Glauben und tragen schwarze Kleidung. Du kannst ihre Häuser daran erkennen, dass diese keine Telefonleitung haben. Selbst Radio oder ein Sofa sind verboten. „Amish" lehnen Modernes und die Bequemlichkeiten unserer Gesellschaft streng ab. Am Bart beim Mann erkennst Du, ob dieser verheiratet ist. Danach haben wir die kleinen Örtchen Bird-in-Hand und Intercourse (übersetzt: Geschlechtsakt) besucht. Bei der Fahrt durch die wunderbaren Landschaften traf man immer das gleiche Fortbewegungsmittel: Eine Pferdekutsche. Nur schade, dass diese in ihrem eigenen Gebiet den Touristen und großen US-Autos weichen müssen.

Auf dem Weg zur kanadischen Grenze hielten wir auch in Gettysburg an. Es ist der Schauplatz, wo einst Norden und Süden der USA in einem der blutigsten Bürgerkriege um das „Slave Issue" (Frage, ob Sklaverei verboten werden sollte) kämpften. Das Museum wurde auch von vielen Schulklassen besucht. Am späten Abend haben wir unser Camp nahe den Niagarafällen aufgeschlagen. Diese sind in der Nacht einfach nur bezaubernd! Das Rauschen unter dem Wasser – Nebel taucht die kleine Stadt in ein unglaubliches Bild.
MITTWOCH (1. Juni) haben wir den Vormittag in der Stadt Niagara verbracht. Auf der kanadischen Seite gibt es die Möglichkeit, hinter den

Fällen „zu spazieren". Nass wird man dabei auch! Zwei Hardrockcafés schmücken diese Stadt – eines im kanadischen und eines im US-Teil. Hier gibt's auch ein „German Restaurant". Die halsbrecherischen Abenteuer rund um die Niagarafälle konnte man im Museum bewundern, und in Katakomben hinter den Fällen hautnah erleben.

Tausende Kilometer entfernt schmeckt der Chili von Wendy's Fastfood genauso gut wie in New Mexico. Am Nachmittag besichtigten wir die größte Stadt Kanadas, Toronto. Hier ist das „Trinkalter" 18, also wird dies in den nächsten Tagen richtig gefeiert! Alkohol kann man in so genannten Beer Stores kaufen. Diese großen Getränkemärkte haben nur Bier und Alkohol im Angebot. Weit über hundert Biersorten aus aller Welt! Darunter auch über zehn deutsche Sorten. Amerikanisches Bier würde ich jedoch nicht als Bier bezeichnen ...

Am späten Abend habe ich mit meiner Freundin Kartoffelpuffer für unsere Gruppe gekocht. Die Mahlzeiten müssen wir uns auf der Tour selber machen. Campingkocher etc. sind natürlich im geräumigen Kleinbus vorhanden.

Parks und Sehenswürdigkeiten sind mit viel mehr Geld und Achtung „in Schuss" gehalten als sonst wo. Mit Travis, dem verrückten Australier, sind einige von uns auf eine Zwölf-Kilometer-Wanderung durch die Natur gegangen. Die Gegend ähnelt Wäldern in den Alpen. Weniger die Mosquitos, so ne mutierte Art „Killermücken": Ich hatte über 30 Stiche von diesen blutsaugenden Monstern! Im Park hatten wir auch einen schwarzen Bären mit Tochter gesehen, Eichhörnchen und „Mooses", so eine Art schwedische Elche.

FREITAG (3. Juni) ging es am frühen Morgen in Richtung Ottawa, der Hauptstadt Kanadas. Anders als in den USA kann man das Staatsgebäude problemlos besichtigen. Auffällig ist auch die Freundlichkeit aller Kanadier, die ich bis jetzt getroffen habe! Dieses Land ist voller Liebe und Freude. Dabei sind Amerikaner schon sehr freundlich. Nach einem Picknick ging es auf nach Montréal, der Partystadt Nordamerikas! Hier machten wir mit unserer perfekten Führerin eine Stadttour, und wir haben in „Chinatown", also im chinesischen Stadtteil, gegessen.

Der Hauptsitz der kanadischen Regierung

SAMSTAG (4. Juni): Den Vormittag waren wir „River Rafting“. Es hat viel Spaß gemacht, bis wir vom Bootsführer das Kommando „Jump!“ (also „Springt!“) bekommen hatten.
Nach dem Trocknen war ich im Stadion, wo die Olympischen Spiele von 1976 stattgefunden haben. Das Stadion wurde in eine Art Biotop und Zoo umgewandelt mit nachgebauten Klimazonen für Tiere aus aller Welt. Dann ging es mit der Gruppe zum „Bierfest“, das zufällig

gerade diese Woche in Montréal stattfand. Über 170 Biere aus aller Welt gab es zu testen – auf der Fläche von nur einem Oktoberfestzelt. Einige Betrunkene trugen T-Shirts aus Deutschland, dem Land des Biers.
Am Abend machten wir uns auf die Suche nach einer Disco, aber wir waren uns sehr uneinig, wohin wir wollten. Wir endeten in einer sehr kleinen Disco, nach 20 Minuten gingen wir aber ins Hostel (Jugendherberge) und zu Bett. Wie peinlich, dass wir nichts gefunden haben. Und dabei ist Montréal die Partystadt Nummer eins in Nordamerika.

SONNTAG (5. Juni) ging es weiter in den Osten Kanadas. Auf dem Weg haben wir eine Tour durch ein Indianerdorf unternommen, was den Einheimischen zugute kommt. Ein Einheimischer führte uns durch das Gelände und demonstrierte uns die damaligen Überlebenstechniken. Nachdem wir unsere robusten Zweimannzelte aufgebaut haben, ging es mit einer Fähre nach Québec, einer kleinen Stadt. „Québec City" ist ein Ort mit Gebäuden im europäischen Baustil. Für viele Kinofilme ist Québec somit ein guter Drehort – günstiger, als die Szenen in Europa zu drehen. Die Stadt mir ihren historischen Festungen und Straßen sowie die Sauberkeit haben mich total überzeugt! Hier könnte ich später wohnen. Auf der Fähre hab ich mit einer etwas verwirrten Frau geredet, diese hat sich dann aber gedacht, dass sie zu unserer Gruppe gehörte und uns pausenlos verfolgt, was meiner Gruppe weniger gefallen hat.
Nach einem Bierchen in einer Bar haben wir noch Souvenirs gekauft. In den USA und Kanada sind fast alle Geschäfte am Sonntag geöffnet. Auf dem Weg zurück zum Campingplatz hatte ich mein Fährenticket nicht gefunden – aber herzvolle Kanadier haben mich dann so auf die Fähre gelassen!

MONTAG (6. Juni) ging es zurück in die USA. Der Tag bestand eigentlich nur aus „Herumfahren". Unser Camp war diesmal am Acadia Park, einem weiteren Nationalpark mit wunderschöner Natur, direkt am Meer an der Ostküste. Wir besichtigten die so genannte Thunderhole („Donnerhöhle"), wo Wasserwellen an einer Höhle in den Gesteinen „einschlagen" und

einen lauten Donnerklang auslösen. Travis, der Australier, hat uns ein „Damper Bread" gebacken, ein Brot mit pechschwarzer, verbrannter Kruste! Während des Abends habe ich ein Tagebuch – wie dieses – in Englisch geschrieben, in einem lustigen Schreibstil, das jedes Gruppenmitglied bekommen wird. Am späteren Abend gab es Bier und „Jack Daniels". Andrea fliegt am Wochenende nach Hause, also musste sie sich auf Deutschland vorbereiten. Nachdem sie aber zwei Drittel der Flasche getrunken hatte (okay, wir haben mit Cola gemischt, aber irgendwie 50 zu 50 Prozent), war sie „von allen Welten". Ja, ja, die Deutschen mit ihrem Alkohol ... Dies lag aber sicher an dem monatelangen Entzug.

DIENSTAG (7. Juni): Ein weiterer langer Tag auf dem Weg in die historische Stadt Boston. Am Campingplatz haben uns schon wieder diese

Killermoskitos begleitet. Aber diesmal hatten wir uns mit Mückenspray vorbereitet.

MITTWOCH (8. Juni) wanderten wir entlang des „Freedom Trail". Besonders das Pärchen aus UK (England) hatte Spaß, weil die ganze Geschichte der Unabhängigkeit Amerikas von England handelte, und fast pausenlos über die „Britons" gelästert wurde.

An der berühmten Harvard-Universität liefen die Vorbereitungen der Abschlussfeier auf Hochtouren. Ein Semester kostet hier „nur" 8000 US-Dollar. Wir speisten in Chinatown. Ein Au-pair aus Deutschland hat sich über drei Stunden in einen H & M (als ob wir diese nicht auch in Deutschland hätten) vergnügt. Ich hab mir dann zwei T-Shirts gekauft – in weniger als zehn Minuten. Ich hatte mir in Philadelphia auch Flip-Flops gekauft – in einem Jahr werden diese auch in Deutschland berühmt werden: Flip-Flops für den Mann.

Chinatown in Boston

DONNERSTAG (9. Juni) waren wir in Provincetown, einer alten und kleinen Stadt. Den Nachmittag ging es auf zum „Whale watching", also Wale-Schauen. Die insgesamt vierstündige Bootsfahrt ins offene Meer des

Atlantiks war sehr sehenswert, und die Naturschützer am Board sehr erfahren. Wir haben viele Wale gesehen, darunter einen Brocken, fast 25 Meter lang! Auf dem Weg zu den Walgebieten haben wir viel über diese vom Aussterben bedrohten Tiere erzählt bekommen. Wusstet ihr, dass der Delphin auch ein Wal ist? Oder dass Walfett früher zur Plastikherstellung benutzt wurde. Zum Beispiel gab es früher von einer Walart über 50.000 Tiere, heute leben nur noch 200 – fast ausgerottet vom Menschen.

Wir haben unserer Gruppenleiterin eine neue Thermoskanne geschenkt, da sie die alte in Montréal liegen gelassen hatte. Die Thermoskanne haben wir mit Bildern und Unterschriften gestaltet. Am Abend verfolgten wir den Sonnenuntergang am Strand, und es gab ein Lagerfeuer mit Marshmallows. Andrea aus Bayern hatte das erste Mal Meerwasser gesehen und gekostet. Wie rührend, dies mitzuerleben. Und ich dachte mir, die haben nicht einmal Urlaub oder Flugzeuge in Bayern (English: Bavaria)!

FREITAG (10. Juni) war schon der letzte Abend der Tour. Auf dem Weg nach Providence besichtigten wir die Pizzeria „Mystic Pizza", wo Julia Roberts ihren ersten Film gedreht hatte. Providence ist eine der ältesten Städte der USA und hatte unter anderem die erste Kirche in Amerika.

SAMSTAG (11. Juni) ging es nach New York. Aber auf dem Weg ist uns eine Person vor den Minibus gelaufen, und wir mussten zwei Stunden warten. In New York (Manhattan) hatten wir eine kleine Stadtrundfahrt und waren dann alleine auf uns gestellt.

Ich hab die letzten Tage mit meiner Freundin Wiebke alleine verbracht. Nachdem wir unser Gepäck zurück zur YMCA-Jugendherberge (im Stadtteil Brooklyn) gebracht hatten, ging es zurück nach Manhattan – Times Square. Nun heißt es die letzten Tage gemeinsam genießen.

New York, New York

Freitag, 17. Juni 2005, 01:23 Uhr

SAMSTAG (11. Juni) standen wir also auf dem Times Square, inmitten von hunderten Menschen, Lichtern und TV-Wänden! Das größte U-Bahn-System der Welt ist einfach zu nutzen, besonders seitdem es wegen der

Ausschreibungen der Olympischen Spiele modernisiert wurde.
NYC (Abkürzung für New York City) hat über 36 Billionen Dollar für die Chance der Austragung der Olympischen Spiele im Jahre 2012 zur Verfügung gestellt. Gegnerstädte wie Paris oder London sehen gegen NYC alt aus. In zirka zwei Wochen wissen wir, welche Stadt nun zur Sportstädte 2012 wird ...

Mit dem Spruch „If you see something – say something“ wird darauf hingewiesen, allein liegende Pakete oder Taschen sofort bei der Polizei zu melden. Hier geht man seit 9/11 (11. September 2001) einfach auf Nummer sicher. Dazu gehören auch die 10.000 Polizeikräfte, die alleine in Manhattan im Dienst sind (somit mehr als Soldaten im Irak). Ich habe mich sehr sicher gefühlt. Falls man Fragen über NY (www.nyc.gov) hatte, konnte man einfach die Polizei fragen. Und sonst erinnern nur noch zahlreiche Souvenirs an das World Trade Center. Besonders auf dem Broadway oder der 7th Avenue sind Geschäfte rund um die Uhr geöffnet, sogar am Sonntag! Die Stadt, die nie schläft!
Auch bemerkenswert ist das Musical- und Theaterangebot in Manhattan. Es gibt nicht nur zehn, es gibt über 100 Theater, Musicals etc. ... Von „König der Löwen“ über „Phantom der Oper“ bis zu „Blue Man Group“ wird alles gezeigt. Ein Infocenter mit Last-Minute-Tickets steht mitten auf dem Times Square. Ich habe schon immer davon geträumt in „Stomp, das Musical“ (www.stomponline.com) zu gehen! Heute Abend waren meine Freundin und ich da. Was andere achtlos wegwerfen, wird bei Stomp zur Kunst erhoben. Die Schlagwerker aus dem englischen Brighton holen ausgemusterte Altteile vom Schrottplatz und führen sie einer Wiederverwertung in einem musikalischen Rahmen zu. Recycling einmal ganz anders! Das Wetter ist ziemlich heiß, im vierten Stock der Jugendherberge ist dies zu spüren ...

SONNTAG (12. Juni): Im Wachsfigurenkabinett „Madame Tussaud's“ konnte ich Stars ganz nah sein. Bin aber nicht ganz hineingegangen, da es wirklich überteuert war.
Am Ground Zero ist ein großes Loch

und eine Gedenkstätte für die Opfer des 11. Septembers 2001. An diesem Tage sind über 2900 Menschen gestorben, sieben Gebäude eingestürzt und über 50 weitere wurden beschädigt. Die Twin Towers hatten Büroflächen von fast einem Quadratkilometer, wo über 50.000 Menschen arbeiteten!
Fast jeden Sonntag gibt es eine Parade auf der 5th Avenue – diesmal das Fest für Puerto Rico! Musiker, Schauspieler und Künstler aller Hautfarben und Sprachen zeigen ihr Können in New York.

Nachmittag ging es in den 86. Stock des Empire State Building, des wohl höchsten Gebäudes in den USA. Dann zur Wall Street. In der Nacht gab es eine einzigartige Stadtrundfahrt auf einem offenen Doppeldecker. Hier gab es folgende Frage: Wenn die erste Einnahmequelle New Yorks Steuern sind – und die dritte Touristen; was ist die zweitgrößte Einnahmequelle? Antwort: Es sind die Knöllchen der Polizei fürs Nichtbeachten der Verkehrsregeln. Alleine in Manhattan werden Monat für Monat über eine Millionen „Tickets" geschrieben – das günstigste für 100 Euro. Vom 86. Stock des ESB gab's eine Vogelperspektive auf die Millionenmetropole und die Freiheitsstatue.
Um Mitternacht machten wir direkt am Times Square eine Kutschfahrt, die ich mit Touristen aus Asien geteilt habe. Mit denen war ein kleiner sechsjähriger Junge unterwegs, der drei Sprachen schon fast fließend beherrschte!
Auf dem Weg zum Hotel haben mich vier Leute in der U-Bahn komisch beobachtet. Habe zur Sicherheit schnell den Zug gewechselt. Das größte U-Bahn-Netz der Welt besitzt über 2500 Züge, läuft 24 Stunden am Tag und über hat 400 Stationen.

MONTAG (13. Juni) ging es nach einem Frühstück zusammen mit über fünf Millionen Berufstätigen zurück nach Manhattan. Auf einer Fähre fuhren wir an der Freiheitsstatue vorbei nach Ellis Island, der Insel für die Registrierung der über 45 Millionen Einwanderer im 17. und 18. Jahrhundert. Hier hab ich in der Datenbank nach vermutlichen

Verwandten der Familien Bartel und Warmbier gesucht. Auf langen Tafeln haben sich 55.000 Einwanderer verewigt, darunter vier „Bartel“.
Mit einer Stadtrundfahrt – wieder im offenen Doppeldecker – ging es dann durch die kulturellen Stadtgebiete Manhattans. Im „Big Apple“ gibt es 151 Museen – und 151 „Starbucks Coffee“ (Kaffeehaus)! Viele denken,

dass NY die Stadt der großen Firmen sei – das ist nicht wahr. Die meisten der Geschäfte sind Kleinunternehmen! Dann ging es noch mal auf das Empire State Building bei Nacht!! Einfach nur ein „geiles“ Gefühl!
DIENSTAG (14. Juni) besuchte ich die UN und die Deutsche Botschaft. Im so genannten Central Terminal gibt es zurzeit eine Ausstellung über Deutschland. Hier gehen unsere Steuergelder hin, aber die Werbung für Deutschland (www.germany.info) scheint sehr gut zu sein. Dann war ich auf der „Intrepid“, einem Flugzeugträger aus dem Zweiten Weltkrieg direkt in Manhattan! Hier gibt es die Flugzeuge und U-Boote der US-Waffe zu bestaunen. Neue Attraktion ist eine echte Concorde, die am Hafen von NY ausgestellt ist.

NY ist voll gepackt mit Häusern und Menschen. Viele Gebäude werden für neue Wolkenkratzer dem Boden gleichgemacht. Es war Flag Day, ein Tag zur Erinnerung an die Bedeutung der Flagge der USA. Gleichzeitig feierte das Hardrockcafé international seinen 34. Geburtstag. Seit Montréal habe ich eine Mitgliedschaft und spare nun an T-Shirts bares Geld.

Letztes Ziel war die Hauptzentrale des Roten Kreuzes. Ein detaillierter Bericht über meine letzten Tätigkeiten beim Roten Kreuz folgt in Kürze! Dann ging es mit der U-Bahn zur Jugendherberge und von dort mit dem Taxi zu einem der vier Flughäfen. Ich wäre beinahe zu spät gekommen, da ich kein Bargeld hatte, um das Taxi zu bezahlen.
Good bye New York! I Love NY! Die besten Toiletten findet man in Fünf-Sterne-Hotels; es ist ein Gesetz, dass diese dich auf die Toilette lassen müssen! Ein Quadratmeter Grundfläche kostet in Manhattan durchschnittlich 2500 Euro im Monat. Die NY-Universität hat über 40.000 Studenten. NY hat auch über 2500 Schulen. Und: 49 Millionen Touristen besuchen jedes Jahr diese einzigartige Stadt.
Ich könnt euch noch viel mehr erzählen, dies war nur eine grobe „Übersicht"!

Ein wenig Statistik:

- Ich bin während der letzten sechs Wochen (beide Küsten) über 20.000 Kilometer gereist.
- Ich habe in den letzen 16 Tagen über 1000 Bilder gemacht.
- Ich war in allen Ländern Nordamerikas: Mexiko, USA und Kanada.
- Ich hatte ein erfolgreiches Jahr, alles gesehen, was man sehen sollte! Vielen Dank an meine Eltern für dieses unvergessliche Jahr!
- Ich besitze weltweit Freunde und Bekannte aus allen Kontinenten und Erdteilen, die ich alle besuchen werde. Ich brauche also ein eigenes Flugzeug.
- Ich habe über 15 Hardrockcafé-T-Shirts, zwei davon aus Städten, wo ich nicht persönlich war.
- Dies war kein Jahr in Amerika, dies war eine Bekanntschaft mit der ganzen Welt und ihren Menschen!

Ein Blick auf Manhattans Nordosten bei Nacht …

… aus dem 86. Stock des Empire State Building

Chillin' out!

Montag, 20. Juni 2005, 00:37 Uhr

Hallo! Die letzten Tage entspanne ich mich nur. Muss mich von den tollen Ereignissen der Tour erholen.
„Popstar" J.LO – Jennifer Lopez – dreht grade ihren neuen Film bzw. Videoclip in Albuquerque. Ich habe meine Gesamtnoten bekommen. Ein wirkliches Zeugnis bekommt man nur zum Abschluss, der „Graduation". Ich habe nur ein bedrucktes Papier mit den Noten der letzten zwei Semester. Auf Wunsch bekommt man Schulstempel und Unterschrift.

Spanisch:	87 Prozent
US-Geschichte:	82 Prozent
Gewichtheben:	100 Prozent
Auto Motor Repair:	78 Prozent
Sport:	97 Prozent
Metallarbeiten:	90 Prozent
US-Literatur:	81 Prozent
Mathematik II:	89 Prozent
Computer:	84 Prozent

Estancia High School
PO Box 68
Estancia, NM 87016
(505) 384-2002

Grade Report for Fourth Quarter 2004-2005

For Student : Daniel C Bartel
Grade 11

Cumulative GPA: 3.21429
Semester 2: 3.14286

Subject	Teacher	Q1	Q2	S1E	S1	Q3	Q4	S2E	S2	Comments
Spanish	Ferguson	93	87	73	87					
US Hist/GEO	Walker					81	90	70	82	
US Hist/GEO	Walker	77	80	63	75					
Weights	Nevelos					100	100	100	100	
Auto 2/Electronics/Brakes	Cline					80	75	78	78	
Co ed PE	Nevelos	100	100	85	97					
Metal Fabrication Ag. Ind.	Wallace	90	95	100	94	90	90	90	90	
American Literature	Rawlojohn	72	87	98	83	73	84	90	81	
Algebra II	Martinez	84	89	77	85	88	91	88	89	
Pc Repair Practicum	Martinez	91	91	85	90	85	83	82	84	

Attendance Summary	This Period	Year to Date
Days Absent	0.500	2.500
Times Tardy	0	7

Legend of Marks

A+	100% - 98%	A	97% - 93%	A-	92% - 90%
B+	89% - 88%	B	87% - 83%	B-	82% - 80%
C+	79% - 78%	C	77% - 73%	C-	72% - 70%
D+	69% - 68%	D	67% - 63%	D-	62% - 60%
F	59% or below	I	Incomplete	NA	Not Available
W	Withdrew	S	Satisfactory	P	Pass
U	Unsatisfactory				

Congratulations on completing another year. Thank you to all parents for your support this school year. Reminder to athletes, you must have a physical completed before you may participate in athletics next school year. Physical packets are available in the superintendent's office.

Students, if you are in need of community service hours, please see Mrs. Winn ASAP. Have a good summer!

Im Gesamten habe ich eine GPA *(Grade Point Average)* von 3,21, was einem Durchschnitt von 1,7 (Gut) entspricht. Es ist schwer, die Schulnoten auf das deutsche Notensystem zu übertragen, es gibt da keine einheitliche Umrechnung.
In der Woche hab ich eigentlich nur am Pick-up gearbeitet. Dieser muss endlich fertig werden, und es lässt mich manchmal die Langeweile vergessen. Am Abend besuche ich meine Gastgeschwister.
DIENSTAG habe ich eine Auszeichnung beim Roten Kreuz in Albuquerque bekommen! Ich durfte sogar ans Mikrophon und eine kleine Rede halten! Bei dieser Gelegenheit habe ich mich nochmals bei meinen Gasteltern bedankt.
FREITAG hat mein Gastbruder gegen Deutsche beim „Ultimate Fighting" (einer Art Kickboxing in einem Käfig) in Albuquerque verloren. Der Eintritt war sehr teuer, deshalb war ich nicht dabei. Ich hab nur gehört, dass es wohl sehr viel Spaß gemacht habe. Besonders die Deutschen hätten viel rumgespaßt und waren freundlich – sogar zu den Gegnern. Wenn ich da gewesen wäre, hätte ich wohl nicht gewusst, wen ich anfeuern sollte!
SONNTAG war Vatertag in den Staaten. Meine Gasteltern haben vergessen, mich für die Sonntagsmesse aufzuwecken bzw. ich bin nicht aufgestanden. Gilbert meinte, dass ich „alt genug" wäre. Navolena war weniger davon begeistert, Kirche einfach so ausfallen zu lassen. Viele Verwandte kamen, um den zwölffachen Vater Gilbert zu feiern. Ich hab Kartoffelpuffer fürs große Essen hergerichtet.

About the American Red Cross – Teil 3

Freitag, 24. Juni 2005, 09:32 Uhr

Hallo! Hier ist nun mein dritter und letzter Bericht über das Rot-Kreuz-Leben in Amerika. Ende Juli ist mein Jahr hier zu Ende, und es geht zurück in meine Heimat.
Leider ist die hiesige Schule über eine Stunde vom American Red Cross *(ARC)* entfernt, deshalb war ein Rot-Kreuz-Club nicht möglich. In Amerika gibt es keine Schulsanitätsdienste, dafür eher eine Art Club, um Schüler über Drogen, Aids und Katastrophen aufzuklären. Das kleine Umfeld im so genannten Estancia hat solche Probleme, die behoben werden sollten. Dazu kommt, dass einige Familien und Immigranten aus Mexiko arm sind, und eine ordentliche Zukunft für Jugendliche nicht immer garantiert ist. Dies hat mich dazu bewegt, zu einer Spendenaktion aufzurufen. Mit Hilfe des Geldes würde das ARC ein so genanntes Peer Education Program an unserer Schule anstreben. Dabei lehren speziell trainierte

Jugendrotkreuzler den Schülern, wie sie mit Drogen, Gruppenzwang, Familienproblemen und Katastrophen umzugehen haben.
Zusammen mit meiner riesigen Gastfamilie organisierte ich ein „Food Sale“: Dabei wurde Kuchen, Kekse, „Burritos“ und weitere Lebensmittel zugunsten des lokalen ARC verkauft. Dies geschah unmittelbar nach dem Sonntagsgottesdienst im kleinen Dorf Chilili mit zirka 200 Einwohnern.
In Schulen des ganzen Landes sorgen regelmäßige Spendenaktionen für die Versorgung von Hilfsbedürftigen. Ich plante eine weitere Aktion an meiner Schule: Ein so genannter Change Drive war eine brillante Idee meiner Gastschwester. Dabei werden Klassen dazu aufgefordert, ihr „Change“ (also Wechsel- und Kleingeld) zu spenden. Die Gewinnerklasse mit der höchsten Spende wird mit einer „Root Beer Float *Party*“, einer Art Eiscremeparty, belohnt. Nachdem dies von der Schulleitung genehmigt wurde, habe ich mit einigen Mitschülern die Spendenaktion organisiert und durchgeführt. Insgesamt kamen 475 US-Dollar zusammen – zur Förderung des ARC, was der Aufklärung der über 400 Schüler meiner Schule zugute kommen wird. Ein 16-seitiger Bericht beschrieb beide „Fundraiser“ bis ins kleinste Detail.
In der letzten Maiwoche machte ich eine Rundreise entlang der Ostküste Amerikas und Kanadas. Finales Reiseziel war New York City. Ich besuchte die sechsstöckige Hauptzentrale des ARC direkt in Manhattan, „The Big Apple“. Hier sind ehren- und hauptamtliche Rotkreuzler für über neun Millionen New Yorker da. Seit den Terroranschlägen vom 11. September 2001 hat das Rote Kreuz ein neues Gesicht bekommen: Tausende Freiwillige haben an diesem Tage ihr Bestes gegeben, um so vielen Menschen wie möglich zu helfen. Nun bereitet das ARC Schüler und Berufstätige auf solche und andere Katastrophen vor. Dazu gehören die riesige Blutbank und deren Transportwagen, um lebenswichtiges Blut schnell in Krankenhäuser zu bringen. „We are prepared against future attacks and disasters“, so Annie Lazar, Marketingleiterin. Sie hatte sich sehr über meinen Besuch gefreut. Als Dankeschön habe ich ein T-Shirt, eine Kappe und Pins bekommen.

Nur einen Tag später war ich zurück in New Mexico, wo ich beim ARC „Mid-Rio Grande“ mit einer Annerkennungsurkunde für meine Arbeit geehrt wurde. Ich freue mich nun, wieder zu meinem Rot-Kreuz-Leben in Linnich zurückzukehren und dort meine gesammelten Energien und Erfahrungen weiter zu nutzen.

New Mexico – das neue Hollywood

Dienstag, 28. Juni 2005, 23:54 Uhr

Hallo!
Ich war über das Wochenende bei meinem Gastbruder Steve (nicht zu verwechseln mit dem Freund von Andrea). Wir hatten viel Spaß.
SONNTAG ging es morgens zum Gottesdienst und danach auf in den Kampf! Paintball! Wegen der Hitze waren wir nicht sehr stark bekleidet – also tat die ein oder andere Farbkugel beim Aufprall weh. Es hat viel Spaß gemacht, mit meinen Cousins im Duell zu sein. Eine tolle Sportart.
MONTAG habe ich ein bisschen im Familiengeschäft geholfen. Sie verkaufen Steinplatten und Kunstwerke. Ich habe mich als Künstler versucht, indianische Symbole auf einen Stein „geätzt". Sie besitzen also eine Art Steinplattenhandlung direkt neben einem Kasino. Hier kann man die vermutlich schönsten Steinplatten kaufen!
DIENSTAG ging es zur Bowlingbahn im „Santa Ana Star Casino". Dort, wo meine Gasteltern ihre goldene Hochzeit gefeiert hatten.
Amerika ist berühmt für seine extreme Autowerbung. Du wirst am Fernseher förmlich angebrüllt! „Kaufen Sie jetzt – Sonderangebot – etc." Europäische Autowerbungen sind da deutlich ruhiger. Volkswagen und BMW zeigen am Bildschirm ihr Können auf deutschen Straßen. Besonders die Jugend weiß, was Qualität hat: BMW und Volkswagen stehen auf vielen Wunschlisten ganz oben. Ich habe sogar das Gefühl, dass unsere Autos hier günstiger sind als bei uns?! Deutschland spielt am Mittwoch gegen Mexico im Confederations Cup 2005. Bin mal gespannt. Gegen Brasilien haben wir letzte Woche leider verloren. Hier wird das Fußballereignis nicht im öffentlichen TV übertragen. Dazu muss man tief in die Tasche greifen, Pay per View heißt das Bezahlsystem im digitalen Fernsehzeitalter.
Dafür hab ich aber Internet! Leonardo aus Brasilien wird mich gegebenenfalls nächstes Jahr besuchen – um den Fifa World Cup 2006 live mitzuerleben. Einer der größten Sponsoren ist die Brauerei Budweiser, eines der populärsten amerikanischen Biere. Das ist nicht zu verwechseln mit dem guten und gleichnamigen Bier aus Tschechien. Jedoch wurde das tschechische Budweiser mittlerweile vom US-Riesen aufgekauft. Dieses ist nun in Deutschland erhältlich. Einerseits eine gute Idee: Amerikaner kommen nun nach Deutschland zum Fifa World Cup 2006 – das Bier ist allerdings Geschmackssache!
Hier in Albuquerque wird der neue Kinofilm „Watertown" gedreht. Mit dabei: Jennifer Lopez. Dazu wird bei meinem Gastbruder Steve in einem kleinen Dorf eine Serie namens „Wild Life" oder so gedreht.
Während der Woche habe ich weiter am Pick-up gearbeitet. Außerdem habe ich 40 Pounds (also 20 Kilogramm) Übergepäck. Dieses hab ich via

„Seepost“ auf den Weg nach Deutschland geschickt. Der Spaß hat mich 50 US-Dollar gekostet. Dauert nun vier bis sechs Wochen. Luftpost (4–6 Tage) würde über 170 Dollar kosten.
Meinen Gastbruder Steve habe ich beim größten amerikanischen Internetanbieter abgemeldet und ihn ein neues Internet eingerichtet – monatliche Ersparnis ist rund 15 Dollar! Mit ein bisschen Geschick ist also auch der Amerikaner bereit zu sparen – denn die Benzinkosten steigen stetig an.
Es gibt ab 4. Juli zu Independence Day „Amerikanische Wochen“ in deutschen Supermärkten, wo es „Al' di' tollen Sachen“ gibt. Ich lebe im Bundesstaat New Mexico, hier gibt es amerikanisches Essen genauso wie mexikanisches, was ein großer Unterschied ist. Da ich jetzt ein Experte bin, hier einige Tipps:

- Whiskeylikör gibt es zum guten Preis. Da ich aber noch nicht 21 Jahre alt bin, kann ich ihn hier leider auch nicht für euch Probe kosten.
- Weine aus Kalifornien: können durchaus mit Weinen aus Italien mithalten.
- Kochbuch „So kocht Amerika“: genialer Preis, sollte man zumindest haben, um mit den folgenden Sachen etwas anzufangen.
- Mit den Fixprodukten kann man auch zu Hause alles frisch zubereiten, aber nicht denken, dass Amerikaner immer Fixprodukte nutzen! Hot Dogs sind natürlich die Klassiker ...
- „Chicken Corns“ wird meistens als Beilage verwendet.
- „Rinder-Rumpsteaks aus Südamerika“: Die Verpackung hat zwar die amerikanische Flagge aufgedruckt, aber Südamerika ist nicht die USA, sondern mehr oder weniger Brasilien. Wenn damit der Süden der USA gemeint ist, ist dies schon etwas ganz anderes. Jedoch sagen wir hier auch nicht „Made in East Germany“. Für ein wirklich saftiges Steak müsst ihr schon in die USA in eines der Steakhäuser kommen!
- Barbecue Ketchup mit rauchigem Geschmack, Hot Dog Ketchup, pikant-würzig im Geschmack, und Sandwich Sauce – herzhaft und delikat gewürzt. Alle drei sind gute Saucen. Wobei man streng genommen kein Ketchup oder Ähnliches auf ein Hot Dog verwendet. Ein traditionelles Hot Dog wird mit gebratenen Zwiebeln verzehrt.
- Salatdressings: alles wirklich gute Dressings, ich persönlich bevorzuge „Ranch“.
- BBQ Marshmallows: Probiert's mal aus: Marshmallow auf ein Stock/Stab setzen. Marshmallow so über offene Glut (nicht Feuer!) halten und warten, bis „er“ dampft. Dann um 90 Grad drehen bis alle Seiten goldbraun sind! Als Variation Marshmallow zwischen zwei Butterkekse und Schokolade packen – die perfekte Kalorienbombe!
- Popkorn, süß: In den US gibt es kein süßes Popkorn! So unbeliebt wie bei uns Football. Wir sind eines der wenigen Länder der Erde, wo es

süßes Popkorn gibt. Holt euch wenn, dann salziges Popkorn. Dies ist auch in den USA sehr beliebt.

- Muffins: Juhu! Machen viel Spaß herzurichten – ideal für Partys.
- Teigmix: Waffeln und Pancakes *(*Pfannkuchen*):* Pfannkuchen sind hier anders, schmecken anders und werden mit Butter/Sirup serviert. Also probieren!
- Erdnusscreme: die amerikanische Nutella!

Wenn ich wieder da bin, gibt es dann mexikanische Küche!
Nur noch vier Wochen bis zum Wiedereintritt in die Erdatmosphäre von Europa!

Die berühmte „Mayflower" – „Pilgerväter" reisten nach Amerika, um die erste Kolonie zu gründen

Juli bis August 2005: Große Reise zurück in die Heimat

„Alles ist die Sekte" – Glaubensfreiheit

Sonntag, 3. Juli 2005, 23:59 Uhr

Hallo!
Jetzt wurde ich doch fast glatt zum Opfer einer „Sekte"!
In weniger als vier Wochen bin ich zurück bei meiner geliebten Familie! Seitdem ich weniger zu tun habe, lese ich ein Buch, das ich mir in New York gekauft habe. Es gab einen kostenlosen Stresstest, direkt am Broadway. In der Stadt, die niemals schläft, konnte dies sicher nicht falsch sein. Also habe ich zwei Sensoren in die Hand genommen und diesen Test gemacht. Nach fünf Minuten Frage-Antwort-Spiel sowie Ausschlagen der Anzeige bei Stresssituationen wurde mir ein Buch empfohlen. Das Buch kostete auch nur acht Euro und hat über 600 Seiten zum Thema „Leitfaden für den menschlichen Verstand". Ich wollte schon immer mal wissen, wie unser Geist arbeitet bzw. Negatives und Schmerzen auffasst. Das Buch beginnt mit der Beschreibung des reaktiven Verstands – also des Gehirnteils, der verarbeitet, was unser tägliches Leben negativ beeinflusst. Dieses wird an vielen krassen Beispielen klar gemacht. Einige dieser Beispiele könnte ich auch mit meiner Vergangenheit verknüpfen. Sogar Superstars wie Tom Cruise nutzen die Lehre des Buches und spenden Millionen. Dann stellt das Buch eine Therapie vor, die einen Menschen fröhlicher, gesünder und viel intelligenter machen soll! „Wow!" – denke ich. Alles beruht auf wissenschaftlichen Tatsachen. Wie einige wissen, die mich kennen, bin ich sehr skeptisch. Also habe ich den Titel des Buches im Internet gesucht. Kein einziger Eintrag beurteilt dieses seit 1950 existierende Buch als nützlich. Eher negativ! Dieses Buch, „Dianetic" von L. Ron Hubbard, stellt sich als eine Religion bzw. Kult heraus! Mr. Hubbard ist der Vater von Scientology. Einigen von euch und in Deutschland mag die Dianetik wohl als Sekte bekannt sein, ich hatte leider nie etwas davon gehört. Über 20 Millionen Exemplare sind auf der Welt im Umlauf. Kirchen, Institute und so weiter gibt es in über 50 Ländern der Erde. Scientology ist der schnellste wachsende Kult. Nicht umsonst wurde diese „Religion" vom Bundesverfassungsgericht überprüft. Hier in den USA, im „Land of Freedom", hat diese Organisation weniger Probleme, sich in der Öffentlichkeit zu verbreiten und Familien mit ihren Glaubensgeschichten zur Kasse zu bitten! Ich war ziemlich schockiert, ein „Opfer" der Scientology zu sein. Wenigstens habe ich von Scientology in

der Schule gelernt. Das Buch ist ziemlich ansteckend und verdammt gut geschrieben. Wer daran glauben will, darf dies gerne tun, für mich ist das jedoch nichts.
Ich habe natürlich weiterhin am Pick-up gearbeitet. In zirka einer Woche wird er lackiert. Einerseits hält mich die Arbeit von Langeweile ab! Ich habe jetzt regelmäßigen Kontakt mit meinen Eltern – es wird bereits das „Wiederkommen" geplant!
Unterdessen läuft die Vorbereitung für den Geburtstag der USA auf Hochtouren – „4th of July"! Und ich kann's miterleben! Im jedem größeren Dorf – sogar in Estancia – wird es Partys, patriotische Paraden, Picknicks und Feuerwerk geben. Über das ganze Jahr sieht man vor lauter Flaggen nur Rot-Weiß-Blau. Am 4. Juli wird es schlimmer! Krieg gegen die Unterdrückung des britischen Königs und des britischen Parlament führten zur Revolution. Am Unabhängigkeitstag (Independence Day), am 4. Juli 1776, wurde die Unabhängigkeitserklärung unterschrieben. Außerdem war dies das erste Mal, dass die ersten dreizehn Kolonien sich als „Vereinigte Staaten von Amerika" bezeichneten! In jeder noch so kleinen Gegend wird der Tag gefeiert!
Meine Gasteltern haben mir einen Trip in den Norden New Mexicos versprochen! Also heißt es morgen sehr früh aufstehen – am Happy Birthday der USA ...

Billy the Kid und Good-bye Party

Montag, 11. Juli 2005, 13:01 Uhr

Hi!
Diese Woche habe ich letzte Einkäufe erledigt, darunter habe ich zwei paar Schuhe gekauft, unter anderem die kultigen „Converse All Stars".
MONTAG: Während die USA ihren Geburtstag feierten, besuchten wir meinen Gastbruder Robert in den tiefsten Wäldern von Jemez – der Beginn einer zweitägigen Tour mit meinen Gasteltern in den Norden von New Mexico.

Vorbei an den heißen Wasserquellen New Mexicos ging es auf nach Los Alamos, einem der größten Forschungszentren Amerikas. Hier wurde mit Albert Einstein an der Nuklearenergie geforscht und die erste Atombombe produziert und getestet. In einem sehr guten Museum des Zentrums verfolgt man die Geschichte der Atombombe. „Little Boy" und „Fat Man" –

Schaumodelle der Atombomben, die von hier aus in Japan abgefeuert wurden. Los Alamos wird auch „die Stadt, die niemals existierte" genannt, da der Ort im Zweiten Weltkrieg geheim war. Tausende Einwohner

(Mitarbeiter) mit gefälschter Identität arbeiteten am „Manhattan Project". Diese Arbeiter hatten sogar als Geburtsort nur eine Postfachnummer angegeben! Noch heute ist Los Alamos (www.lanl.gov) eine Forschungsstation, unter anderem für die Lagerung und Entsorgung von nuklearen Waffen und Müll.

Wir fuhren weiter durch abgebrannte Wälder, wo vor drei Jahren ein Kontrollfeuer außer Kontrolle geraten ist und beinahe das Forschungszentrum erreicht hätte. Am Abend besuchten wir Santa Fe, eine der großen Touristenstädte Amerikas. In einer berühmten Kirche gibt es eine kleine Treppe – gebaut ohne Nägel und Stützen. Unglaublich. Wir beendeten unseren spannenden Tag in Las Vegas, New Mexico. Meine Gastbrüder Gabriel und Dennis leben dort. Dieses Las Vegas ist übrigens nicht das bekannte „Kasino Las Vegas" in Nevada, das nur 100 Kilometer von der „geheimen Area 51" entfernt liegt!

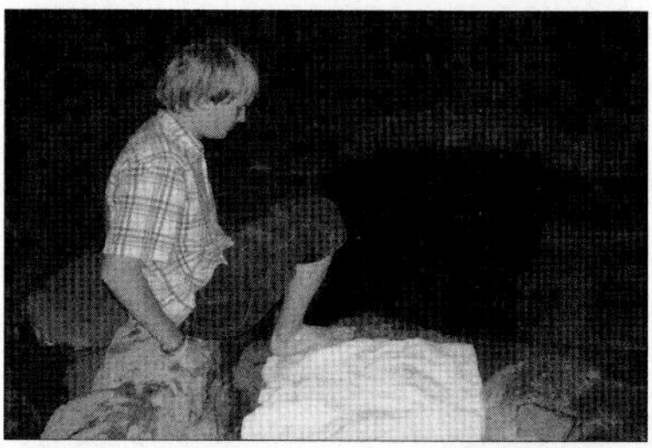

Am späten Abend ging es noch kurz an ein spezielles „Freibad" mit heißen Quellen mitten in der Stadt, am Rande der internationalen Universität. Ich tauchte nur mit den Füßen ein, als vor mir im Wasser auf einmal drei Homosexuelle auftauchten. Sie waren wohl etwas betrunken. Einer meinte zu Gilbert, dass ich ja ein ganz Süßer sei und ob ich nicht Lust hätte mitzukommen, sie würden gleich noch „viel Spaß" miteinander haben. Lächelnd habe ich abgewinkt! Aber war schon eine nette Begegnung.

DIENSTAG ging es weiter Richtung Norden nach Taos. Diese Stadt ist bekannt für ihre Kultur, das Weltklasseskigebiet und das gleichnamige

Indianer*volk*. Taos-Pueblo hatte die spanischen Siedler überlebt – genauso wie die amerikanischen. Heute leben viele der 2000 Einwohner noch in den traditionellen Häusern und haben sich ein bisschen der Kultur angepasst. Es hat über 60 Jahre gedauert, bis sie ihr eigenes Land wieder zurückbekommen haben. Trotzdem ist Schulpflicht für die „kleinen

Häuptlinge“ angesagt! Taos’ Sprache wird nur noch selten gesprochen – aus Schutz vor den Feinden (unter anderem Apache-Indianer) wurde die Sprache nur mündlich überliefert – Schriften gibt es also nicht.
Auf dem Rückweg machten wir auf der Taos Gorge Bridge Halt, der zweitgrößten Highway-Brücke der USA. 180 Meter tiefer fließt der Rio Grande.
Von hier an durfte ich fahren. Ein alter Highway auf dem Weg nach Hause brachte uns nach Madrid, einem Dorf der Hippies. Der Ort scheint in den Sechzigern und Siebzigern stecken geblieben zu sein! Hippies

leben ihr Leben hier in „Peace“ mit der Natur. Madrid war früher für zirka 30 Jahre eine Geisterstadt, das Land wurde dann supergünstig verkauft – nun leben Hippies hier. Ein Bergbaumuseum zeigt die Geschichte des ehemaligen Kohleabbaus. Ab 17 Uhr nachmittags hängen alle Hippies in der Bar ab. Übrigens tragen viele Cowboyhüte!
Letzter Stopp war Golden, eine Geisterstadt, wo früher erstes Gold in Nuevo México gefunden wurde.

MITTWOCH bis SAMSTAG habe ich über 13 Stunden am Tag am Pick-up gearbeitet. Samstagabend war es dann soweit: lackieren! Wir haben die Farbe „Caterpillar-Gelb" sehr günstig von einem Bekannten bekommen, der bei dieser bekannten Baufirma arbeitet.
Nach drei Stunden Schicht-für-Schicht-Lackierung war er fertig!
Am SONNTAG-Morgen wurden die Abklebung entfernt und die restlichen Teile wie Spiegel und Stoßstangen schwarz lackiert! Dann ging es zur Kirche. Meine Gastmutter Navolena, die in der Kirche auch Gitarre spielt, verkündete, dass dies meine letzte Messe in NM sei. „Die Community hat sich sehr von Daniel bereichern lassen", hieß es weiter. Am Ende wurde ein Lied für mich gespielt, und Tränen brachen nicht nur bei mir aus. Am Nachmittag gab es eine Familienfeier bzw. meine Good-bye-Feier. Dabei waren auch mein US-History-Lehrer und meine Betreuerin. Bei einer lustigen „Raffle" (Verlosung) habe ich meine ganzen Sachen, die ich aus Gewichtsgründen nicht rübernehmen kann – darunter meine Caterpillar-gelb lackierten Schuhe –, verlost. Viele haben sich noch in meinem Scrapbook (Buch mit Bildern und Infos über mein Austauschjahr) verewigt.

Am Abend fuhr ich mit meinen Truck durch die Gegend.
Am Donnerstag (6 Uhr morgens) geht es auf zum Norwich Camp. Ich kann die Gefühle in mir nicht beschreiben. Die Abschiedsfeier hat viel Spaß gemacht. Viele der Gäste habe ich über das Jahr leider viel zu selten gesehen. Ich wünschte ich könnte die Uhr anhalten bzw. zurück drehen! Aber mein Zuhause ruft ...

Impressionen der letzten Tage

Die wunderschöne Landschaft rund um Los Alamos

Eine berühmte Kirche in Santa Fe

Ein altes Opernhaus in der Geisterstadt Golden

Das Plaza Hotel in Las Vegas: Hier übernachtete auch der gefürchtete „Billy the Kid"

„Pimp my ride“: Aus Alt mach Neu

Back to Norwich

Dienstag, 19. Juli 2005, 11:27 Uhr

Hi!
Die letzten Tage wurden Leute und Verwandte in New Mexico besucht. MITTWOCH habe ich mein Zimmer gereinigt und noch letzte Leute besucht. Ich kann gar nicht genug vom Tschüss-Sagen bekommen! Es ging alles viel zu schnell ...
Am Nachmittag habe ich meine Koffer gepackt. Mit einer Waage habe ich abgesichert, dass der Koffer unter 35 Kilogramm bleibt. Navolena hat mir geholfen zu packen. Es dauerte zehn Minuten, um meinen kleineren Koffer zu bändigen.
Da ich auf meiner Party letzten Sonntag weitere fünf Kilogramm an T-Shirts, Chili und Bohnen bekommen hatte, ging nicht mehr alles in meinen Koffer. Ich habe einiges als Handgepäck mitgenommen.
DONNERSTAG um Mitternacht haben mich mitten in der Nacht meine Bekannten aus der Schule besucht! Dies war eine tolle Überraschung! Anderenfalls hätte ich diese nicht mehr gesehen.
Um 4 Uhr morgens machten wir uns auf dem Weg zum Albuquerque Airport. Dort habe ich auch Sjors getroffen. Beim Check-in stellte sich heraus, dass meine Koffer genau am Limit waren – die Angestellte der Fluggesellschaft staunte nicht schlecht! Der Abschied viel schwer. Wie auch Sjors' Gasteltern (gleichzeitig meine Betreuer), so weinten auch meine. Jedoch haben wir versprochen den Kontakt zu halten. Bevor noch vor lauter Tränen der Rio Grande überläuft, gingen wir mit einem schlechten Gefühl durch die Sicherheitsschleuse.
Mit 30 Minuten Verspätung ging es auf nach Minneapolis/St. Pauli. Dort angekommen, haben wir unseren Anschlussflug verpasst, haben aber einen Ersatzflug bekommen. Nur war dieser zu knapp und auch schon in der Luft! Wir bettelten um neue Tickets, aber es gab keine mehr! Wir wurden auf einen überbuchten Flug verlegt, in der Hoffnung, einen Platz zu erhalten. Nach 30 Minuten haben wir doch noch einen Flug nach Detroit bekommen.
In Detroit gelandet, wurde der Flughafen wegen eines Gewitters für 45 Minuten geschlossen! Wir landeten am Gate 97 und mussten in fünf Minuten am Gate 17 sein! Wir liefen mit dem schweren Handgepäck! Total verschwitzt kamen wir an – da sagte man uns, dass das Flugzeug 20 Minuten Verspätung hat! Wäre dies auf einer Anzeigetafel gestanden, hätten wir nicht so rennen müssen.
Ohne Probleme landeten wir dann um 19 Uhr in Burlington. Von dort ging es ins Camp der Militärschule „Norwich University". Während die Studenten in den Sommerferien sind, wird hier wie im Jahr zuvor das EF-Sprachcamp stattfinden! Genau vor einem Jahr ging ich von

Deutschland aus auf die große Reise und war Schüler. Nun sind Sjors und ich zwei der insgesamt 13 Returnees für das aufregende Camp.
FREITAG hatten wir das erste Meeting mit unserem Campdirektor Richard und wurden zum Dinner eingeladen! Wir feierten das Zusammentreffen und die Bereitschaft, den 600 kommenden Schülern ein unvergessliches Jahr vorzubereiten! Wüssten nervöse Schüler, mit wie viel Power und Freude wir dieses Camp veranstalten, hätten sie keinen Grund, nervös zu sein! Unser Team besteht aus 28 Lehrern aus den Vereinigten Staaten, vier Campleitern, vier Gruppenleitern und den 13 Returnees.

SAMSTAG ging es frühmorgens zum Flughafen Boston. Während der nächsten zwölf Stunden haben wir zirka 280 Schüler aus aller Welt am Flughafen empfangen und in den Bus geladen. Es hat sehr viel Spaß gemacht, mit Schülern aus aller Welt zu plaudern. Ich trug meinen Cowboyhut mit dem Logo der Organisation an jeder Seite. Der anstrengendste Teil war das schnelle Beladen der Busse mit dem schweren Gepäck bei hohen Temperaturen! Um 3 Uhr des nächsten Morgens ging es dann endlich ins Bett!
An diesem Tage habe ich wieder gesehen, wie sehr sich mein Englisch verbessert hat. Dies war bei kurzen Gesprächen mit den neuen Austauschschülern aus Deutschland und aller Welt ersichtlich.
SONNTAG blieb ich im Camp und habe dort die nächsten 283 Schüler empfangen. Ausladen des Busses, Schüler samt Gepäck in ihre Zimmer, manchmal bis in das fünfte Stockwerk. Nur das gute Essen in der Cafeteria gab mir Zeit zum Verschnaufen! Nun war der harte Teil geschafft.
MONTAG wurde das große Willkommenstreffen für die Schüler abgehalten, und wir haben uns vorgestellt. Dann gab es ein internes Treffen.
Während des Tages haben wir den Lehrern beim Erklären des Geländes geholfen. Ich habe außerdem eine neue Art entwickelt, um die neuen Schüler zu belohnen oder zu bestrafen: drei Punkte, wenn jemand einem anderen hilft, zwei Punkte, wenn man English spricht usw. Minuspunkte

gab es für Schüler, die ihre Nationalsprache statt Englisch sprachen, oder die nicht pünktlich im Bett waren. Für die letztendliche Gesamtpunktzahl können die Schulklassen einen Preis gewinnen.
Am Abend gab es ein Dance wie auch im letzten Jahr. Ich hatte Spätschicht mit meiner Gruppe: Schüler in ihre Zimmer bringen, deren Anwesenheit kontrollieren und im Umkreis des Geländes nach Schülern suchen. Um 1 Uhr morgens habe ich drei Schüler erwischt, die versucht

hatten, mitten in der Nacht in einem nahe gelegenen Fluss zu baden. Um 2 Uhr morgens war die Schicht vorbei, und ich konnte endlich richtig ausschlafen!
Aber man sieht, wie viel Spaß die Schüler beim Englischsprechen haben. Es ist auch immer wieder lustig, wenn Wörter falsch verstanden werden beziehungsweise eine falsche Definition kommt.

Arbeit, die Spaß macht

Dienstag, 26. Juli 2005, 10:37 Uhr

Hi!
Zusammen mit den anderen Returnees arbeite ich sehr hart für die Schüler. Wir haben dabei viel Spaß. Diese Woche ging es nach Boston, Baseballspiel und Strand. Ich konnte auch endlich wieder einen Tag zum Ausschlafen nutzen. Morgens ist nicht zu viel zu tun, da die Austauschschüler in ihren Klassen sind. Aber Dienstag haben wir damit begonnen, Flugtickets zu sortieren usw. Bei über 600 Schülern dauert das schon ziemlich lange.

Den Nachmittag rede und spiele ich mit Jugendlichen. Da hier über 60 Prozent aus deutschsprachigen Ländern kommen, ist es sehr schwer, Englisch zu „erzwingen“. Bis zum Abend beteilige ich mich normalerweise an Aktivitäten und helfe den Lehrern. Kurz gegessen, gibt es weitere Büroarbeiten.
Von 22 bis 0 Uhr müssen wir alle Schüler in ihre zugewiesenen Betten leiten und fehlende Schüler finden. Mitternacht üben wir zusammen für die kommende Talentshow. Wenn mein Team für die Spätschicht im Kontrolldienst ist, geht's nicht vor 2 Uhr morgens ins Bett. Im schlimmsten

Fall könnte ich fünf Stunden später Frühschicht (von 7.30 Uhr an) haben. Trotzdem liebe ich diesen Job, wir haben die Energie und den Teamgeist, um die Schüler vorzubereiten. Montag habe ich mit einem anderen Returnee viermal für jeweils eine Stunde die Schüler klassenweise über die Gefahren und Regeln in Amerika informiert, ihnen von meinen Erlebnissen erzählt und Fragen beantwortet. Am Abend gab es eine Hypnoseshow, wieder mit dem sehr bekannten Steve Taubman (www.stevetaubman.com). Ich konnte seinen Worten widerstehen und wurde nicht hypnotisiert. Jedoch war es sehr lustig anzusehen, wie Lehrer, Schüler und Returnees alles Komische anstellten und glaubten! Da denkt der eine Lehrer, er wäre auf einmal Tarzan, Roland aus Holland bekommt ein Kind – und eine weitere Schülerin denkt, sie sieht Brad Pitt. Nach der großen Show hat Steve, der schon über 10.000 Personen hypnotisiert hat, eine kleinere Hypnose gegeben. Diesmal hat es auch bei mir wieder funktioniert! Nur noch wenige Tage, und ich bin wieder zu Hause. Ich kann es kaum glauben, wie schnell das hier alles vorbeigeht! Ich habe einen kleinen Scheck zur Unkostenerstattung bekommen. Noch nie habe ich eine Durchführung eines Camps so reibungslos gesehen. Erst jetzt sehe ich, wie viel Arbeit das Camp tatsächlich ist, um alle Schüler auf das Jahr ihres Lebens vorzubereiten ... und ich will nicht weg!
Meine Flugdaten (Flight Schedule):

Leave: Saturday, July 30
Lufthansa 423
Depart: 4:25 p. m., 1 stop Boston, MA (BOS)
Arrive: 5:30 a. m. Frankfurt, Germany (FRA)
Economy | 7 hr 5 min | Airbus A343 |

Change planes. Time between flights: 1 hr 15 min

Lufthansa 816
Depart: 6:45 a. m. Frankfurt, Germany (FRA)
Arrive: 7:30 a. m. Dusseldorf, Germany (DUS) Sunday, July 31
Economy | 45 min | Airbus A300

PS: Die Warnungen vor Stinktieren gab es auch in diesem Jahr. Einmal war eins vor einem Kellerfenster einer Austauschschülerin gelandet. Doch zum Glück wurde es mit einer Tierfalle von den Security entfernt – ohne Stinken. Ich durfte über das Jahr mehrmals ein Stinktier sehen. Zweimal roch ich ihren scheußlichen Geruch fast täglich: Auf meinem Schulweg Nahe Estancia wurde eins überfahren – über eine Woche wurde bei „Meile 5“ die Nase zugehalten ...

Erste Stunden „fremde" Heimat

Samstag, 6. August, 2005, 20:29 Uhr

Hallo!
Bevor das Camp zu Ende ging, fuhren wir zum Strand. Anders als im letzten Jahr war das Wasser warm, und die Sonne brannte heiß.
Am vorletzten Abend haben wir die 600 Austauschschüler bei der Talentshow überrascht. Nachdem Schüler ihr Bestes gezeigt hatten, gingen wir mit „Cross Dressing" auf die Bühne. Die weiblichen Betreuer im schicken Anzug tanzten auf Backstreet Boys, die Jungs in feiner Damenkleidung auf Britney Spears. Das Publikum explodierte, als wir uns mit Schminke und Stöckelschuhen zeigten! Das harte Üben hatte sich gelohnt.
Der letzte Tag hieß noch mehr Arbeit: Während des Tages im Büro die Flugtickets aufteilen und aufräumen, am Abend Koffer für Koffer annehmen – da blieb kaum Zeit, tschüss zu sagen oder sogar unseren eigenen Kram zu packen! Während des Abschlussballs habe ich eine DVD über unser Camp erstellt. Ein riesiges Feuerwerk läutete die Schlussphase ein: Über 25 Busse mit Gepäck und Schülern beladen – nebenbei die DVDs brennen! Um 3 Uhr nachts mussten auch wir von unserem Campdirektor Abschied nehmen, und es ging nach Boston. Um 10 Uhr war der letzte Schüler durch den Check-in: Nun hatten wir endlich Rast.
Am Abend ging es dann für uns zurück nach Deutschland. Die meisten Betreuer (Returnees) mussten auch zum „Drehkreuz Deutschland". Mit 15 Kilogramm Handgepäck waren auch meine Koffer am Gewichtslimit. Auf dem siebenstündigen Rückflug hatten wir viel Spaß – schlafen konnte eh keiner! Bei den üblichen Sicherheitshinweisen habe ich einen Lachkrampf bekommen – Deutsch war ganz komisch! „Bitte blasen Sie Luft in die Weste" hat dann dafür gesorgt, dass ich vor lauter Lachen fast keine Luft mehr bekommen habe! Es war halt zu komisch. Ich hab mich auch weiter mit dem Personal und Freunden auf Englisch unterhalten. Auf dem Weg gab es einen dreistündigen Sonnenuntergang, drei Stunden Nacht und dann schon wieder Sonnenaufgang. Wie verrückt! Mit Tränen haben wir Returnees uns in Frankfurt getrennt, mit dem Versprechen, uns alle wieder zu sehen! Gegebenenfalls gibt es ja die Möglichkeit als Squad Leader, also Betreuungsführer, im nächsten

Camp dabei zu sein. Frühmorgens in Düsseldorf habe ich dann meine Familie in die Arme geschlossen. Alles war so komisch. Es hat sich alles so fremd angefühlt. Als ob ich unter friedliche Aliens gekommen wäre. Alles hat sich ein wenig verändert. Die Motoren der Autos, das Rascheln der Bäume – alles hört sich anders an. Irgendwie noch viel komischer als vor einem Jahr, als ich in den USA gelandet war. Frühstück war ganz einfach: Ich brauchte stinknormale, frische Brötchen! Wie lecker: richtiger Honig, fruchtige Marmelade und gesunde Milch. Nachdem ich mein frisch renoviertes Zimmer in Empfang genommen habe, fiel ich erst einmal ins Bett. Am Abend kamen enge Freunde und Familie zu Besuch. Manchmal fehlten mir die deutschen Worte, oder ich hab einfach Englisch gesprochen. Nach 24 Stunden hat sich dies aber deutlich gebessert. Durch den Jetlag war ich am darauf folgenden Tag bis 17 Uhr im Bett!!! Dafür war ich nachts oft bis 4 Uhr morgens wach. Die erste Woche zurück in der Heimat war total verrückt.
MITTWOCH war ich dann mit Freunden in Aachen einkaufen. Ich hab wieder rauchende Kinder gesehen, Fahrräder, Zigarettenautomaten, Bierflaschen auf der Straße, deutsche Ampeln, und so weiter ... ich bin ja in den USA 18 Jahre alt geworden – mir fällt aber nichts ein, etwas damit anzufangen! In einem Geschäft bin ich direkt auf eine unfreundliche Kassiererin gestoßen: Ich verabschiedete mich mit „Auf Wiedersehen!" und habe keine Antwort bekommen. In einem anderen Geschäft habe ich an der Kasse versehentlich auf die „eingetütete Ware" gewartet – in den USA ist es nämlich üblich, dass die gekaufte Ware direkt vom Geschäft in Tragetaschen getan wird. Natürlich muss ich mich auch an den Euro wieder gewöhnen, genauso wie an die kürzeren Öffnungszeiten, an Regenwetter und dass man nicht überall mit Plastik (Kreditkarten) bezahlen kann! Benzin ist auch teurer, dafür haben wir ein gutes, öffentliches Verkehrsnetz und höhere Mehrwertsteuern!
Jetzt bin ich wieder hier, ich hatte bereits eine kleine Feier – und habe alle meine Freunde behalten. Neue halt dazu kennen gelernt! Aber wozu brauche ich noch mehr Freunde, wenn ich doch schon Bekanntschaften aus allen fünf Kontinenten der Erde habe?!
Für meinen Vater bin ich immer noch der „Kleine", und deshalb wird der Traum vom eigenen Auto sehr schwer. Dafür werde ich mit meinem vollen deutschen Führerschein ohne jegliche Prüfung belohnt – Fahrtraining werde ich sicherheitshalber trotzdem machen.
So langsam komme ich wieder in den Schlafrhythmus und gehe meinem Alltag nach. Einen großen Döner konnte ich auch schon essen.
Meine Gasteltern kommen mich im November besuchen. In zwei Wochen geht's weiter zur Schule. Englisch darf ja jetzt kein Problem mehr sein. Der Weg ist frei fürs Abitur! Ich werde planmäßig die elfte Klasse machen, da mir die zweite Fremdsprache fehlt.

An den Qualm der Volkskrankheit Rauchen muss ich mich auch wieder gewöhnen. In den USA habe ich nur sehr selten den Glimmstängel gesehen – umso mehr fällt es hier auf, wie Kinder schon rauchen.
Bei einer kleinen Feier in einer großen Bar wollte ich mit Kreditkarte bezahlen – nur leider wird diese hier viel seltener akzeptiert. Sogar in einem bekannten Multimediamarkt war eine Kartenzahlung nicht möglich.
Jetzt hab ich das Wahlspektakel in den USA schon mitbekommen und stehe jetzt hier und weiß nicht so Recht, was ich hier im September 2005 wählen soll. Fakt ist, ich hab viel gelernt, kann über jedes US-Vorurteil nur müde lachen. So genannte Ruf-mich-an-und-gewinn-Telefonsendungen gibt es in den USA nicht. Genauso wenig wie jede zwei Sekunden Mobiltelefon-Werbung (der Begriff „Handy" ist ein deutscher und wird nirgendwo sonst verwendet). Filme aus den USA sind hier genauso alt, Mobilfunktarife fallen hier jetzt auch, und das Bier schmeckt hier immer noch besser!
Ich stehe noch mit vielen in Kontakt, ob Freunde aus China, Kasachstan oder Dänemark! Ich kann ein ganzjähriges Austauschjahr nur wärmstens empfehlen, mein Jahr war nur ein kleines Beispiel, wie eine Reise in die große Welt verlaufen kann. Mir kam das eh nur vor wie drei Wochen. Ich kann leider nicht auf die Frage antworten, welches Land nun besser ist. Jedes hat seine Vor- und Nachteile. Es sollte so einen Misch zwischen beiden geben!!! Wie das Motto schon sagt: „It's not wrong, it's not right – it's just different!"
Das Gelernte in diesem aufregenden Jahr wird mich noch das ganze Leben begleiten! Vielen Dank an meine Familie, die mir dieses Jahr überhaupt ermöglicht hat und mich am Anfang glücklicherweise ein bisschen dazu überredet hat! Verrücktes Deutschland.

Zurück in Deutschland

Wiedereinleben

Sonntag, 23. Oktober 2005, 21:10 Uhr

Die ersten Wochen zurück in meiner Heimat waren ein ganz neues Kapitel! Ich wurde von meiner Organisation über den so genannten Kulturschock in den USA informiert – jedoch habe ich diesen nie bekommen – bis ich zurück in Deutschland war ...
Meine neue Schule, ein Wirtschaftsgymnasium, ist recht nett. Nach einem Jahr „Urlaub" muss ich mich wieder etwas mehr anstrengen. Ich bin in die elfte Klasse gekommen, da ich die zweite Fremdsprache Französisch damals abgewählt habe. Die Schule ist auch etwas weit entfernt, was den Vorteil (oder auch Nachteil) hat, dass mich niemand kennt und so keinen Vergleich zu früher ziehen kann. Inwiefern das positiv ist? Ich denke, dass jeder von uns Momente hat, die sich bei den Mitmenschen einprägen, und es wäre in der alten Umgebung umso auffälliger, dass ich als „neuer Mensch" aus den USA zurückgekommen bin und jetzt mit vielen neuen Erfahrungen auf die „Alten" stoße.
Seit drei Monaten bin ich schon zu Hause, jedoch habe ich weiterhin „amerikanisches Blut". Ein Beispiel ist, dass ich manchmal in Englisch denke, und mein Deutsch in Sachen Grammatik schlechter geworden ist. Jedoch kann ich dies nun locker mit dem Schulfach Englisch ausgleichen! Leider gibt es keinen gelben Schulbus, der mich morgens direkt an meiner Haustür abholt.
Die erste Schulwoche habe ich mich sehr aktiv darum bemüht, meine neuen Mitschüler kennen zu lernen. Ich habe mir angewöhnt, mit einem Lächeln und einer Umarmung Leute zu begrüßen – dies kommt jedoch hier weniger gut an und wird als „Anmache" missverstanden! Eine weitere „Macke" aus der Sicht meiner Mitschülern ist, dass ich zu allem und jedem „Danke" sage, auch zu den Lehrern, was nun mal als „Schleimtour" bezeichnet wird. Ich bin auf dem Niveau angelangt, freundlich zu sein und ein erfolgreiches und friedliches Leben leben zu wollen. Aber da gibt es halt kleine, aber feine Unterschiede auf der Welt.
Mein Französischkurs fängt bei null an. Hier liegt auch mein größtes Problem: Meine Denksprache ist Englisch, zusammen mit ein bisschen Spanisch aus New Mexico. Das ist das totale Chaos: Ähnlich klingende Worte bedeuten im Französischen etwas ganz anderes als im Spanischen. Darüber hinaus ist der amerikanische Akzent in Französisch tödlich.
Eine weitere Umstellung ist die Benutzung der Toilette: Meine Mutter regt

sich immer maßlos auf, da ich aus Gewohnheit nun den Brillendeckel oben lasse! Ich versteh die Gründe bis heute nicht. Laut meinen Freunden habe ich mich entweder gar nicht oder komplett verändert. Im Positiven wie auch im Negativen. Die Warnung habe ich am Anfang des Jahres schon bekommen, dass man sich verändert und gegebenenfalls Freunde verliert. Meist liegt dies halt an der eigenen „Entfaltung", seine „Fühler" neu auszurichten und selbstbewusster zu leben. Durch ein Jahr „ohne Eltern" gewinnt man viel Selbstständigkeit und Lebenserfahrung, wodurch man „erwachsener" geworden ist?! Dass dies sicher nicht allen passt, ist logisch: Mit dem Abschied hast du bei vielen Leuten eine „Lücke" hinterlassen – als ob ihnen was fehlen würde (wie bei einem Todesfall unter Freunden). Dieses Loch wird langsam von anderen Personen geschlossen, und somit ist es für einen Heimkehrenden schwerer, sich wieder zu integrieren. Noch heute treffe ich „alte" Gesichter, die ich eigentlich weniger vermisst habe, aber nun umso mehr treffen möchte. Jedoch telefoniere ich fast wöchentlich über den „großen Teich". Ich habe wie immer „keine Zeit", wenn meine Eltern mich um etwas bitten! Aber mit der Zeit verschwinden auch diese Macken, Tag für Tag kann ich mich mehr an dieses „Fremde" anpassen – wie am Anfang meines Austauschjahres in den Staaten.

Los Luceros in Germany

Mittwoch, 16. November 2005, 22:33 Uhr

Diese Woche waren meine Gasteltern aus den USA in Deutschland! Bereits bei ihrer Planung einer Pilgerfahrt nach Bosnien im Juni haben sie auf Einladung meiner Eltern einen Zwischenstopp in Deutschland eingeplant. Leider hatte Navolena schon Bedenken, ihre geliebte Familie für elf und mehr Tage nicht zu sehen, doch konnte ich ihr zumindest sechs Tage abringen!
FREITAG haben mein Vater und ich mit Cowboyhut die beiden in Empfang genommen. Durch Gilberts Cowboyhut waren meine Gasteltern sofort wiederzuerkennen. Auf der „Super-Interstate"-Autobahn ging es Richtung Thüringen. Im schönen Oberhof trafen wir dann auf weitere Gastschüler, die schon früher bei den Luceros gelebt haben. Die Organisation des Treffens hatte ich übernommen. Nun waren wir komplett: Jaine Schmidt aus Berlin, Jennifer Kowalsky aus Hamburg, Stefan Mayrhofer aus Bavaria (Bayern) und natürlich ich aus dem Rheinland –

aus allen Himmelsrichtungen Deutschlands: Da könnten wir glatt Deutschlands Politik retten und regieren!
Jennys Eltern hatten ihre Ferienwohnung zur Verfügung gestellt. Vor dem wunderschönen Haus wehte die Flagge New Mexicos. Der 11. November war nicht nur Karneval, sondern auch St.-Martins-Tag. Somit gab es traditionell ganz leckere Gans (engl.: Geese)! Am späten Abend schauten wir Fotoalben an und Erinnerungen wurden wach.

SAMSTAG haben wir uns die Wintersportanlagen von Oberhof angeschaut und auch die Wartburg. Die Gäste waren wohl überrascht von den guten und vielfältigen Speisen.
SONNTAG ging es über Erfurt nach Gotha, wo wir uns schon alle wieder verabschieden mussten – es war ein aufregendes Wochenende. Nun aber mit den Luceros mit 200 Stundenkilometern (124 mph) auf in meine Heimat! Meine Mutter hat frischen Lachs serviert. Sichtlich erschöpft von dem vielen Reisen ging es früh ins Bett. Es ist sehr anstrengend, die ganze Zeit Dolmetscher zu sein, denn meine Eltern können leider nur wenig Englisch.
MONTAG ging es nach Monschau, nach Aachen und in den Aachener Dom. In der Innenstadt hat Navolena für alle zwölf Kinder original Aachener Lebkuchen gekauft! Auf dem Weg durch die Innenstadt haben sich doch einige über den Western- beziehungsweise Cowboyhut lustig gemacht: Ob „Howdy Ho“ oder „Texas Boy“ – viele Vorurteile hat

man gehört: Gilbert ist erstens Hispanic, also spanisch-mexikanischer Herkunft, und zweitens nicht aus Texas, sondern aus dem US-Bundesstaat New Mexico. Ein weiteres Vorurteil ist sicher die Behauptung, dass er ein Bush-Wähler bzw. ein Republikaner sei. Auf dem Rückweg durch das neblige Sauwetter besuchten wir die Kriegsgräber in Vossenack/Hürtgenwald, jenem Ort, wo im Zweiten Weltkrieg 32.000 amerikanische Soldaten starben.

Am Ende besuchten wir meine Schule in Düren. Kurzes Hallo beim Direktor, der mich zuvor für die Besuchstage vom Unterricht befreit hatte. Da Elternsprechtag war, haben sich meine Gasteltern gleich bei meinem Englischlehrer über meine guten Leistungen erkundigt. Meine Betriebswirtschafts- und Klassenlehrerin wurde ganz rot bei ihren Versuchen, sich in Englisch auszudrücken! Heute habe ich auch die schlechteste Note meines Lebens bekommen: die erste Matheklausur mit F – also ungenügend, also eine Sechs! Ich war geschockt, jedoch kann ich dies auf meinen „Jahresurlaub" an der amerikanischen High School zurückführen. Diese Note konnte ich aber mit meiner Zwei in Englisch locker ausgleichen, und ich hoffe, dass es nur ein Ausrutscher war ...
Die große Lucero-Bartel-Familie feierte den schönen Tag im Restaurant bei Steak und Wein. Den für Amerikaner ungewöhnlich hohen Alkoholkonsum hat man ihnen nicht angemerkt.

DIENSTAG ging es über die Zitadelle Jülich, die Zuckerrübenfabrik, die DRK-Rettungswache und den Hambacher Tagebau mit den riesigen Schaufelbaggern nach Cologne (Köln). Der Kölner Dom und natürlich das „Kölsche Bier" haben meinen Gasteltern die Sprache verschlagen. Eine nette Führung in Englisch rundete das Finale ihrer christlichen Pilgerfahrt ab. Letztes Abendmahl: Fondue.
MITTWOCH ging es wieder über die Autobahn zum Flughafen Frankfurt. Auf dem Weg staunten sie unter anderem über die schnelle ICE-Trasse und den Zuckerrübenanbau (in Amerika wird Zucker überwiegend aus Zuckerrohr gewonnen), die Autobahn und die grüne Landschaft. Am Flughafen spürten auch meine Gasteltern die Ausmaße der „US Homeland Security": zusätzliche Gepäckkontrolle, Gewichtslimit von

32 auf 23 Kilogramm reduziert. Nach dem Check-in beobachteten wir einen Protestmarsch: „Wir haben keine Menschenrechte in Afghanistan.“ Das betrifft ja die beiden US-Bürger ...
Nach einem Kaffee überließen mir die beiden noch ihre restlichen, vom Wechselkurs her betrachtet teuren Euros! Der Abschied war kurz und schmerzlos bei der hektischen Sicherheitskontrolle. Auf Wiedersehen! Der Gesamteindruck meiner Gasteltern war wohl sehr überwältigend. Und doch war es so, als ob es erst gestern gewesen wäre, meine Abreise aus den USA.
Nun muss ich den versäumten Unterrichtsstoff nachholen. Auf den Rückweg erinnere ich mich an die schönen Tage – ob wir uns so schnell wiedersehen?

Weihnachten und Neujahr

Montag, 26. Dezember 2005, 18:02 Uhr

Weihnachten war ein ganz besonderes Fest. Erst jetzt habe ich die großen Unterschiede zwischen meiner richtigen Familie und meinen Gasteltern erkannt. Bei uns feiert man viel romantischer und ruhiger, im Kerzenschein mit leiser Weihnachtsmusik im Hintergrund. Vor der Bescherung gab es traditionsgemäß Kartoffelsalat mit Würstchen. Es ist doch viel ruhiger, nur mit Bruder und Eltern zu feiern statt mit der Familie in Hundertschaften. Ich fühlte mich bestätigt, als ich nachts um 3:30 Uhr (also 19:30 Uhr in New Mexico) die Bescherung meiner Gastfamilie am Telefon mitverfolgte. Sie waren gerade aus der Kirche heraus, die Gastbrüder suchten verzweifelt einen Parkplatz vor dem Haus, der Plastik-Tannenbaum funkelt in sechs Farben und mit drei Melodien, unter ihm Geschenke gestapelt für 35 Personen! So groß ist der Unterschied.
Gerade bin ich bei meiner Schwester im schönen Österreich zu Besuch. Ich bin erkältet. Statt Süßigkeiten gibt es hier richtige Medizin, bitter und ohne Zucker. Um mich tummeln sich drei Hunde mit kompletter Narrenfreiheit – bei meinen Gasteltern müssten diese auch im tiefsten Winter draußen in der Garage übernachten. Doch das Schneeschaufeln ist gleich geblieben.
Jetzt mache ich mir Gedanken um Silvester. Bei den Mormonen feiere ich leider nicht mehr, aber mit meinen Freunden und richtigem Feuerwerk wird es sicher auch schön.
E-Mails aus aller Welt wünschen mir ein „happy new year“. An der linken Hand trage ich eines dieser Gummibänder aus den USA. Ach ja, meine Hose und mein T-Shirt sind auch noch aus den Staaten. Das Hintergrundbild meines amerikanischen Laptops zeigt gerade eine große

Limousine. Im Übrigen gab es Ärger mit der Agentur der Limousine, die ich zur Prom gemietet hatte. Da haben die mir zum Jahresende die 350 Euro noch einmal abgebucht. Das Kreditkarteninstitut hat aber alles anstandslos zurückgezahlt und die Karte gesperrt.
Da ich meine Gasteltern auch „online" gebracht habe, sendete ich ihnen Satellitenbilder aus Deutschland und Amerika. Meiner zweiten Schwester durfte ich gestern noch „ein gutes, gesundes und erfolgreiches neues Jahr" übersetzten. Man sieht also, welche Spuren ein Austauschjahr hinterlassen hat. Ich bin gespannt, was die Zukunft bringt.
Gerne würde ich meine dritte Heimat (die zweite ist Österreich) wieder besuchen – wenn mir doch jemand Zeit und Geld geben würde. Noch ein bisschen mehr in der Schule anstrengen – und in fünf Jahren vielleicht ...
Nun habe ich mich für den Katastrophenschutz verpflichtet, als Ersatz für den Grundwehrdienst – in Amerika gibt es keine Wehrpflicht. Zur Fußballweltmeisterschaft 2006 wird „die Welt zu Gast bei Freunden" sein; Leonardo aus Brasilien plant immer noch, mich zu besuchen. Wie weit es die Vereinigten Staaten in dieser WM schaffen? Ich tippe auf Deutschland!

Endlich eingelebt!

Dienstag, 24. Januar 2006, 17:14 Uhr

Ach, ist die Zeit schon wieder schnell rum. Gerade war ich noch in den USA, nun ist es fast ein halbes Jahr her. Ich kann es kaum glauben.
Immer noch treffe ich alte Gesichter meiner ehemaligen Schulkasse der Realschule Linnich. Alle wussten wohl Bescheid, dass ich ein Jahr weg war, und meinten, wie schnell doch die Zeit verging. Dann kommen auch sofort immer die gleichen Fragen auf: „Wie war es dort drüben?". Ich kann darauf nur antworten, dass es eine unvergessliche und tolle Zeit war. Alles andere an Erzählungen würde locker ein ganzes Buch füllen ... Und zur Frage „Wie kamst du überhaupt auf die Idee?", antwortete ich mit den Worten „Meine Cousine war vor x Jahren auch in den USA und daher die grundlegende Idee."
Mit Freude musste ich auch feststellen, dass eine ehemalige Klassenkameradin dieses Jahr noch ein Au-pair-Jahr in den Staaten machen wird. Ich freue mich, da ein Austauschjahr – egal wo – ein garantiert unvergessliches, erlebnisvolles und lehrreiches Jahr wird. Ich freue mich schon, wenn sie nächsten Sommer zurückkommt, und ich die Unterschiede in ihrer Entwicklung und Denkweise feststellen darf.
Weiterhin fiel mir auf, dass viele Landsleute denken, Amerikaner fahren

auch auf der falschen Straßenseite. Nein, das sind wirklich nur die Briten! Dies musste ich aber auch einigen amerikanischen Klassenkameraden sagen. Der Kontakt „zur fernen Heimat" nimmt stetig ab. Die Zeit erlaubt es nur noch, wöchentlich E-Mails zu schreiben. Umso öfter stehe ich mit anderen Austauschschülern und Returnees des Camps in Verbindung. Im April geht es nach Kopenhagen, dort hat eine meiner internationalen Freundschaften Geburtstag. Auch zu Silvester bekam ich die eine oder andere Nachricht aus den Staaten. Auf ein Weihnachtspaket von meiner Gastfamilie warte ich immer noch, das Porto war wohl nicht richtig, somit musste es letzte Woche noch einmal von Estancia abgeschickt werden. Des Weiteren hilft mir mein USA-Jahr im Unterricht. So habe ich in Englisch ein Gut in meinem Halbjahreszeugnis stehen.
Ich sehe auch Immigranten im eigenen Land jetzt anders. Einige Bundesbürger werden als Ausländer beschimpft, andere haben Probleme mit der Integration. Ich habe mich in den Staaten zu keinem Zeitpunkt als „Gast" aus dem Ausland bzw. als Ausländer gefühlt. Das wurde mir erst mit dem vorherigen Gedanken bewusst. Niemals wurde ich als „Fremder" bezeichnet. Immer war ein Wir-Gefühl vorhanden. Die Kulturen sind in den USA so unterschiedlich, dass ein Austauschschüler gar nicht groß auffällt.
Es ist einfach so normal wie bei uns erotische Szenen im Abendfernsehen, was wiederum in den USA problematisch ist. Vielleicht wird sich das unter unserer neuen Regierung verbessern. Pluspunkte hat Frau Merkel im Weißen Haus ja schon gesammelt. Sie hat die Amerikaner bereits soweit animiert, dass diese auch über US-Präsidentinnen für die Wahl 2008 nachdenken. „Hillary Clinton for President!"
Immer noch kämpfe ich mit Französisch und Deutsch. Aber meine englische Aussprache wird wieder etwas „deutscher", und so verschwinden der amerikanische Akzent und die Fehler in Deutsch und Französisch. Ich bedauere es immer noch zutiefst, dass ich Spanisch aus den USA doch hätte weitermachen können, aber die Bürokratie in unserer Schule das anfangs abgelehnt hatte. Deshalb sollte man sich vorher immer ganz genau erkundigen.
Wie ich diversen „Rückblick 2005"-Sendungen entnehme, habe ich doch einige wichtige Geschehnisse in Deutschland verpasst. Da hört man von Problemen bei den Vorbereitungen zur Fußballweltmeisterschaft, von dramatischen Rettungsaktionen und politischen Höhepunkten. Das alles habe ich in den Staaten nicht mitbekommen, obwohl ich mich bemüht habe, deutsche Nachrichten im Internet zu verfolgen.
Ich kann mich an jeden Tag dort drüben absolut erinnern. Als wäre es gestern gewesen. Besonders beim Durchstöbern der Fotos kommen viele tolle Erlebnisse wieder hoch. Das Wiedereinleben ist abgeschlossen, ich versuche langsam, wieder den alten Hobbys nachzugehen und die

neuen aus den USA (etwa Laufen) auch hier zu pflegen. Andere Austauschschüler, mit denen ich in Kontakt stehe, hatten sich bereits nach Tagen wieder eingelebt. Dies ist also von Schüler zu Schüler ganz unterschiedlich. Mein (vorerst) bestes Jahr meines Lebens hat mir auch neuen Mut für die Zukunft mitgegeben – und die Fähigkeit, im Jahrhundert der Globalisierung alle meine Wege offen zu halten und keine Kontaktscheue zu Menschen anderer Länder zu haben.

Was sonst noch geschah ...

Freitag, 21. April 2006, 14:45 Uhr

Von Zeit zu Zeit stell ich mir immer wieder verschiedene Fragen: Wie hättest du vor den USA in bestimmten Situationen gehandelt? Was ist typisch deutsch? Inwiefern unterscheiden wir uns von den Amis? Wie ist das eigentlich mit einer Probezeit des Führerscheins in Deutschland geregelt? Können von der gegenüberliegenden Straßenseite Streifenwagen auch meine Geschwindigkeit ermitteln? Das sind alles Fragen, die sich normalerweise kein Bundesbürger stellen würde.
Es gab noch kleine Probleme mit den doppelt abgebuchten 350 Euro. Mich erreichte ein Fax mit der Kopie des Vertrages, den ich damals unterschieben hatte. Die Firma hatte doch tatsächlich das Datum geändert! Nun war es kein Buchungsfehler, sondern Betrug. Der Kunde ist beim Karteninstitut aber König, und ich hatte genügend Beweise für den „Datumspfusch" (mein Visum war bis dahin schon lange abgelaufen und somit konnte ich gar nicht in den USA gewesen sein). Nun hoffe ich, dass endlich Ruhe ist. Es ist also ratsam, auch nach einem Auslandsaufenthalt seine Rechnungskopien zu behalten, man kann ja nie wissen ...
Der Kontakt in die USA und zu weltweiten Freunden wird immer weniger. Beim letzten Telefonat mit Gilbert war er überrascht, dass Deutschland die Olympischen Winterspiele 2006 vor den USA gewonnen hatte. Dafür wurde aber (der bzw. die) Super Bowl, das Finale der US-amerikanischen Football-Profiliga, National Football League (NFL), erstmals live in der ARD ausgestrahlt. American Football findet in Deutschland im TV und als Sportart immer mehr Anhänger. Zum Glück konnte ich bei meinem Fernseher die deutsche Kommentatorenstimme ausblenden und das Megaevent in der Nacht in Englisch genießen. Dabei bin ich für Fremdsprachen nicht geboren: In Französisch hinke ich immer weiter hinterher. Spanisch habe ich so gut wie verlernt. Jedoch bleibe ich in Englisch gleich bleibend gut.
Vor über zwei Jahren war mein Wunschgebiet Colorado; doch die letztendliche Platzierung in New Mexico bereue ich heute nicht. Sobald

ich ein paar Eurocents beisammen habe, werde ich sicher noch mal in die Staaten reisen. Zumindest sollte ein Urlaub drin sein. Dann über Colorado zu meinen „zweiten Eltern".

Während der Osterferien traf ich mich mit dem Rest der ehemaligen Camp-Returnees in Kopenhagen. Es war ein fantastisches Gefühl, alle wiederzusehen! Als ob wir erst gestern noch in Amerika waren. Neben Party und Spielabenden gingen wir auch Sightseeing durch die Hauptstadt Dänemarks und besuchten unter anderem den berühmten Tivoli-Freizeitpark. Wir sind mittlerweile eine kleine „internationale" Familie geworden! Ob Norwegen, Dänemark, Deutschland, Holland oder Schweiz – wir werden uns schon bald wiedersehen, so schwer der Abschied auch jedes Mal ist.
Auf dem Rückweg blieb ich für einen Abend in Frankfurt. Dort habe ich Jennifer Newton aus New Mexico wiedergetroffen. Zusammen fuhren wir zu mir ins Rheinland. Mit einigen meiner Freunde besuchten wir Sehenswürdigkeiten, gingen ins Kino, in die Disco und nach Köln. Jennifer war vom Kölner Dom sichtlich überwältigt. Kurz noch was im Schokoladenmuseum genascht, ging es am nächsten Tag in einen großen Freizeitpark. Meine Freunde waren überwältigt, wie gut Jennifer schon Deutsch kann. Sie kann alles verstehen und sich gut ausdrücken.

Sie lebt seit zehn Monaten als Austauschschülerin in Offenbach bei Frankfurt. Dort besucht sie eine normale Schule und findet es hier teilweise viel besser als in Estancia. So bleibt der Kontakt zu den „Newtons" in den USA sicherlich noch bestehen. Jetzt ist meine abenteuerliche und „internationale" Woche mit zahlreichen Erinnerungen des Austauschjahres auch schon wieder vorbei, Jennifer ist mit dem ICE auf den Weg zurück nach Offenbach, und Montag beginnen wieder die Schule und der Alltag ...

Wissenswertes

Die Geschichte des Schüleraustauschs

Nach dem Ende des Zweiten Weltkriegs halfen die Amerikaner den Europäern beim Wiederaufbau. Eine neue Freundschaft war geboren, aus der auch der Schüleraustausch hervorging. Bald fuhren schon die ersten Schüler nach Übersee und begannen den interkulturellen Austausch. Dies gab den Menschen die Möglichkeit, voneinander zu lernen, Sprache und Kultur des anderen zu verstehen und Friede sowie Toleranz zwischen den Nationen aufzubauen. Heute beschränkt sich ein Austauschjahr nicht mehr nur auf die USA, sondern man kann in viele Länder der Erde reisen, um das Leben dort kennen zu lernen.

Möglichkeiten eines Gastjahres

Auf eigene Faust: Nun denkt sich vielleicht der eine oder andere, dass er auf eigenen Füßen ein High-School-Jahr organisieren kann: Die Regelungen des Gastlandes lassen dich eventuell nicht einmal auf eine High School – das hohe Schulgeld muss selbst bezahlt werden. Falls du Verwandte in den USA hast, wird es dir sicher nicht viel leichter ergehen als Terroristen. Bei Problemen mit der Gastfamilie gibt es keinen Ansprechpartner, und die Kosten für Versicherung, Flug und Schulgeld übertreffen alleine schon die Kosten einer Organisation.

Traditionell und einfach: Bei über 50 Austausch-Organisationen in Deutschland sollte es nicht schwer sein, die richtige zu finden. Oder doch? Weitere Informationen unter „Finden der richtigen Organisation".

Es geht auch günstiger: Man kann auf verschiedenen Wegen ins Ausland geraten. Ein Schuljahr ist sicher etwas Besonderes. Doch falls die finanzielle Situation dieses Abenteuer nicht zulässt, kann man auch als Au-pair ein Jahr im Ausland verbringen – durchaus interessant! Auf meiner Reise an die East Coast habe ich auch zwei Au-pairs aus Deutschland getroffen. Diese waren mindestens genauso glücklich wie ich, haben allerdings die Vorteile der geringen Kosten und bekommen großes Taschengeld von ihren Gasteltern! Sich täglich um die Familie kümmern und dafür dann abends feiern gehen und Freunde treffen! Ein

Austauschjahr kann man am besten in der elften oder zwölfen Klasse und nur bis zu einem bestimmten Alter machen, während man als Au-pair älter sein darf und dies auch nach Beendigung der Schule machen kann.

Oder schon einmal über ein FSJ (freiwilliges soziales Jahr) oder FÖJ (freiwilliges ökologisches Jahr) im Ausland nachgedacht? Dieses kann sogar die allgemeine Wehrpflicht ersetzen. Genauso bieten die Kirchen eine Art FSJ in den verschiedensten Ländern an.
Interessante Informationen und Anlaufsstellen unter anderem direkt beim Innenministerium unter www.bmfsfj.de/doku/fsj-foej.
„Gemeinnützige" Organisationen bieten zwar weniger Leistungen als eine „teure" Organisation an, plädieren aber für Ehrenamt und Austauscharbeit. „Rotary International" (www.rotary.org/languages/german/aboutrotary) besitzt pfiffige Programme für einen gelungenen Schüleraustausch. Gutes System, aber mit vielen Einschränkungen (begrenzte Plätze, eventuell keine Ländergarantie).

Heutzutage erlauben viele Schulen, ein Schülerbetriebspraktikum auch im Ausland zu absolvieren. Später im Studium wird dir je nach Studienfach das gleiche Angebot unterbreitet. Mein Austauschjahr war im klassischen Sinne kein Austauschjahr, sondern ein Gastschuljahr. International fehlt bei Schülern das Interesse, ein Jahr in Deutschland zu verbringen. Dabei wird auf vielen Schulen weltweit Deutsch gelehrt. Wenige Organisationen bieten einen wirklichen Austausch an.

Papa Staat und Schulen unterstützen auch Auslandsaufenthalte. Genauere Informationen findet man im Internet wie Sand am Meer. Das Parlamentarische Patenschafts-Programm (kurz: PPP) ist ein Stipendienprogramm des Deutschen Bundestags und des amerikanischen Kongresses. 1983 wurde das Parlamentarische Patenschafts-Programm aus Anlass des 300. Jahrestages der ersten deutschen Einwanderung gemeinsam vom Kongress der Vereinigten Staaten von Amerika und dem Deutschen Bundestag beschlossen. Dieses Austauschprogramm soll der jungen Generation in beiden Ländern die Bedeutung freundschaftlicher Zusammenarbeit, die auf gemeinsamen politischen und kulturellen Wertvorstellungen beruht, vermitteln. Bundesweit stehen jährlich 350 Stipendien zur Verfügung, davon 250 für Schüler und Schülerinnen sowie 100 für junge Berufstätige. Im Gegenzug kommen jedes Jahr etwa 350 US-amerikanische Jugendliche und junge Erwachsene für ein Jahr nach Deutschland. Mehr Infos unter www.bundestag.de/ppp.

Und als Letztes: Studieren oder Arbeiten im Ausland. „Work and Travel" nennt sich das Ganze. Oder gleich einwandern? Die „Green Card Lottery" macht's möglich. Wir wollen aber realistisch bleiben ...

Der generelle Ablauf

Die folgenden Schritte sind von Organisation zu Organisation natürlich sehr unterschiedlich Wenn man sich für eine (oder mehrere) Organisation(en) rechtzeitig entschieden hat, kommt gewöhnlich die Anmeldung bzw. Bewerbung. Es folgt eventuell ein Besuch bei der Organisation in Form eines Auswahlgespräches, ein Sprachtest wird durchgeführt und weitere Beratung erfolgt. Davor oder danach muss man noch eine Art Bewerbung schreiben. Diese wird sehr wahrscheinlich auf Englisch erfolgen. Ich musste bereits einen Brief schreiben, warum ich ein guter Gastschüler wäre, sowie einen ersten Brief an meine „imaginäre" Gastfamilie (was deine letztendliche Gastfamilie durchaus zu lesen bekommen könnte, also: Lügen und den heiligen Samariter spielen, bringt nix). Nach erfolgreicher Bewerbung folgen dann die erste Anzahlung und das Unterschreiben des Vertrages.

Nun bekommt man des Öfteren Post. Wenn du ein Naturschützer bist, ist es spätestens hier vorbei: Hunderte Seiten tropenfrisches, chlorfrei gebleichtes Papier voll mit Informationen erreichen dich zur Vorbereitung. Dies dient als Leitfaden für den gesamten Verlauf.
Ich musste erst einmal eine Art Profil über mich erstellen, mit nach Vorschriften erstellten Passbildern. Als nächstes habe ich noch eine Fotocollage mit Bildern von mir und meinen Freunden eingesendet. Deine Lehrer müssen auch ein Resümee über dein Verhalten und deine Leistungen schreiben und einsenden.

Falls du noch keinen Reisepass hast, wird es aber Zeit!
Für die Einreise benötigt man ein Visum. Über eine 0900-Telefonnummer wird einem ein Termin beim zuständigen US-Konsulat zugewiesen. Mit einem an sich selbst adressierten Rückumschlag sowie Passbildern bewaffnet wird beim Termin das begehrte Visum beantragt. Nach ungefähr drei Wochen erhält man seinen Reisepass mit Visum zurück. Herzlichen Glückwunsch.

Nun muss man noch beim Arzt einen Gesundheitstest machen und gegebenenfalls nötige Impfungen durchführen. Dann ist alles bereit! Wenn eine Gastfamilie oder eine Willkommensfamilie gefunden wurde,

wirst du umgehend informiert. Nun wäre es sinnvoll, deinen Betreuer in den USA und deine Gastfamilie mit einem Anruf zu überraschen!
Kurz vor der Abreise sollte man noch letzte Rechnungen bezahlen, sich bei kostenpflichtigen Vereinen abmelden und Abschiedpartys durchführen.

Qualitäten und internationale Standards

Es gibt viele Qualitätsstandards und Auflagen für Organisationen weltweit. Somit werden 98 Prozent aller Gastjahre zum wirklichen Erlebnis. In Amerika sorgt eine staatliche Organisation, die United States Information Agency, dafür, dass Regeln und Richtlinien eingehalten werden. Es gibt alleine in Deutschland über 50 solcher Organisationen. Ob der Veranstalter gemeinnützig oder kommerziell organisiert ist, sagt über die Qualität wenig aus. Dafür warnt die Aktion Bildungsinformation (www.abi-ev.de) bei Auffälligkeiten und gibt gleichzeitig wertvolle Tipps. CSIET (www.csiet.org) ist eine private Organisation in den USA, hat mehr als 80 Organisationen auf der ganzen Welt nach ihren eigenen Kriterien bewertet und eine Liste „sicherer" Organisationen erstellt.

Finden der richtigen Organisation

Eine Organisation zu finden, ist einer der wichtigsten Punkte nach der Entscheidung, ein Jahr in den USA zu verbringen. Von ihr hängt ab, wie gut das Jahr verläuft und wie viel Geld man sich leihen muss (Kredit) – denn der Preis ist nicht zu knapp, und das Vertrauen sollte groß sein. Eine Organisation sollte man spätestens ein halbes Jahr vor der großen Reise gefunden haben. Wenn es geht, schon ein Jahr vor Abflug.

Viele Organisationen bieten ein halbes (fünf bis sechs Monate) oder ein ganzes Schuljahr (neun bis elf Monate) an. Der Grundpreis unterscheidet sich hierbei meistens nur gering. Deshalb würde ich unbedingt ein ganzes Jahr empfehlen! Es dauert ein wenig, bis man in die Sprache und Familie hineinkommt, und wenn es dann nach einem halben Jahr so weit ist – also ich hätte nicht nach Hause fahren können! Die Zeit vergeht nach sechs Monaten wie „im Fluge".

Der Preis ist heiß: Die Grundpreise liegen im Schnitt bei 6000 Euro, aber das gesamte Jahr inklusive Nebenkosten, Versicherung und Taschengeld kostet das Doppelte. Man sollte also früh zu sparen beginnen. Letztendlich ist der günstigste Preis nicht das A und O – es sollte gut verglichen werden; höhere Preise beinhalten oft einen größeren Leistungsumfang.

Ein Beispiel für entstehende Kosten bei einem zehnmonatigen Aufenthalt:

- Organisation (Grundpreis): zwischen 4000 und 7000 Euro
- Eventuell Sprachschule oder Vorbereitungscamp: 1000 Euro
- Versicherungspaket: 900 Euro (oft enthalten)
- Weitere Ausgaben wie zum Beispiel Koffer oder Ähnliches: 200 Euro
- US-Visum-Ausstellungsgebühr: 100 Euro
- Telefoninterview mit US-Konsulat: 10 Euro
- Telefonieren mit Deutschland: monatlich 10–40 Euro
- Taschengeld: monatlich 150–300 Euro

Alleine in Deutschland bieten über 60 Organisationen Sprachreisen in die USA an. Genauso, wie sich das Wetter ändert, ändern sich auch die Preise, Kataloge, Zusatzoptionen und Service – und die wertvollen Vergleiche sind dahin. Jährlich entscheiden sich 10.000 Jugendliche aus Deutschland, ein Schuljahr im Ausland zu verbringen – alleine 6000 führt es Jahr für Jahr nach Amerika.

Folgende Überlegungen helfen beim Auffinden der richtigen Organisation:

- Die Organisation sollte Erfahrung haben sowie
- Zertifikate und Auszeichnungen.
- Die Organisation führt persönliche Auswahl- und Bewerbungsgespräche durch.
- Es gibt Testberichte oder Erfahrungsberichte zu lesen.
- Die Organisation ist im Gastland selber oder durch eine Partnerorganisation vertreten.
- Es sollten Kontaktpersonen beziehungsweise Betreuer in der Nähe platziert sein.
- Das Programm sollte mindestens ein Vorbereitungsseminar beinhalten.
- Die Organisation testet den Schüler und die Gastfamilie.
- Es gibt Nachtreffen und Elternabende.

Unter www.ausgetauscht.de/organisationen.htm findet man eine gepflegte und vollständige Datenbank aller Austauschorganisationen. Hier noch ein heißer Tipp: Viele weiterführende Schulen bieten umfangreiche Informationen und sogar Informationsabende zum Thema „Ein Schuljahr in den USA" an. An so einem Abend kam ich meiner Entscheidung ein großes Stück näher, da auch Austauschschüler selber berichteten. Außerdem erfährst du die Bedingungen, falls du vorhast, dein Austauschjahr als Schuljahr anerkennen zu lassen.

Auswahl und Anmeldung

Wenn man sich entschieden hat, sollte man nicht zu lange warten: Ich empfehle, gut ein Jahr im Voraus Informationen zu sammeln. Nach der Beschaffung aktueller Prospekte verschiedenster Organisationen (kostenlos per Telefon oder im Internet) sollte man diese zusammen mit den Eltern anhand persönlicher Kriterien auswerten und die besten auswählen. Man kann sich bei mehreren Organisationen gleichzeitig meistens unverbindlich bewerben. Das hat mir zum Beispiel geholfen, da die eine Organisation mir nach einem Sprachtest kein allzu gutes Zeugnis ausstellte und die andere nicht einmal übers Telefon erreichbar war! Bei der dritten Organisation auf meiner Liste habe ich mich dann wohl gefühlt.

Austauschjahr anerkennen lassen

Man sollte sich auf jeden Fall in Deutschland schon frühzeitig erkundigen, welche Voraussetzungen für ein „Überspringen" eines Schuljahres mit dem Austauschjahr erfüllt werden müssen. Ist ein High School Diploma erforderlich? Welche Fächer müssen vor, während und nach dem Jahr belegt werden? Auch in Deutschland ist die Anerkennung des Schuljahres in den USA größtenteils Sache der Schulleitung. Und die Regelungen der einzelnen Bundesländer sind sehr verwirrend.
Somit sollte eine weiterführende Schule nach dem Austauschjahr bereits gefunden sein (falls du nicht auf deiner jetzigen Schule weitermachst) und das Austauschjahr sowie die Notwendigkeit einer Anerkennung des Jahres besprochen sein. Informationen bieten auch die Kulturministerien der Länder. Besonders im Süden der USA ist der Anspruch der High School überhaupt nicht mit unserem Abitur bzw. Zentralabitur zu vergleichen. Der Lehrstoff, den man in der elften Klasse hier in Deutschland „verpasst" hat, ist doch sehr groß, und es ist schwierig, ihn nachzuholen. Somit wird auch ein High School Diploma mit einem Realschulabschluss gleichgesetzt – in selteneren Fällen können einige Teile für das Abitur zählen.

Viele fragen mich, warum ich das „Elfte" nun das zweite Mal mache, doch die Antwort ist ganz einfach: Erstens habe ich Französisch früher abgewählt, und dieses ist nun für das Abitur erforderlich; zweitens ist bei einem Vollabitur im Bereich Wirtschaft ein Einstieg in die zwölfte Klasse praktisch Selbstmord; und drittens ist dieses „vergoldete" Jahr durch kein Jahr zu ersetzen. Man lernt mehr fürs Leben, als es sonst je möglich ist – und das ist Gold und ein Jahr „länger" Schule wert! Besonders in unserer heutigen Zeit glänzt ein Vermerk über „das beste Jahr seines Lebens" in Bewerbungen.

Erwartungen der Gastfamilie und Organisation

Falls deine Bewebung akzeptiert wurde, solltest du dich auch so verhalten, wie du es in deinen Bewerbungsunterlagen geschrieben hast. Du repräsentierst Deutschland im Gastland und dein Gastland in Deutschland. Wenn man sich nicht „am Riemen" reißen kann, dann verbaust du es automatisch anderen Austauschschülern, ihren Traum zu erfüllen. Stattdessen werden neue Vorurteile rumerzählt, dass die Deutschen zum Beispiel „unfreundlich" sind. Behandle deine Mitmenschen und die Gastfamilie also so, wie du auch behandelt werden möchtest. Rassisten und Gewaltbereite sind also fehl am Platz! Es wird sicher dazu kommen, dass dich Menschen mit Vorurteilen und Beleidigungen attackieren – am besten lächelst du und erklärst auf sachliche Weise, dass die Meinungen über dein eigenes Land nicht stimmen.

Akzeptiere die Sitten und Gebräuche deines Gastlandes!
Viele Organisationen verlangen auch gute Leistungen im Unterricht. Es heißt ja auch „High-School-Jahr" und nicht „ein Jahr Urlaub"! Oftmals reicht ein „C" aus, also befriedigende Leistungen. Wer sich aktiv am Unterricht beteiligt, wird schnell gute Noten schreiben und den Lehrern besser folgen können.
Kleine Aufgaben im Haushalt (Chores) sind natürlich zu erledigen, wie zum Beispiel den Müll rausbringen oder die Spülmaschine leeren. Als Au-pair hast du natürlich noch weitere Duties. Wichtig sind auch:

- Wissbegier und Toleranz
- Anpassungsfähigkeit: Du musst dich dem Lebensstil deiner Gasteltern anpassen, nicht anders herum.
- Stelle Fragen, wenn du etwas nicht verstehst, denn „wer nicht fragt, bleibt dumm".

- Pünktlichkeit ist ein wichtiges Gebot. Amerikaner sind zwar selbst nicht immer pünktlich, schauen aber umso kritischer, wenn andere unpünktlich sind.
- Zahle für deine persönlichen Ausgaben, denn deine Gasteltern sind nicht verpflichtet, für Unterhaltung, Freizeitaktivitäten, Hygieneartikel und Ähnliches aufzukommen.
- Leihe dir kein Geld und unterschreibe niemals Verträge.
- Eine positive Einstellung: Denke ans Bitte- und Dankesagen.
- Lass deine Gasteltern wissen, wo du bist und was du vorhast. Überrasche deine Gasteltern ruhig ab und an mit kleinen Dankeschöngesten.
- Gehe sparsam mit Internet und Telefon um.
- Persönliche Motivation: Mach mit bei neuen Herausforderungen und Aktivitäten.
- Sprich mit deiner Familie über dich und dein Land.
- Natürlich erwartet eine Organisation auch, dass du sie bei Problemen als erste informierst und du die vereinbarte Vertragssumme bezahlst.

Die ideale Gastfamilie?!

Die größte Sorge ist gleichzeitig mit der größten Vorfreude verbunden: Wie wird die Gastfamilie sein? Der erste Eindruck ist entscheidend für ein erfolgreiches Jahr. Dazu kommt die meist unbegründete „Panik und Todesangst" deiner Eltern, die das ganze Jahr beeinflussen können. Was ist, wenn unserem Kind etwas passiert? Wird die Gastfamilie denn wirklich gut sein?

Viele Organisationen platzieren dich vorerst in einer vorübergehenden „Arrival Family" (Willkommensfamilie) oder haben noch gar keine Familie. Das war bei mir auch der Fall, und mein Vater hat dann einmal ordentlich auf den Tisch gehauen. 24 Stunden später hatte ich dann auch meine vorübergehende Gastfamilie und Informationen per E-Mail bekommen! Das war aber eher Zufall. Es ist wichtiger, dass die Familie auch zum Schüler passt. Da kann die Suche auch so lange dauern, dass man vorerst bei Betreuern der Organisation unterkommt – und das ist doch nicht schlecht.

Heute ist es für die Organisationen immer schwieriger, Gastfamilien zu finden: Umzug, Berufswechsel und Schwangerschaften sind einige der vielen Gründe, warum die Entscheidung über die Aufnahme eines Gastschülers erst in letzter Minute fällt. Der Grund, den einige Bewerber in

„keiner will mich" zu erkennen glauben, ist also absolut unsinnig.
Die meisten Arrival families entscheiden sich später, den Schüler aus der anderen Welt schließlich für das ganze Jahr zu beherbergen.

Die für ein Jahr entstehenden Kosten einer Gastfamilie (also dich durchfüttern, herumfahren, einladen, Strom usw.) belaufen sich zwischen 2000 und 3000 Euro – ein weiterer Entscheidungsfaktor für die Familien.
In den meisten Fällen bekommen die Gastfamilien von der Austauschorganisation keinen Cent – deshalb brauchst du Taschengeld und solltest den gütigen Gasteltern nicht auf dem Portmonee liegen. Somit kannst du dir aber sicher sein, dass sie es aus Liebe und nicht des Geldes wegen machen. Besonders Amerikaner lieben es, Gastschüler aus anderen Kulturen aufzunehmen, um neue Erfahrungswerte für sich selbst und ihre Kinder zu sammeln.

Meine Gastfamilie war auch eine so genannte Willkommensfamilie. Nach zirka zwei Wochen war ich „ein Zeichen Gottes", und wir haben uns entschieden, das Jahr miteinander zu verbringen. Die Vorwarnung war, dass meine Gasteltern das Jahr eigentlich der eigenen, riesigen Familie gewidmet haben und für mich wenig Zeit wäre. Ich hab ihnen „den Vogel gezeigt" und damit zum Ausdruck gebracht, dass ich mich garantiert nicht langweilen würde. Im ganzen High-School-Jahr waren wir meistens ein wunderbares Team, die Beziehung war wie zwischen Eltern und Kind.

Mein Jahr war aber auch nicht immer ein Zuckerschlecken. Wie auch mit den leiblichen Eltern treten nach einiger Zeit der Alltag und die daraus entstehenden Konflikte ein. Bei mir war das überwiegend mit „Grumpy", meiner Gastmutter, der Fall. Ihre wirklich liebenswerte Art konnte sich jederzeit blitzschnell wandeln – und sie wurde eine wütende Bestie: Kleine und höfliche Fragen wurden, während meine Gastmutter wohl was ganz anderes im Kopf hatte, mit einem hysterischen Wutausbruch beantwortet. Es wurden mir Wörter an den Kopf geworfen, die ich hier lieber nicht wiederholen sollte. Die beste Strategie war, dies zu ignorieren und keine Antwort zu geben. Nach zwei Minuten war alles vorbei, und Mutter entschuldigte sich und nahm mich liebevoll in den Arm. Eifersucht führte manchmal zur selben Überreaktion, wenn mein Gastvater etwas mit mir unternehmen wollte. Als Gastschüler damit umzugehen ist sicherlich Geschmackssache. Aber keine Angst: Meine Gasteltern hatten ein überdurchschnittlich hohes Alter und sind deshalb eher eine Rarität.

Über die Verhaltensregeln und den Umgang mit einer Gastfamilie weißt du sicher Bescheid. Sei einfach respektvoll und versuche, deine „gute Seite“ zum Vorschein zu bringen – dann kann dir überhaupt nichts passieren und du repräsentierst dein Land (und somit auch mich) würdevoll!

Ihr hört sicherlich auch von grauenhaften Familien, wo die Gastschüler bedroht, bestohlen oder als Sklaven gehalten haben. Wenn du selber denkst, dass deine Gasteltern eine Gruselfamilie sind, kann dies auch eine Überreaktion deinerseits sein. Denn: Das Jahr wird so gut, wie du selbst das Beste daraus machst! Heimweh, neue Freunde, Langeweile sind alles Faktoren, die den „Tod“ einer guten Beziehung zwischen Gastfamilie und Schüler bedeuten können. Daran ist jedoch nicht immer die Organisation schuld. Eine gute Betreuerin, die die Schüler platziert, muss die werdende Familie vorerst besuchen und interviewen – das so genannte Screening. Der Markt boomt, also zählt jede gewonnene Gastfamilie. Dass aber bei einem eineinhalbstündigen Gespräch das wahre Gesicht der Familie zum Vorschein kommt, ist eher unwahrscheinlich. Oder würdest du so deine besten Freunde finden?

Sollten einmal die Fetzen fliegen, so sollte ein Repräsentant der Organisation zur Konfliktlösung da sein. Im schlimmsten Fall ist ein Familienwechsel die Lösung aller Probleme.

Typische Vorurteile

Vorurteile gibt es überall auf der Welt. Wir stellen uns den Amerikaner meistens als dicke, gewalttätige oder verrückte Person vor. Den Deutschen stellt die Welt sich als Eisbein-mit-Sauerkraut-Esser, Biertrinker und Lederhosenträger vor. Tatsächlich aber habe ich kein einziges dieser Vorurteile bestätigt bekommen! Im „Marlboro-Land“ habe ich weniger qualmende Menschen in der Öffentlichkeit gesehen als bei uns. Jugendliche schon gar nicht. Übergewichtige Kinder sind in New Mexico eher rar. Doch was ist mit der Faulheit? Man bedenke, dass die Idee des Schulsports (engl.: Physical Education, PE) in Deutschland erfunden wurde, aber auf einer High School hat man mehrere Stunden Sport – täglich! Okay, dafür ist bei uns eine Stunde Sport in der Woche Pflicht.

Oder diese Behauptung: Republikaner seien teilweise ausländerfeindlich und brutal gegen Farbige: Am 18. Dezember 1865 wurde mit der Ratifizierung des 13. Amendment (Zusatz) zur US-amerikanischen

Verfassung durch die Bundesstaaten die Sklaverei in den USA verboten. Dies ist Abraham Lincoln und seiner Partei, den Republikanern, zu verdanken, die 1854 im Kampf gegen die Ausbreitung von Sklaverei gegründet wurde. Am Ende hatten Exsklaven das Wahlrecht vor den US-Bürgerinnen.

Das „böse" Fast Food schmeckt in den USA teils besser als bei uns. Und unzählige Auswahlmöglichkeiten ermöglichen auch das kalorienarme Essen (Salate, fettfreie Angebote, Tacos, Obstsalate, ...).
Sicherlich haben Amerikaner auch Vorurteile gegenüber Deutschland: Wir würden indirekt den Terrorismus unterstützen, wir hätten keine Flugzeuge, der Luxus von Schnellimbiss und Fernsehen sei unbekannt, und Hitler sei immer noch an der Macht!

Vorurteile sollte man nicht immer glauben, und man sollte erst dann etwas dazu sagen, wenn man es selbst erlebt hat. „It's not wrong, it's not right – it's just different"! Überzeuge dich selbst ...

Literatur

Ich bin eigentlich eher lesefaul, außer Schullektüre habe ich mir noch nie ein Buch auf Englisch gekauft. Aber falls du dein Englisch ein bisschen erweitern willst, kannst du auf spezielle Bücher einiger Schulbuchfirmen zurückgreifen: halt Schullektüren! Während des Jahres habe ich im Schulfach „American Literature" einige Bücher gelesen. Wenn man ein Wörterbuch bei sich hat und auch wirklich jedes Wort nachschlägt, kann das hilfreich, aber mühsam sein. Viele Wörter sind aus dem Sinn des Satzes verständlich, reimen sich auf ein deutsches Wort oder lassen sich von einem anderen englischen Wort ableiten – Fantasie ist also gefragt!
Ich habe mir auch einige Bücher meines Interesses über den „großen Teich" mitgebracht: Michael Moores Bücher zum Beispiel. Durch mein mangelndes Hintergrundwissen hinsichtlich US-Politik kann ich einige Witze zwar nicht verstehen, aber dennoch hat sich meine Lesekompetenz erhöht – und meine Fehlerquote hat sich verringert!

Bücher über das Gastland auf Englisch und Deutsch können dir zur Vorbereitung eines Gastjahres sicher helfen. In jedem guten Zeitschriftenhandel findet man Zeitungen und Magazine auf Englisch wie zum Beispiel „Financial Times", „Newsweek" oder „Spotlight".

Beim Versand von Büchern gibt es übrigens internationale Vereinbarungen. So kostet ein Buchversand von Kontinent A nach Kontinent B viel weniger als man denkt. So wird man auch Übergepäck los.

Gebietsauswahl und Sonderwünsche

Ein ganzes Jahr in einem anderen Land leben – da hat man durchaus seine eigenen Vorstellungen und Wünsche. Viele Organisationen bieten eine Gebietsauswahl zum Aufpreis an. Aber nach Kalifornien und Florida fährt man mal in Urlaub, wieso nicht also in einen anderen Staat gehen? Die Wahrscheinlichkeit der Platzierung in Großstädten wie Miami, Los Angeles oder New York ist eher selten. Wer sagt, dass es da besser sein soll? Jedes Gebiet hat seine eigene Anziehungskraft und Besonderheit!
So gut wie alle Organisationen berücksichtigen deine generellen Wünsche und Interessen. Besonders Vegetarier und Allergiker können sicher sein, nicht in einer Familie unterzukommen, die ihre eigenen Kälber schlachten oder 20 Katzen besitzen. Darüber hinaus können die Gastfamilien/Veranstalter anhand deiner Bewerbungsschreiben erkennen, ob du gerne Gastgeschwister hättest und welche Aktivitäten du verfolgst bzw. verfolgen möchtest. Deshalb ist es wichtig, bei der Bewerbung so offen und ehrlich wie nur möglich zu sein.

US-Botschaften und -Konsulate

US-Botschaften bzw. -Konsulate vertreten die Vereinigten Staaten von Amerika. Hier kann man unter anderem das Visum beantragen. Je nach Bundesland ist entweder die Botschaft in Berlin oder das Generalskonsulat in Frankfurt zuständig. Alle anderen Botschaften können kein Visum ausstellen. Des Weiteren gibt es in jeder größeren Stadt Kulturinstitute und so genannte Amerikahäuser. Unter www.us-botschaft.de gibt es zusätzliche Informationen und Adressen.

Amerikanische Botschaft Berlin
Neustädtische Kirchstraße 4–5
10117 Berlin
Tel.: (0 30) 2 38 51 74
Geschlossen an deutschen und amerikanischen Feiertagen

Amerikanisches Generalkonsulat Düsseldorf
Willi-Becker-Allee 10
40227 Düsseldorf
Tel.: (02 11) 7 88 89 27
in Notfällen außerhalb der Öffnungszeiten unter Tel.: (0 30) 83 05-0
Fax: (02 11) 7 88 89 38

Amerikanisches Generalkonsulat Frankfurt/Main
Gießener Straße 30
60435 Frankfurt am Main
Tel.: (0 69) 75 35-0
Fax: (0 69) 75 35 22 77

Amerikanisches Generalkonsulat Hamburg
Alsterufer 27/28
20354 Hamburg
Tel.: (0 40) 4 11 71-100
in Notfällen außerhalb der Öffnungszeiten unter Tel.: (0 40) 4 11 71-300
Fax: (0 40) 41 32 79 33

Amerikanisches Generalkonsulat Leipzig
Wilhelm-Seyfferth-Straße 4
04107 Leipzig
Tel.: (03 41) 2 13 84-0
in Notfällen außerhalb der Öffnungszeiten unter Tel.: (03 41) 2 13 84-13

Amerikanisches Generalkonsulat München
Königinstraße 5
80539 München
Tel.: (0 89) 28 88-0
Fax: (0 89) 2 80 99 98
Geschlossen an deutschen und amerikanischen Feiertagen

Versicherung?!

Eine Kranken-, Unfall- und Haftpflichtversicherung sind vorgeschrieben. Diese muss meistens zusätzlich abgeschlossen werden. Viele Organisationen haben ihre eigenen Vorschriften und Partnerversicherungen. Vergleiche am besten die Reiseversicherungen – welche Schäden deckt meine eigene Versicherung (ADAC, Krankenversicherung etc.)? Kann ich meine vorhandene Versicherung günstig für mein Schuljahr im Ausland erweitern? Brauche ich eine zusätzliche Sportversicherung? Gepäckversicherung? Reiseversicherung? Versicherung für Handy und andere Geräte? Reiserücktrittsversicherung? Autoversicherung, falls ich den Führerschein machen will? Dies sollte schon in Deutschland geklärt sein, da du im Gastland keine Verträge abschließen darfst bzw. kannst.

Das Wichtigste überhaupt: Visum

Für nichteuropäische Gastländer braucht man ein Visum. Der gesamte Prozess ist besonders seit dem 11. September 2001 wesentlich

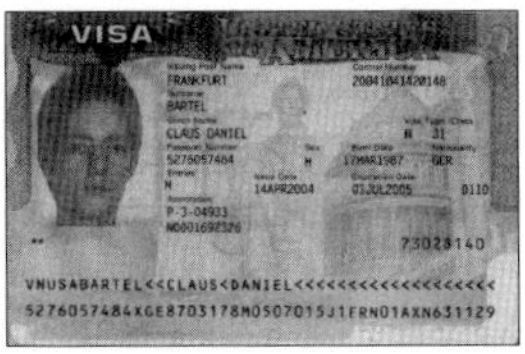

aufwändiger geworden als je zuvor. Die Organisationen geben dir zahlreiche wertvolle Tipps und Ausfüllhilfen. Es sollte auch ein gültiger Reisepass vorhanden sein, der noch mindestens ein halbes Jahr nach Ende der „großen Reise" gültig sein muss.

Es gibt mehrere Visatypen. Für ein Gastschuljahr und ähnliches gibt es das „Certificate of Eligibility for Exchange Visitor (J-1)"-Visum, inklusive der Genehmigung zum Schulbesuch.
Das Antragsformular musst du korrekt ausfüllen, dann noch ein spezielles Foto und ein 0900-Anruf bei der US-Botschaft in Frankfurt oder Berlin (je nach dem Bundesland, in dem man lebt, unterschiedlich) für einen Interviewtermin. Dann wird die Botschaft besucht. Ein paar Wochen

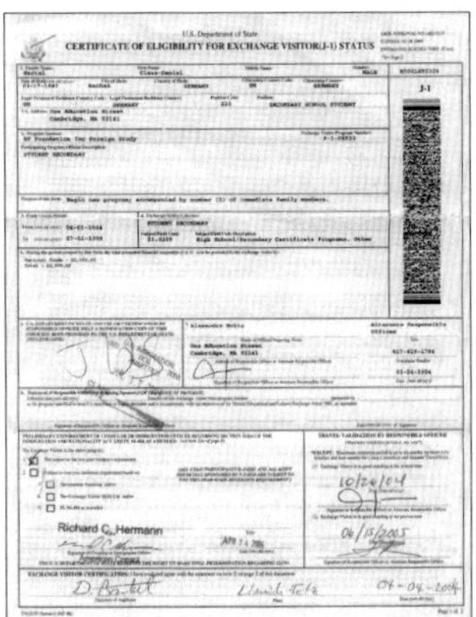
CERTIFICATE OF ELIGIBILITY FOR EXCHANGE VISITOR (J-1) STATUS

J-1

Richard C. Hermann

später erhält man das Visum (im Reisepass eingeklebt sowie auf Papier). Beides ist extrem wichtig! Die Kosten von über 80 Euro kann man per Bankeinzug zahlen. Meinen Kampf mit den Formularen und einen Bericht über meinen Besuch der US-Botschaft kannst du auf den ersten Seiten dieses Buches nachlesen. Alles für die Sicherheit und Freiheit! Wer „meckert" und mit den Behörden während des Interviews Diskussionen anfängt, fällt auf, und das sollte man lieber nicht! Also immer brav alles machen, was die Behörden oder der Zoll von euch wollen, auch wenn es mehr oder weniger sinnlos aussieht. Während der Hochsaison (Dezember, Sommerferien) kann es zu längeren Wartezeiten für Interviewtermine kommen.

Hier noch ein paar Kontaktinformationen. Normalerweise reichen aber die Informationen und Aufforderungen deiner Austauschsorganisation vollkommen aus.

Für beide Konsulate, Berlin und Frankfurt, gibt es eine gemeinsame Telefonnummer (Vereinbarung eines Interviewtermins):

- Infos und Terminplanung für ein US-Visum: Live-Service: 0900 1-850055 (1,86 Euro pro Minute), Montag–Freitag 7–20 Uhr.

- Neue Servicenummer für Antragsteller außerhalb Deutschlands und für Anrufer, die 0900-Nummern nicht erreichen können: +49 (0) 9131-772-2270 (15 Euro pro Anruf; Bezahlung erfolgt per Kreditkarte, MasterCard und Visa werden akzeptiert), Montag–Freitag 7–20 Uhr.

- Berlin: Die Kontaktadresse ist abweichend von der der Botschaft: Clayallee 170, 14195 Berlin. Der konsularische Bezirk in Berlin bearbeitet Anträge für Nichteinwanderungsvisa – außer K- (Verlobte), E-1- (Handel), und E-2-Visa (Investoren) – für Einwohner der Bundesländer Berlin, Brandenburg, Sachsen-Anhalt, Sachsen, Thüringen, Mecklenburg-Vorpommern, Schleswig-Holstein, Niedersachsen, Hamburg und Bremen.

- Frankfurt: Gießener Straße 30, 60435 Frankfurt am Main. Das Generalkonsulat Frankfurt bearbeitet alle Anträge auf Nichteinwanderungsvisa der Einwohner von Hessen Rheinland-Pfalz, Baden-Württemberg, Saarland, Bayern, und Nordrhein-Westfalen. Außerdem werden in Frankfurt auch die Anträge auf Einwanderungsvisa, K-Visa (Verlobte), E-1-Visa (Handelsvisa) und E-2-Visa (Investorenvisa) für ganz Deutschland bearbeitet.

Mehr Informationen und Online-Anträge findet man auch auf www.usimmigrationsupport.org und www.us-botschaft.de.

Infos zum Reisepass

Ein Reisepass ist heutzutage unverzichtbar. In Europa werden in diesem und in den kommenden Jahren die Reisepässe verbessert und sicherer. Biometrischer Fingerabdruck, Informationen auf einen Chip, digitales Bild oder Maschinenlesbarkeit: Der Reisepass von Morgen ist High-Tech und unverzichtbar für einen längeren Aufenthalt. Durch die stückweise eintretenden Änderungen kann es bei der Beantragung eines Passes zu Wartezeiten kommen. Wichtig ist auch, dass der Reisepass nach dem Aufenthalt in den USA noch mindestens ein halbes Jahr gültig ist.

Ab dem 1. Mai 2006 werden die vorläufigen deutschen Reisepässe für Reisen in die Vereinigten Staaten im Rahmen des Programms für visumfreies Reisen (Visa Waiver Program – VWP) nicht mehr akzeptiert. Inhaber eines vorläufigen Reisepasses, die vorhaben, in oder über die Vereinigten Staaten zu reisen, müssen für Reisen im Rahmen des VWP entweder im Besitz eines regulären deutschen Reisepasses oder eines US-Visums sein.

- Alle Pässe für Reisen im Rahmen des Programms für visumfreies Reisen müssen maschinenlesbar sein.
- Maschinenlesbare Pässe, die vor dem 26. Oktober 2005 ausgestellt oder verlängert wurden, werden ohne weitere Voraussetzungen akzeptiert.
- Maschinenlesbare Pässe, die zwischen dem 26. Oktober 2005 und dem 25. Oktober 2006 ausgestellt oder verlängert wurden, müssen entweder ein digitales Foto auf der Personaldatenseite oder einen integrierten Chip mit Informationen der Personaldatenseite enthalten.
- Maschinenlesbare Pässe, die ab dem 26. Oktober 2006 ausgestellt oder verlängert werden, müssen einen integrierten Chip mit Informationen der Personaldatenseite enthalten.

Diese Informationen stammen von www.us-botschaft.de.

Sprachkenntnisse verbessern

Für den einen oder anderen mag es durchaus sinnvoll sein, seine Fremdsprache zu verbessern. Es gibt viele Wege um dies zu tun. Oft kann dir auch ein Fremdsprachenlehrer wertvolle Tipps geben. Die folgenden Tipps zeigen, dass Üben auch Spaß machen kann.

- Lernbücher aus der Bücherei sind heute moderner denn je. Sie sind meistens direkt für Schüler bestimmt und vereinfachen das Lernen durch Zeichnungen und lockere Übungen.
- Vokabeltrainer und interaktive Grammatik- und Sprachtrainer gibt es zum Beispiel für den PC. Zu einigen Schulbüchern kann man angepasste Software oder Tonmaterialien erwerben. Umfangreiche und kostenlose Übungen findet man auch online: www.ego4u.de und www.bbc.co.uk/skillwise.
- Bücher: Besonders gut sind Bücher für Jugendliche, die auch einfach zu verstehen sind und Spaß machen. „Harry Potter" zum Beispiel ist sicher auch für Ältere interessant.
- Ein gutes Wörterbuch besitzt auch Sonderseiten mit Abbildungen und Grammatik. Ein fremdsprachiges Wörterbuch und Lexikon sollte zu Hause immer griffbereit sein. Beides findet man auch kostenlos online wie zum Beispiel unter http://dict.leo.org oder www.ldoceonline.com.
- „Podcasting": Englische Dokumentationen, Nachrichten und Radiosender bequem auf ein MP3-Player laden und unterwegs hören. Infos unter anderem unter http://wiki.podcast.de.
- Websites in Fremdsprache: Viele Websites lassen sich auch als englische Version anzeigen. Jedoch ist die Qualität meist vernachlässigt. Qualitativ hochwertige Inhalte findet man auf Seiten internationaler Zeitschriften und Rundfunkanstalten, zum Beispiel www.bbc.co.uk oder www.cnn.com. Hier findet man auch hunderte Videos und Audiodateien online.
- Zeitungen und Magazine: Zeitungen gibt es in einigen Sprachen. Interessante Magazine für Jugendliche sind unter anderem „Newsweek" (www.newsweek.de) oder „Spotlight" (www.spotlight-online.de). Sie bieten teilweise auch Übersetzungen schwerer Vokabeln und Inhalte in Form einer Audio-CD zur Verbesserung der eigenen Aussprache.
- Nachhilfe: der traditionelle Nachhilfelehrer oder Schülertreff. Es geht aber auch online wie zum Beispiel auf www.englishtown.de. Beide Optionen sind natürlich mit Kosten verbunden.
- Online-Chat: Über Messengerprogramme, Foren oder Online-Chats kann man sich mit Leuten auf der ganzen Welt unterhalten.
- Lernen: Sich täglich zehn Minuten mit einer Fremdsprache

beschäftigen wirkt Wunder! Besser als langes Büffeln.

- Fernsehen: Fremdsprachige Sender findet man über Kabel, Satellit und im Internet. Bloomberg UK, CNN, BBC, NBC sind die bekanntesten. Einige Sender wie zum Beispiel Arte senden in verschiedenen Sprachen. Im digitalen Fernsehen sind auch Untertitel verfügbar. Vorsicht bei MTV und Co.: Die Sprache ist oft vulgär und/oder sprachlich schlecht.
- Kino: Einige Kinos zeigen Topfilme in der Originalsprache.
- DVDs: Bei fast allen DVDs kann man Sprache und Untertitel beliebig ändern.
- Computerspiele: Bei einigen Computerspielen und -programmen kann man die Sprache ändern und/oder einen Untertitel einstellen. Wenn das nicht hilft, kann man zum Beispiel im Internet englische Spiele und Software finden.
- Im Ausland: Natürlich das Beste! Oder wie wäre es mit einem (Kurz)-Urlaub oder einer Sprachreise mit Freunden nach England? Wichtig ist dann, dort so früh wie möglich die Landessprache zu sprechen und auch unter Freunden und Deutschsprechenden die eigene Muttersprache zu vermeiden.
- Musik: Wir hören täglich unzählige Lieder in Englisch. Aber versteht man auch den Text? Im Internet findet man so genannte Lyrics mit dem Text des Liedes. Wenn man Talent hat, sollte man versuchen mitzusingen. Sonst hilft noch ein Karaokeabend. Lyrics gibt es zum Beispiel unter www.songtext.net oder www.lyrics.com.

Die Pille und andere Medikamente

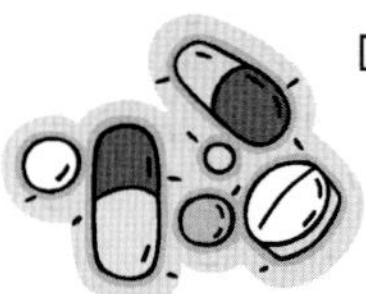

Da ich ja nun mal männlichen Geschlechts bin, kann ich über die „Pille“ als Verhütungsmittel nichts aus eigener Erfahrung sagen. Jedoch ist es wichtig, vor einem Austauschjahr alle Risiken zu besprechen. Dies geht am besten mit den Eltern oder einem Frauenarzt. Da es in den USA mit „Liebemachen“ anders ist, kann man sich überlegen, ob man das Jahr nicht auch ohne Geschlechtsverkehr auskommt. Natürlich wird die „Pille“ heutzutage nicht nur zur Verhütung benutzt. Lasst euren Arzt bzw. eure Ärztin des Vertrauens eure Gedanken wissen, und ihr solltet die Pille ohne Probleme für zehn bis zwölf Monate verschrieben bekommen. Wichtig ist, dass ihr eine englische Packungsbeilage besitzt und mithabt – sonst könnte es beim Zoll im Ausland zu Problemen kommen. Diese bekommt man am besten direkt beim Hersteller des Medikamentes. Eine kleine Erläuterung des Arztes auf Englisch reicht auch aus.

Für den „Notfall": Pille = pill; Anti-Baby-Pille = birth control pill; die Pille danach = the morning-after pill.

Bei anderen Medikamenten gilt das gleiche Prinzip wie bei der Pille: englischen Beipackzettel und eventuell Attest mitnehmen!
Wie bei uns, so sind sicher auch im Gastland einige starke Medikamente verboten. Falls du also wichtige Medikamente brauchst und dir nicht sicher bist, kann dir jederzeit dein Arzt oder die Organisation weiterhelfen. In den USA gibt es viele Medikamente rezeptfrei. In Drugstores findet man so viele Medikamente wie in allen Apotheken Deutschlands zusammen. Sogar im Supermarkt gibt es lange Regale voller mehr oder weniger gefahrloser Medikamente. Das Wundermittel Aspirin gibt es in der Dose zu hundert Stück zu einem unglaublich niedrigen Preis. Doch ob ich zum Beispiel Medikamenten gegen Bauchschmerzen in Form von Herzen und Sternen und in verschiedenen Farben vertrauen soll, ist eine andere Sache. So sagte auch mein Augenarzt, dass ich mir Kontaktlinsenreinigungsmittelkonzentrat (was für ein langes Wort) selber mitnehmen sollte.

Die Packungsbeilagen der amerikanischen Medikamente sind mit Schulenglisch durchaus verständlich. Wie bei uns gibt es eine Auflistung der Wirkstoffe und einen Dosierungshinweis. Dabei habe ich selber festgestellt, dass einige Medikamente gar nicht helfen oder doch sehr stark sind. Es ist also immer Vorsicht geboten! Gegen Kopfschmerzen gibt es zum Beispiel Aspirin, gegen Bauch- und Darmbeschwerden gibt es Pepto-Bismol, gegen Erkältungen gibt es Aleve und gegen alle anderen Schmerzen Ibuprofen. Mit diesen Medikamenten habe ich meine kleinen Wehwehchen heilen können. Ich bin natürlich kein Mediziner und darf euch diese Dinger auch nicht empfehlen.

Eigene Sportgeräte mitnehmen?

Wer seine eigenen Sportgeräte (wie Snowboard, Ski oder Fahrrad) mitnehmen möchte, stößt auf zwei Probleme – die hohen Kosten durch Transport der Airline und die Frage: Kann ich sie überhaupt gebrauchen?

Trotz Lance Armstrong ist Fahrradfahren in den Staaten sicher weniger bekannt als bei uns. Es ist eher eine Sportart als eine Freizeitbeschäftigung und ein Transportmittel. Dementsprechend gibt es je nach Gebiet nur wenige Fahrradwege – und auf einer Landstraße zu fahren ist sicherlich gefährlicher als bei uns, da Autofahrer seltener einen Radfahrer auf den Straßen gesehen haben und nicht immer richtig reagieren ...

Elektrische Geräte

Technik, die begeistert – in den Staaten kann man häufig Geräte günstiger erwerben. Doch Vorsicht! In den USA ist die Netzspannung 110 Volt, bei uns 220 Volt. Ein Fön oder Rasierapparat lässt sich meistens auf verschiedene Spannungen einstellen. Ladegeräte wie von vielen Handys und MP3-Playern funktionieren mit beiden Spannungen. Dies steht

meistens auf dem Gerät selber drauf – Input AC: 100–240 Volt. Weitere Hinweise bieten Gebrauchsanweisungen. Die Steckerform ist auch eine andere. In jedem Baumarkt oder Elektromarkt bekommt man für wenig Geld einen Reiseadapter.

Wenn Geräte nicht für verschiedene Spannungen geeignet sind, kann man einen so genannten Transformator kaufen, der die Voltzahl von 110 auf 220 erhöht oder umgekehrt. Gibt es ab 30 Euro. Der Stromverbrauch zur Umwandlung ist hoch und verursacht weitere Kosten. Viele Geräte, die man in den USA kauft, sind bereits CE-, GS- und teilweise sogar TÜV-geprüft und somit in Deutschland legal zu nutzen. Funkempfänger, schnurlose Telefone etc. haben jedoch eine nicht zugelassene Frequenz. Bei Mobiltelefonen, TV- und Videogeräten gibt es auch kleine, aber feine Unterschiede.

DVD- und Audiosysteme

Amerika besitzt ein anderes System als Europa. So werden Sendungen im NTSC-Format gesendet, während es bei uns das PAL-Format ist. Viele DVD-Player können beide Normen nutzen, bei VHS-Kassetten ist es jedoch nur bei moderneren Wiedergabegeräten so.

Audiokassetten und CDs sind davon natürlich nicht betroffen. Beim Kauf einer DVD in Amerika hat diese einen anderen Ländercode (1) als bei uns (2). Somit weigern sich ältere DVD-Player, das Medium abzuspielen. Ich hatte aber keine

Probleme, meine europäischen DVDs mit dem Ländercode 2 und PAL-System in den USA abzuspielen. NTSC-DVDs mit dem Ländercode 1 aus Nordamerika kann ich mit meinem 0815-DVD-Player auch problemlos abspielen. Bei DVD-Laufwerken in Computern ist das jedoch nicht so einfach.

Handy mitnehmen?!

Ein „Mobile Phone" ist sicherlich hilfreich, jedoch gibt es im Ausland Einschränkungen: Die Preise sind sehr hoch. Wenn dich jemand anrufen

will, geht das Telefonat über Deutschland und wird somit für den Anrufer und den Empfänger extrem teuer. Einfacher ist der SMS-Versand. Ich habe bei meinem Handy ankommende Anrufe deaktiviert und nur gelegentlich SMS geschrieben, diese dürften nicht viel teurer sein als in Deutschland.

Nur Triband- und Quadband-Handys funktionieren in Nordamerika. Doch Empfang hatte ich selten, obwohl das deutsche T-Mobile einer der Marktführer in den USA ist. Das Land ist einfach zu groß, um jeden Fleck in Amerika abzudecken. Wir sind mit 98 Prozent Netzabdeckung den USA meilenweit voraus. GPRS und UMTS ist nur in Großstädten verfügbar, wenn nicht sogar erst im Aufbau.

Wer wirklich nicht auf Mobility verzichten kann, kann einen Jahresvertrag über die Gasteltern abschließen. Minutenpakete sind durchaus praktisch. Doch ein Vertrag verbürgt wieder ungeahnte Klauseln. Prepaid ist in den USA auch verfügbar. Wer denkt, dass man einfach die SIM-Karte in sein eigenes Handy einbauen kann, irrt sich: Viele Netzanbieter haben diese fest eingeschweißt: Man kann also nur sehr selten eine SIM-Karte ohne Handy erwerben. Nachdem ich mich im Tarifdschungel der unzähligen Anbieter informiert hatte, war das halbe Jahr schon um, und es lohnte sich einfach nicht mehr!

(Schweres) Gepäck

Je nach Region sollte man dem Klima entsprechend packen. Bin ich ein ganzes oder nur ein halbes Jahr da? Wie ist das Wetter im Sommer, wie im Winter? ...

Es ist sinnvoll, seinen Koffer Probe zu packen. Packe deine Koffer also mindestens zwei Tage vor der Abreise. Sonst könnte es am Abreisetag böse Überraschungen geben.

Dein Koffer (*baggage*) könnte vom Zoll geöffnet werden: Es ist also sinnvoller, ein TSA-geprüftes Schloss zu verwenden, was die Herrschaften auch ohne Probleme aufbekommen können. Beachte, dass der Koffer auch wieder gut verschließbar ist, falls er geöffnet werden muss – wenn also zu viel drin ist, dann könnte bei der Ankunft nur noch die Hälfte vorhanden sein.

Falls dein Gepäck beschädigt oder fehlerhaft sein sollte, musst du dies sofort noch im Flughafen reklamieren. Oft haftet auch eine Reisegepäckversicherung.

Es macht bei längeren Flügen Sinn, Kleidung zum Wechseln sowie Hygieneartikel im Handgepäck mitzunehmen, falls Gepäck mal aus Versehen woanders landen sollte.

Tierische und pflanzliche Frischprodukte (Obst, Wurst, Gemüse) dürfen nicht in die USA eingeführt werden. Die Zollbeamten sind da unerbittlich – Wurststulle und Orange werden konfisziert. Dagegen sind verpacktes Gebäck, eingeschweißter Käse und verpackte Süßigkeiten (keine Schnapspralinen!) erlaubt. Alkohol (maximal ein Liter) darf nur von Personen über 21 eingeführt werden. Des Weiteren existiert eine Warenwertgrenze. Ab einer gewissen Summe müssen zum Beispiel Geschenke versteuert werden. Genauere Infos bietet ein US-Konsulat.

Übergewicht ist meist teuer, auch wenn es sich nur um ein paar Gramm handelt. Die Preise für ein zusätzliches Gepäckstück und/oder Übergepäck auf internationalen Flügen kann dir die Flugagentur auf Wunsch mitteilen. Falls du zu wenig Platz im Koffer hast, rolle deine Kleidung, statt sie zu falten; dies hat bei mir am besten geklappt! Kein Witz! „Vakuumtaschen" bringen eher wenig Platz und reißen schnell. Solltest du Übergepäck haben, so gibt es folgende Möglichkeiten: Wiege deine Kleidung und die Koffer – zum Beispiel mit einer Personenwaage und den Sachen in einem Korb. Ich habe dann erst einmal Sachen aussortiert, die ich nicht unbedingt brauche – dann noch einmal wiegen.
Falls immer noch zu viel Übergewicht da ist, muss man Folgendes abwägen: Ist es günstiger die Sachen (besondere Rabatte gibt es beim Buchversand) via Post zu versenden(langsamste und günstigste Versandart: via Schiff). Oder ist vielleicht ein zusätzlicher Koffer plus Gebühren für übergewichtiges Gepäck bei der Airline günstiger?

Internetverweise

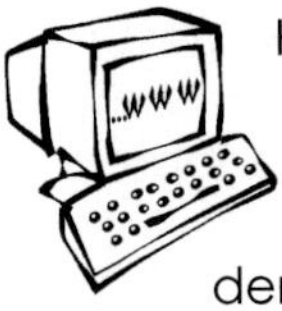

Hier sind einige interessante Webseiten, die dir sicher vor und während deines Aufenthaltes helfen werden. Im ganzen Buch verteilt sowie auf www.daniel-bartel.de befinden sich noch mehr interessante Links. Oder benutze eine Suchmaschine, denn: Wer suchet – der findet!

- www.daniel-bartel.de → Offizielle Website zu diesem Buch
- http://news.google.com → US-Nachrichten, sortiert von Google
- www.mapquest.com → Geographische Karten und Routenplaner für die USA
- http://maps.google.com → Geographische Karten und Routenplaner für die USA
- www.forumfactory.com → Kostenloses Forum (zum Beispiel für ein Tagebuch)
- www.ausgetauscht.de → Website zum Thema Austauschjahr. Mit gepflegter Datenbank aller Organisationen.
- www.50states.com → Reichhaltige Informationen und Links zu den 50 Bundesstaaten der USA
- www.auswaertiges-amt.de → Länder- und Reiseinformationen des Auswärtigen Amtes
- www.x-rates.com → Aktuelle Wechselkurse
- www.weather.com → Wetterdienst der USA
- http://babelfish.altavista.com → Sprachübersetzungen von einzelnen Worten bis zu ganzen Webseiten
- www.usatipps.de → Tipps und Infos über die USA
- www.usa.de → Tipps und Infos über die USA
- www.ef.com → Infos über das EF High School Year

Money, Money, Money!

Wie auch viele Wege nach Rom führen, so gibt es auch viele Wege, um das Geld ins Gastland zu bekommen. In den ersten Tagen reichen ein wenig Bargeld und versicherte Reiseschecks vollkommen aus, jedoch werden diese selten in Geschäften angenommen.

Doch dann benötigt man Nachschub. Eine Möglichkeit ist eine Kontoeröffnung im Gastland. So könnten dir deine Eltern zu geringen Gebühren Beträge auf das Konto überweisen. Doch für mich war das kostenlose Zweitkonto meiner Gasteltern in den Staaten überflüssig. Ich zahlte eher mit Plastik.

Falls deine Eltern eine Kreditkarte besitzen, kann man eine Zweitkarte mit rübernehmen. Denn in Amerika kann man in fast jedem noch so kleinen Laden mit einer Kreditkarte zahlen. Doch es ist Vorsicht geboten: Geld abheben am Geldautomaten *(ATM)* oder am Bankschalter ist mit hohen Gebühren verbunden – das Bezahlen mit einer Kreditkarte meist nur mit sehr geringen (1,5 Prozent Auslandseinsatz plus eine Fixgebühr). Bei einigen Karten würde diese Gebühr zwar entfallen – jedoch muss der Zweitkartenhalter achtzehn Jahre alt sein. Vorsicht gilt auch beim Interneteinkauf. Sehr schnell können Diebe unautorisierte Buchungen durchführen. Ich bekam zum Glück das Geld immer wieder zurück. Führe deshalb detailliert Buch über deine Ausgaben. Einmal habe ich meine Kreditkarte sogar sperren lassen. Ersatz kam aber nach zirka einer Woche via Luftpost. Die fehlerhaften Abbuchungen habe ich immer anstandslos zurückbekommen.

Eine weitere Lösung ist die Nutzung der eigenen EC-Karte im Ausland. Von einigen Banken (zum Beispiel Postbank) werden nur kleine Gebühren beim „Geldziehen" genommen. Bei anderen Banken kann das aber doch teuer werden.

Im Internet kann man unter anderem mit „Paypal" (Ebay) und Western Union sicher bezahlen.
Das Senden von Geld ist nicht empfehlenswert und teilweise auch verboten. Deine Bank und deine Organisation haben sicherlich einen Tipp parat.

Checkliste bevor es los geht

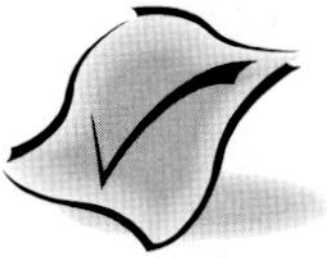

Diese Checkliste ist nur ein kleiner Überblick darüber, was man vor einem Austauschjahr noch alles erledigen sollte.

Einige Wochen vor Abreise:

- Letzte Pflichten wie Einsenden von Dokumenten erledigen
- Abschiedsfeier planen (oder von Freunden mit einer überrascht werden)
- Sich von Vereinen abmelden
- Versicherungen, Mobilfunkverträge etc. pausieren lassen bzw. abmelden
- „Punkte" wie zum Beispiel ein Bonusheft beim Zahnarzt ausschreiben lassen
- Offene Behandlungen abschließen, Ärzte über dein Vorhaben informieren
- Eventuell Englisch verbessern
- Sich weiter über das Reiseziel informieren
- In der Heimat eine Schule für das Schuljahr „nach deinem Austauschjahr" aussuchen (wenn man diese wechseln will bzw. muss) und sich eventuell mit der Schulleitung in Verbindung setzen: Welche Voraussetzungen brauche ich, um das High-School-Jahr anerkennen zu lassen? Welche Unterlagen sind für die Anmeldung erforderlich?
- Zahlungsmittel wie zum Beispiel eine Kreditkarte beantragen
- Offene Rechnungen begleichen
- Wenn man achtzehn wird: Eventuell eine Vollmacht für deine Eltern schreiben, falls eine Anmeldung an einer Schule erfolgen soll oder sich das Kreiswehrersatzamt bezüglich deiner Wehrpflicht meldet.
- Vollständigkeit aller wichtigen Dokumente (Visa etc.) prüfen
- Unbedingt Kontakt mit den Gasteltern (falls diese bekannt) oder der Betreuerin deiner Organisation aufnehmen
- Die Zukunft mit Partner/Partnerin bereden (falls nicht schon früher erforderlich)
- Noch offene Impfungen erledigen
- Wichtige Medikamente (wie die Pille) eventuell auf Vorrat besorgen. Englische Packungsbeilage besorgen (beim Hersteller anfordern). Beim Zoll kann es zu Kontrollen kommen, oder man braucht die Packungsbeilage, wenn man zum ausländischen Arzt geht und die zurzeit verwendeten Medikamente auflisten muss.

Einige Tage vor Abflug:

- Nochmals alle Dokumente auf Vollständigkeit prüfen.
- Aufpassen, dass man nicht mehr krank wird bzw. eine Erkältung einfängt.
- Einkäufe erledigen (passende Kleidung, Sonnencreme, Reiseapotheke, spezielle Hygieneprodukte). Aber nicht zu viel einkaufen: In den USA kauft man sich sicher neue Kleidung und „Goodies", die teilweise günstiger sind. So erspart man sich auch das schwere Kofferschleppen und Gepäckprobleme bei der Rückreise.
- Koffer Probe packen und wiegen
- Bargeld bzw. Reiseschecks besorgen
- Feiern!

Zwei Tage bis einen Tag vor Abflug:

- Pünktlichkeit bzw. Status des Fluges kontrollieren
- Gasteltern (falls diese bereits bekannt) informieren und daran erinnern, wann du wo landest.
- Das letzte Bier (mit Freunden oder Eltern) genießen ...

Checkliste für das Gepäck (Koffer):

- Kleidung entsprechend der örtlichen Witterungsverhältnissen (Sonnencreme etc.)
- Waschzeug
- Gegebenenfalls Zeugnisse
- Kleine Geschenke für die Gastfamilie
- Stromadapter / andere elektrische Geräte
- Eventuell Vollmachten deiner Eltern (zum Beispiel für den Erwerb eines Führerscheins)
- Kopie der Geburtsurkunde (zum Beispiel nötig für das Ausstellen eines Führerscheins)
- Informationsmaterial und Fotos von deinem Heimatland
- Brillen und Kontaktlinsen und deren Daten
- Alles, was du für dein Hobby brauchst
- Schulmaterialien und Lernbücher, um dich auf Englisch und auf das Schuljahr danach vorbereiten zu können
- Maximale Gewichtsgrenze und Kofferanzahl beachten
- Weitere Informationen der Organisation beachten

Checkliste für das Handgepäck:

- Impfpass
- Versicherungsnachweise
- Personalausweis
- Reisepass

- Essen und Getränke für den Flug (Zollbestimmungen beachten)
- Bargeld und andere Wertgegenstände
- Eventuell „Notfallset" aus Unterwäsche, Hygieneartikel (für den Fall, dass der Koffer woanders landet)
- Visum und weitere Dokumente
- Flugtickets
- Einen Stift für die Zollerklärung, die du im Flugzeug ausfüllen musst.
- Wörterbuch
- Maximale Gewichtsgrenze beachten
- Adresse und Telefonnummer deiner Gastfamilie, Betreuer und Organisation
- Weitere Informationen der Organisation beachten

Leider wurde 2005 die Gewichtsgrenze von 32 auf 23 Kilogramm pro Koffer reduziert. Es sind momentan zwei Koffer und zwei Handgepäckstücke erlaubt. Aktuelle Informationen bekommst du sicher von der Organisation oder auf der Internetseite der Fluggesellschaften. Denk daran, dass du sicherlich einige Kleidung ersetzen wirst – lass dir gegebenenfalls Platz für Einkäufe!

Es ist sinnvoll, in jedes Gepäckstück einen Zettel mit Anschriften deiner Heimatadresse und deiner Zieladresse hineinzulegen.
Diese Liste ist mit Sicherheit nicht vollständig, Näheres erfährst du von der Organisation deines Vertrauens.
Achte auf die aktuellen Zoll- und Importbestimmungen. Informationen erhältst du bei einer US-Botschaft.

Zoll (Custom)

Auf den internationalen Flugrouten gibt es mehr Kontrolle als zum Beispiel innerhalb der EU. Ob BSE, Vogelgrippe oder Terroristen – besonders seit dem 11. September 2001 sind die Kontrollen verschärft worden. Deshalb sollte man immer zwei Stunden vor Abflug am Flughafen sein. Besonders in Boston durfte ich über eine Stunde an den Sicherheitsschleusen stehen.

Es ist auch immer ratsam, die aktuellen Sicherheitshinweise zu beachten. Es ist bereits Standard, aber wenig bekannt, dass man einen im Handgepäck befindlichen Laptop immer auspacken muss, bevor es durch die Röntgenprüfung hindurchgeht. Sonst kann es dir wie mir

passieren, dass man seinen Flug verpasst! Feuerzeuge und Taschenmesser werden ausnahmslos beschlagnahmt. Im aufgegebenen Gepäck dürfen diese Gegenstände vorhanden sein, doch Maschinengewehre, Laserwaffen und nukleare Sprengköpfe sind verboten.
Auf dem langen Flug in die USA sollte man nach Möglichkeit alles an verderblichen Lebensmitteln wie Äpfel oder Butterbrote aufessen. Denn das Einfliegen von verderblichen Lebensmitteln, Fleisch und Milchprodukten ist streng verboten. Schokolade ist natürlich erlaubt, sofern original verschweißt und verpackt!

Zirka eine Stunde vor der Landung muss man einen Zollschein ausfüllen. Die Anleitung dazu ist kompliziert und sollte genau beachtet werden. Seinen Sitznachbarn fragen kostet nichts! Man sollte den Schein ehrlich und gewissenhaft ausfüllen. Gefragt wird unter anderem, was du in den Staaten so machen willst, wo du lebst und welche „Geschenke" (mit Warenwertangabe) du im Koffer hast. Bei einem überschrittenen Warenwert muss man Gebühren zahlen!

Nach der Landung ist man müde, jedoch sollte man die Anweisungen des Personals genau befolgen. In einem Raum wird dein Visum inklusive Fingerabdruck geprüft und noch ein Foto gemacht. Dann heißt es endlich: Welcome to the United States of America!
PS: Auch bei Paketen muss man den Warenwert angeben und den Inhalt genau beschreiben. Mehr Infos gibt es bei der US-Botschaft und beim deutschem Zoll (www.zoll.de).

Jetlag

Bei einer Zeitverschiebung während eines Langstreckenfluges kann es schon mal vorkommen, dass du morgens irgendwo losfliegst und woanders in wenigen Stunden – wieder am Morgen – landest. Dein Körper ist aber auf Abend eingestellt und quält dich und will nur noch ins Bett. Das ist ein Jetlag. Ich habe dies am eigenen Leib erfahren, als ich von Frankfurt „gegen die Zeit" in die USA geflogen bin. Sieben Stunden Flug, sieben Stunden Zeitverschiebung nach hinten! Guten Morgen!
Auf der Rückreise Richtung Heimat war es sicher lustiger: Nachmittags ging es los, die Sonne mit uns am Horizont für verrückte vier Stunden! Der längste Sonnenuntergang, den ich je gesehen habe. Dann war es irgendwie dunkel für zwei Stunden, ich habe geschlafen und mit dem Sonnenaufgang landete ich in Frankfurt!

Jeder Mensch hat ein mehr oder weniger starkes Problem mit der „inneren Uhr". Es kommt zu Schlafstörungen, man fühlt sich „zerschlagen" und ständig müde. Die Beschwerden werden von den meisten Menschen bei einem Flug nach Osten stärker empfunden als bei einem Flug nach Westen. Um dieser Situation vorzubeugen kann man bei einem Flug Richtung Westen zwei Wochen vorher zwei Stunden später ins Bett gehen bzw. bei einem Flug Richtung Osten zwei Wochen vorher zwei Stunden früher ins Bett gehen. Am „Zielort" sollte man sich dann schnellstens der örtlichen Zeit anpassen. Das heißt, nach Sonnenuntergang ins Bett und am neuen Tag morgens wieder aufstehen. Ein bisschen Bewegung und Tageslicht überwiegen die Müdigkeit. Von Schlafmedikamenten oder Ähnlichem würde ich abraten, da sich der Körper ziemlich schnell selbst umstellen wird.

Typisch deutsch! Meinung einer Amerikanerin

Die folgende Stellungnahme stammt von einer guten Bekannten. Patti Farmer lebt im US-Bundesstaat Oregon. Ich traf sie als Lehrerin im Language & Culture Camp. Sie ist eine tolle Frau, voller Power und Motivation. Deshalb ist sie seit vielen Jahren Gastmutter und gleichzeitig Betreuerin (IEC). Sie liebt Austauschschüler über alles, trotzdem hat sie über die vielen Jahre auch negative Erfahrungen gemacht. Ihre Warnungen beziehen sich auf die Themen Liebe, Höflichkeit, Bitte- und Dankesagen. Letztendlich offenbart sie ihre Liebe zu Austauschschülern und hofft, dass auch du einer wirst!

I think one thing with the Germans they have to realize that rules are made for a reason. While you are taught to questions, American kids are not taught that. I think that is the biggest issue that we have with the German kids. They need to know it is Ok to question but with a different tone so that the American parents don't take offense to it and become defensive and choose the time wisely to question. It is considered disrespectful. But what I suggest to my kids is to do what is asked and then afterward just ask them as a question not as a defiant question.
Also I think another thing is the dating issue. I don't remember if you dated steady, but a lot of parents do not want to deal with it as the IEC's do not. The most trouble I have is the dating issue, the time away from family, the time on the phone, the time away from doing school and community activities. The differences in the culture as far as sexuality, remind them our country is still young and it was based on Puritan values... most IEC's and parents do not mind if kids date in groups or go to special

dances, but tell your kids not to step over the boundary of friendship and lust. There are so many people that get hurt from that decision. Host parents, neglected host siblings, IEC's, the kids themselves. It is an emotional rollercoaster for the kids themselves, then the break up always leaves someone hurt, and it seems like it is one of our kids... then they are out because usually the friends they made is through the boyfriend or girlfriend and they have alienated themselves. It makes me mad when the natural countries tell the kids they can date and bring condoms because to me that is not what it is about. It is a host family decision. I am told by students that is one thing that they talk about... and it is not fair to us or to the students to come with the impression... one time I had a kid come with a bag full of condoms – his friends had a party for him he showed them to me his full intentions were to screw every girl he could get his hands on.
Another thought is church. Most family that go to church would like the kids to go... I highly recommend it. Not because the family is trying to change the kids religion but it really is a family get together... usually with breakfast or something to follow... it is a family time, usually just an hour or two. Not much when the families spend a lot dollars on having an extra body in the house.
One more thing the kids don't understand that little thank-you's even if it is just a pack of the families favorite gum or something to show the family they appreciate everything but also they are paying attention to what is important in the family. Little things like that make us Americans smile. Encourage to get involved in everything is very important, too. Some Students say they don't like it – how do they know they never tried the American way? My favorite saying is a bored kid is a boring kid... you can make your year the greatest or the worst depending on your attitude. Well enough preaching... I just love my kids from all over the world! My children have grown up and moved out of the house my youngest is 25, but I still needed the energy and the excitement that teens give. I have a lot of inside love to give to teens and I can share that love with them as my own children. My exchange kids are not my host kids they are my kids. People often question me which kids I am talking about mine or the international kids. My international kids give me the opportunity to still stop and smell the roses from a childs eyes. I love all my kids as a host mom even as I supervise as an IEC... I still cry and my heart breaks as they take a piece of my heart with them as they leave. One piece goes with my new daughter or son and the other pieces go with my 18 to 20 (other) kids. These kids are my Hero's and I tell them that on a daily basis!

Patti Farmer, Lehrerin, langjährige Gastmutter und Betreuerin (IEC) in den USA

Gastgeschenk: Was soll ich schenken?

Was soll ich schenken? Auf diese Frage gibt es keine Patentantwort. Natürlich sollte es etwas Typisches aus deinem Heimatland sein. Ich brachte Gummibärchen, eine Kuckucksuhr und Bücher über meinen Heimatort in englischer Sprache mit. Ob Schokolade, Überraschungseier oder Gummibärchen – hier könnte man ganze Tonnen anschleppen, und es würde nicht reichen! Während des Jahres kannst du immer wieder mit einer Kleinigkeit eine Freude bereiten. Besonders gut kommen Grußkarten an: In einigen Orten ist das Sammeln von Grußkarten ein wahrer Wettkampf! Bevor du aber Sauerkraut oder einen Deutschen Schäferhund importierst, solltest du die Zollbestimmungen beachten.

Speak English – only!

Es ist sehr wichtig, die Landessprache – in welchem Land du auch bist – auch zu sprechen! Ob fünf oder zehn Monate – schwierig ist immer die Eingewöhnungszeit. Je früher man anfängt, Englisch zu sprechen, umso schneller wird es einfacher. Wenn man die „Hürde der Verständlichkeit" schafft, ist die Kommunikation viel leichter. Redet man aber weiter Deutsch mit anderen Austauschschülern, dann kann es schnell passieren, dass man isoliert wird. Findest du nicht, dass es unhöflich gegenüber der Einheimischen ist, eine Sprache zu sprechen, die sie nicht verstehen können? Viele Organisationen platzieren deshalb Geschwister und Freunde nicht in der gleichen Region.

Taschengeld

Das Thema ist sicherlich nur mit den leiblichen Eltern regelbar. Ich kam mit monatlich 200 Euro Taschengeld bestens zurecht. Man bezahlt für das Schulessen, Snacks, Souvenirs, Kinobesuch, Restaurants, Hygieneartikel, Kleidung (wofür ich zusätzlich Geld bekam) und andere Wünsche. Am Anfang und Ende des Auslandsjahres sind die Ausgaben eventuell höher.

Es ist auch wichtig zu vereinbaren, in welcher Währung es die festgelegte Summe gibt. Für 200 Euro konnte ich mir erheblich mehr kaufen, als wenn ich nur 200 US-Dollar (waren zu meiner Zeit nur zirka 160 Euro wert) bekommen hätte. So blieb mir auch noch etwas für Luxusgüter (MP3-Player etc.) übrig.

Hilfe! Kulturschock und Einsamkeit

„Ich will wieder nach Hause, hier ist alles doof." – Meistens drückt sich ein Kulturschock nicht so einfach aus. Es ist weitaus komplizierter. Für viele Austauschschüler ist es verwirrend, in einem fremden Land zu sein. Andere Regeln, andere Umgebung, andere Landessprache, andere Erwartungen. Das Bild, das man sich vorgestellt hat, war ganz anders. Das alles schafft Unsicherheit. Und nun muss man ein Jahr damit zurechtkommen! Diese Panik nennt man gewöhnlich Kulturschock oder Kulturmüdigkeit.

Dieser Kulturschock ist jedoch nicht leicht zu erkennen. Er entwickelt sich meist langsam. Vielleicht ist es dir unangenehm, wie die Leute bestimmte Dinge anders bewerten und dass sich die Leute im Gastland aus deiner Sicht „falsch" benehmen. Du fühlst dich „in einer anderen Welt". Das ist ein Kulturschock. Weitere Anzeichen sind:

- Abneigung gegenüber deinem Gastland
- Gedanken, was zu Hause alles besser ist
- du regst dich über Kleinigkeiten auf
- Heimweh, Liebeskummer
- du sitzt oft alleine im eigenen Zimmer
- du sprichst weniger mit deiner Gastfamilie
- du willst nach Hause – alles ist grausam und „doof".

Abhilfe schaffen: Höre auf dein Gefühl! Wenn du bemerkst, dass du dich auf einmal anders verhältst, frage, warum das so ist. Gegebenenfalls verstehst du die Situation und bist nur etwas überempfindlich. Möglichkeiten, um mit dem Kulturschock fertig zu werden, sind:

- Beschäftige dich und vermeide es, alleine zu sein. Somit vergeht die Zeit schneller.
- Sprich offen mit Gasteltern, Freunden und Betreuern.
- Vermeide, deine negative Meinung offen kundzutun – es kann für viele

verletzend wirken.

- Versuche zu verstehen, warum etwas so ist, wie es ist.
- Vergleiche deine Gastfamilie mit anderen Familien.
- Ruf nicht deine Eltern an! Du wirst sie nur noch mehr vermissen, und deine Eltern werden sich unnötig Sorgen machen.
- Schreibe lieber einen Brief mit deinen Gedanken. Warte ein paar Tage. Somit hast du die Möglichkeit, den Brief vielleicht doch nicht wegzuschicken.

Freizeit

In Übersee sind die Schulen eher Ganztagsschulen. Somit bleibt man bis zum Nachmittag in der Schule und hat noch Arbeitsgemeinschaften oder Clubs. Am einfachsten ist es also, ein Hobby in einer dieser durchaus interessanten und vielfältigen Aktivitäten der Schule zu finden. Am Wochenende ist es eigentlich wie bei uns. Letzte Schularbeiten erledigen, Ausflüge, Shopping, Kino. Sonntags geht es eventuell auch in die Kirche. Man kann auch etwas mit Gastgeschwistern oder Freuden unternehmen. Denn amerikanische Familien legen viel Wert auf ein Miteinander – tagein, tagaus.

SOS Heimweh

SOS

Sehr viele Austauschschüler bekommen Heimweh. Ich denke, ich hatte eigentlich nie welches. Vielleicht merkt man es auch nicht immer. Besonders Weihnachtsgrüße, Geburtstage und Tragödien aus der Heimat sind oft Auslöser für Heimweh. Ein ganzes Jahr tausende Kilometer entfernt leben – alleine dieser Gedanke macht doch schon ein mulmiges Gefühl. Die wirklich beste Methode ist zu reden. Rede mit deinen Gasteltern oder mit Freunden. Denn, wenn deine Stimmung auf dem Nullpunkt ist, machen sich unter anderem deine Gasteltern Sorgen und Vorwürfe, was denn bloß los sei. „Homesickness" kann die Stimmung und das Handeln sehr beeinflussen. Man hat auf einmal keine Lust auf nichts mehr. Es kann sich auch durch längeres Schlafen oder durch fehlendes bzw. zunehmendes Hungergefühl ausdrücken. Folge ist die Isolation und Abgrenzung von deinen Freunden und der Gastfamilie. Wie in einer Kettenreaktion machen sich alle Sorgen. Du jammerst deinen Eltern vor, dass alles doof

ist, und sie lassen dich dann im schlimmsten Fall nach Hause holen. Doch soweit darf es nicht kommen. Das Zauberwort heißt Beschäftigung. Ermutige dich mit Gesprächen. Unternimm was, geh zum Beispiel ins Kino. Nur so wird man den Gedanken an die Heimat schnell los.
Oft ist auch zu häufiges Telefonieren der heimliche Auslöser für Heimweh. Mir wurde von der Organisation abgeraten, mit meinen Eltern in den ersten Wochen viel zu telefonieren. Wichtiger ist es, im Gastland Kontakte zu knüpfen. Ist die Phase erst einmal überwunden, vergeht der Rest des Jahres so schnell, dass man gar nicht mehr nach Hause will!

Jobben und Arbeiten

In Rahmen eines Austauschjahres würden dir die Behörden Jobben bzw. Arbeiten nicht erlauben. Jobs könnten auch mit einem Vertrag verbunden sein, deren Klauseln du vielleicht gar nicht verstehen würdest. Versicherungstechnisch würde es auch problematisch sein. Doch kleine und nur gelegentliche Tätigkeiten wie Babysitting, Nachbars-Rasen-Mähen, Deutschnachhilfe oder Ähnliches sind durchaus möglich.

Führerschein (fast) zum Nulltarif!

Besonders in den USA ist der Führerschein mit nur wenig Aufwand zu erlangen. Ich habe dafür umgerechnet nur 40 Euro bezahlt, plus Umschreibegebühren in Deutschland von insgesamt rund 80 Euro! Also ein wahres Schnäppchen.

Die Vorbereitungen auf den „teuren Lappen" solltest du schon in Deutschland erledigen. In der Fahrerlaubnisverordnung (kurz: FeV) § 25 Anlage 11 findest du die Bedingungen für eine Umschreibung eines ausländischen Führerscheines in Deutschland. Als nächstes solltest du dir die Informationen bezüglich des Themas von deiner Organisation holen und erfragen, ob dies überhaupt erlaubt ist.

Den Führerschein zu machen, ist kein Recht und außerdem eine riesige Verantwortung für deine Gasteltern. Einige Organisationen erlauben den Erwerb eines Führerscheines deshalb erst gar nicht. Eine schriftliche Genehmigung deiner leiblichen Eltern sollte nicht fehlen.

In deinem Gastland solltest du dein Vorhaben ziemlich frühzeitig deinen Gasteltern mitteilen. Diese werden dir – anders als bei uns – den praktischen Teil des Fahrens (um die 60 Stunden) beibringen und müssen so die Konsequenzen bei einem Unfall tragen – deshalb sollte es auch mit ihrer Autoversicherung vereinbart sein. Dann folgt ein erstes Gespräch mit der lokalen Führerscheinstelle, dem Department of Motor Vehicles (DMV). Denn jeder Bundesstaat und sogar jede Stadt haben ihre eigene Regelung. Manchmal hängt die Entscheidung von den Sprachkenntnissen, der Staatsangehörigkeit oder einer „Social Security Number" (eine Art Bürgerversicherung, die man als Austauschschüler nicht hat) ab.

Sind diese Schritte überwunden, sucht man sich eine Drivers School (Fahrschule). Oft vermitteln diese nur den theoretischen Teil. Bei uns gab es „Drivers Education" von der Schule aus. Der Preis schwankt zwischen null und 500 Dollar, je nachdem, wo du den Führerschein machst. Während der zirka 55 Stunden Unterricht gibt es eine kleine Prüfung in Form eines einfachen Fragebogens beim DMV. Nach dem Sehtest erhält man endlich die vorläufige Fahrerlaubnis, die „Restricted Driver Licence". Nun darf man nur in Begleitung einer erwachsenen Person die Praxis üben, in meinem Fall mit meinem Gastvater. Man muss insgesamt um die 50 Stunden bei Tag und zehn Stunden in der Nacht fahren. Der praktische Teil ist auch in einer Fahrschule günstig zu erfüllen.

Nach Vollendung der praktischen und theoretischen Stunden und einer bescheidenen Fahrprüfung durch das DMV oder die örtliche Polizei bekommt man entweder einen vorläufigen Führerschein oder, wenn man bereits achtzehn Jahre alt ist, den vollen. Falls du während des Jahres nicht achtzehn Jahre alt wirst, bekommst du nur den vorläufigen Führerschein, also eine Probezeit von einem halben Jahr! Wie man sieht, ist es also nicht so einfach: Für zwei Wochen in die USA reisen und die „Driver Licence" machen, funktioniert nicht. Die Mindestaufenthaltszeit beträgt ein halbes Jahr.

Nun die letzten Hürden: Darf ein Austauschschüler einen vollen Führerschein besitzen? Bei einem nettem Gespräch mit dem DMV ist da eventuell etwas zu machen. Die Regelungen werden seit dem 11. September 2001 aber jährlich verschärft.

Nun hat man den vollen Führerschein in den Händen. Man sollte nun aufpassen, dass der Führerschein nicht mit dem Ablauf der Aufenthaltsgenehmigung (Visum) abläuft oder nur für die Führung von

„Automatic" (Fahrzeuge mit automatischer Gangschaltung) zugelassen ist. Auch wieder nette Hürden, die man in Gesprächen mit der amerikanischen Führerscheinstelle eventuell beseitigen könnte. Du solltest auf jeden Fall eine Bestätigung mitbringen, dass du auch in der Lage bist, manuelle Autos zu fahren, also eine Gangschaltung bedienen kannst. (In den Staaten gibt es meistens nur „Automatic".) Diese kann ein DMV ausstellen.

Zurück in Deutschland, darfst du mit dem nicht abgelaufenen Führerschein sechs Monate fahren. Danach muss er umgeschrieben werden. Dafür brauchst du eine amtliche Übersetzung (der ADAC macht unter anderem auch so etwas), und du kannst den Führerschein dann je nach Status in der FeV entweder wie in vielen Fällen ganz ohne oder mit theoretischer bzw. praktischer Prüfung umschreiben lassen! So manches Straßenverkehrsamt hat da seine Probleme, die Liste richtig zu interpretieren.

Zur Sicherheit kannst du freiwillige Fahrstunden bei einer deutschen Fahrschule nach der Umschreibung tätigen. Dein Fahrlehrer wird eventuell sagen, dass du mit deinen amerikanischen Fahrkünsten „durchfallen" würdest – wegnehmen darf er dir den Lappen aber nicht! Ich habe acht Stunden genommen und direkt die Führerscheinklasse BE (großer Anhänger) gemacht – wirklich zu empfehlen! Außerdem lernt man noch deutsche Regelungen, wie zum Beispiel die Probezeit, die für umgeschriebene Führerscheine natürlich auch gelten.
Viel Glück!

Alles über Führerscheinerwerb in den USA und Umschreibung (nach FeV) in Deutschland unter: www.adac.de/Recht_und_Rat/Fuehrerschein/Fuehrerscheinerwerb_in_den_USA/.

Das amerikanische Schulsystem

Das Schulsystem ist schlecht mit unserem Schulsystem zu vergleichen: Die Grundstufe des amerikanischen Schulsystems bildet die Elementary School. Was darauf folgt, ist von Schuldistrikt zu Schuldistrikt unterschiedlich. Es herrscht allgemeine Schulpflicht bis zum Abschluss der High School (Graduation).

Folgende Grundmodelle existieren:

- Auf 8 Jahre Elementary School folgen 4 Jahre High School (4-Year High School).
- Auf 5 Jahre Elementary School folgen 3 Jahre Middle School und dann 4 Jahre High School (4-Year High School).
- Auf 6 Jahre Elementary School folgen 3 Jahre Junior High School und dann 3 Jahre Senior High School.
- Auf 6 Jahre Elementary School folgen 6 Jahre an einer kombinierten High School (Combined Junior-Senior High School).

Die Elementary School ist mit unserer Grundschule zu vergleichen. Sie wird auch als Grade School oder Primary School bezeichnet.
Middle School sind generell die Klassen von 5 bis 8, High School das 9. bis 12. Schuljahr. Mit der Graduation darf man an einer Universität oder am College studieren.

Es gibt neben den staatlichen High Schools auch private High Schools. Der Abschluss an privaten High Schools, den so genannten Prep Schools *(Preparatory Schools)* entspricht in der Regel dem deutschen Abitur (oder Fachabitur) bzw. der österreichischen und Schweizer Matura. Dieser höhere Stellenwert liegt an den höheren Anforderungen. Eine Prep School bereitet gleichzeitig besser auf ein College oder eine University vor als eine High School. Anders als bei uns, wo Privatschulen teils vom Staat mitfinanziert werden, erhalten amerikanische Privatschulen keinerlei öffentliche Gelder, sondern finanzieren sich durch Schulgeld, Sponsoren und Spendenaktionen. Ein Großteil der Privatschulen ist in kirchlicher Trägerschaft, in vielen besteht Uniformpflicht. Ein Besuch solch einer Schule kostet zwischen 2000 und 30.000 US-Dollar (Manhattan's Trinity School) pro Jahr. Deshalb ist die Wahrscheinlichkeit gering, auf einer privaten Schule zu landen.

Der so genannte Dress Code (Kleiderordnung) ist auf jeder Schule anders und regelt zum Beispiel die Rocklänge oder das Zeigen von Piercings und Bauchnabel. Eine School Uniform sieht man heutzutage in öffentlichen Schulen nur sehr selten.

Der typische gelbe Schulbus hält an bestimmten Bushaltestellen, in ländlichen Gegenden sogar direkt am Haus. Die Busse haben spezielle Sicherheitseinrichtungen, wie Überwachungskamera, Spiegel und zusätzliche Signallampen. Sie werden ausschließlich für den Schulverkehr eingesetzt. In Kanada ähneln die Schulbusse sehr den amerikanischen.
An fast jeder Schule gibt es so genannte Lockers. Diese Schließfächer sind

kostenlos, und jeder Schüler hat sein eigenes mit einer geheimen Zahlenkombination oder einem Schloss. Je nach Schule müssen die Geheimzahlen aus Sicherheitsgründen der Schulleitung mitgeteilt werden.

Die verschiedenen Klassenstufen

In der High School werden die Klassen meist nicht mit Nummern bezeichnet, sondern den Schülern der einzelnen Klassenstufen werden Namen gegeben:

Die Neuntklässler heißen freshmen,
die Zehntklässler heißen sophomores,
die Elftklässler heißen juniors,
die Zwölftklässler heißen seniors,
die Dreizehntklässler (in den USA kaum üblich, wohl aber in Kanada) heißen grandfathers.

Dieselben Bezeichnungen werden teilweise auch in US-amerikanischen Colleges und Universitäten für das erste bis vierte Jahr geführt.

Große Auswahl: Schulfächer

Je nach Größe der Schule gibt es in Kanada und den USA 30 bis über 200 Schulfächer. Du solltest auf jeden Fall ein sprachliches Fach wählen. Die meisten Fächer sind auch in verschiedenen Leistungsansprüchen vorhanden, also für Anfänger und Fortgeschrittene. In meiner Schule gab es pro Fach eine Schulstunde (50 Minuten), sieben Stunden am Tag mit einer großen Pause zu Mittag und zwei kleineren Pausen. In den ersten Wochen und nach einem Halbjahr kannst du die Fächer wechseln. Ein Halbjahr entspricht einem Semester (Term). Ob Sprachen, Sport, Landwirtschaft, Geschichte, Literatur, Kunst, Musik, Metallarbeiten, Töpfern, Politik, Philosophie, Psychologie, Jura, Fahrschule, Kfz, Handelswesen, Technik und Naturwissenschaften – für jeden ist etwas dabei!

Graduation – der High-School-Abschluss

Die Graduation ist das Ziel jedes Seniors in den USA. Mit der Graduation nach der zwölften Klasse sind sie nämlich zum Besuch einer Universität bzw. eines College berechtigt. Für eine Aufnahme beim Militär ist keine Graduation erforderlich.

Ob ein Austauschschüler sein High School Diploma bekommen kann, ist unterschiedlich. Es gibt keine einheitliche Regelung und keine Garantien der Organisationen. Fakt ist: Wer ins zwölfte Schuljahr als Senior eingeschult wird, muss auch genügend Credits (Punkte) sammeln, um den begehrten Abschluss zu erlangen. Diese werden aus den Zeugnissen der letzten drei Jahre errechnet. Pro Semester (Halbjahr), Fächerart und Bestehen gibt es einen Credit.

Für viele US-Schulen ist es schwer zu glauben, dass ein Austauschschüler das zwölfte Schuljahr schaffen kann bzw. das elfte „einfach so" überspringt. Oftmals wird der tiefere Sinn gar nicht klar, zum Beispiel dass es für die weiterführende Schule in Deutschland wichtig sein kann. So gibt es auch keine einheitliche Regelung über die Anerkennung deutscher Schulfächer in Credits. Auf meiner Schule, der Estancia High School, durften Austauschschüler nicht in die Abschlussklasse kommen, wenn diese zuvor nur zehn Schuljahre absolviert hatten. Somit musste ich mich als „Junior" (Elftklässler) begnügen. Dabei verpasst man nicht wirklich viel: Die einzelnen Schulfächer sind mit den unterschiedlichen Altersstufen und -klassen besetzt. Somit bleibt man auch mit den Älteren in Kontakt und hat zum Beispiel im Sport und bei Klassenfahrten viel Spaß. Graduation mit dem schwarzen Akademikerhut mag zwar schön aussehen, ist aber mit immensen Kosten verbunden: Dazu zählt eine riesige Party, das Einfliegen der leiblichen Eltern, Anzug, Einladungen, Fotos etc. Den abschließenden Schulball, die so genannte Prom, durften auch die Juniors wie ich besuchen.

Notenumrechung

Leider ist die Notenumrechnung kompliziert, und es gibt keine einheitlichen oder offiziellen Umrechnungsmethoden. Während wir Zahlen von eins bis sechs nutzen, so verwendet Amerika die Buchstaben A bis F – A für die beste, F für die schlechteste Note. Von A bis F zählt man zwar sechs Abstände, aber es gibt nur fünf Noten: A, B, C, D und F.

Generell gilt in den USA das uns bekannte Prinzip der relativen Leistung; gelegentlich (jedoch meist in High Schools) werden die Zensuren auch nach der absoluten Leistung vergeben.
Der GPA *(Grade Point Average)* zeigt die gesamte durchschnittliche Leistung. Für jedes Semester gibt es eine Übersicht der aktuellen Noten und den daraus errechneten GPA. Der beste GPA beträgt 4,0. Auf meiner High School gab es für ein GPA von über 3,5 eine Anerkennungsurkunde – und eine zusätzliche Ehrung, wenn man auch noch in einem (Sport-)Club ist.

Grade	In Prozent	GPA	Deutsche Note
A+	100–98	4,0	1,0
A	97–93	4,0–3,7	1,2
A–	92–90	3,6–3,5	1,3
B+	89–88	3,4–3,3	1,7
B	87–83	3,2–2,9	2,0
B–	82–80	2,8–2,5	2,3
C+	79–78	2,4–2,3	2,7
C	77–73	2,2–1,8	3,0
C–	72–70	1,7–1,5	3,3
D+	69–68	1,4–1,3	3,7
D	67–63	1,2–0,9	4,0
D–	62–60	0,8–0,7	4,3
F	59–0	0,6–0,0	5,0–6,0

Angaben ohne Gewähr – Beispiel der Estancia High School

Activities after School

Nach der Schule (meistens nach sieben „Periods", also sieben Schulstunden à 50 Minuten) gibt es verschiedene Aktivitäten (extracurricular activities) zur Auswahl. Bei uns ist man wohl schon ziemlich deprimiert, wenn man nach der achten Stunde bzw. nach 15 Uhr noch in der Schule bleiben muss.

Doch in Amerika ist es anders: Am Nachmittag wird die Schule zum sozialen Treffpunkt der Jugendlichen erklärt. Hier wird in Football, Track & Field (Leichtathletik), Basketball, Volleyball, Fußball, Baseball, Softball, Cross Country (Fünf-Kilometer-Lauf) fleißig geübt. Hat man sich „verpflichtet", so sollte man diese Sportart ein halbes Jahr lang ausführen.

Nicht nur Sport ist möglich, sondern auch Clubs wie Schachspielen, Diskutieren, Origami Club, Cheerleading, Landwirtschaften und alles, was man sich vorstellen kann. Dies können auch zum Teil fächergebundene Clubs sein. Doch Vorsicht: Schlechte Noten können zu einem nicht gern gesehenen Ausschluss von der Activity führen.

Wie in einem Verein hierzulande gehört Professionalität dazu – nur kostenlos! Die Leiter des Kurses, meist Lehrer, sind hoch motiviert. So werden Schüler wie ich für zweieinhalb Stunden ordentlich bis an die Leistungsspitze getrieben. Der Erfolg wird in fast wöchentlichen „Competitions" gegen andere Schulen in einem riesigen Spektakel gezeigt. Mit Trikot, Teamgeist, Fanartikeln für die Eltern und Jubel versucht man, jeden Punkt für seine Schule zu gewinnen. Am Ende der Saison geht es nach einer Qualifikation ins große Finale, die State Championships, die in jedem der 50 Bundesstaaten stattfinden. Bei „Cross Country" bin ich selber für meine Schule im „Bundeslandfinale New Mexico" angetreten. Übernachtet wurde zuvor (kostenlos) in einem Hotel, und nach der „Siegerehrung" gab es etwas zu mampfen. Alles vom Staat gefördert.

Je nach Schülerzahl der Schule sind die Schulen in Kategorien eingeteilt. So treten nur gleich große Schulen gegeneinander an. Unsere Schule war eine AA-Schule (oder 2-A-Schule) mit zirka 250 Schülern. Die kleinste Schule ist mit B bezeichnet, die größte mit AAAAAA (6-A) betitelt. So bleibt es fair. Dies variiert aber je nach Bundesstaat.

Darüber hinaus hat eine Schule mehrere Teams wie zum Beispiel Varsity (V; stärkste Gruppe) und Junior-Varsity (J-Varsity oder „JV"; Juniorgruppe bzw. zweitstärkste Gruppe). Die Sportler des „V" sind häufig älter und besser als die des JV.

Auf einer University oder einem College gibt es je nach Bundesstaat ein ähnliches System.

Fernsehen – Quadrataugen garantiert!

Fernsehen in Amerika ist nach meinen Vergleichen von einer besseren Qualität als unseres. Das digitale Fernsehen über Satellit und Kabel ist weit verbreitet, die Anzahl der Sender beinahe unendlich. Ob Reisesender, Geschichtssender, Nachrichtensender – sogar einen Sender rund ums Essen gibt es! Aber Quizsender und hunderte „Ruf-an-für-49-Cent-undgewinne-nichts-Sendungen" gibt es nicht. Nebenbei kann man per Knopfdruck digital Topfilme kaufen (Pay per View). Während großer Fernsehereignisse gibt es in einem Menü zahlreiche Informationen zur Sendung. Ob aktuelles Wetter, kleine Spiele – einfach digital. Statt Klingeltonwerbung nervt hier die Autowerbung. Neben BMW und Volkswagen werben vor allem amerikanische Firmen für ihre Trucks! Schnelle Kredite dafür gibt's ebenfalls.

Vom Technischen her benutzt der Rest der Welt überwiegend das PAL-System, während in den USA ausschließlich in NTSC ausgestrahlt wird. Somit funktionieren aus Deutschland mitgebrachte Videos und DVDs nur selten. Moderne Wiedergabegeräte in Europa können aber problemlos alle Formate abspielen.

Nachrichten und Presse

In den USA gibt es mehr regionales TV – meistens von Staat zu Staat zwei bis drei Sender. Selbst Universitäten bieten ihr Nachrichtenprogramm an. Auf diese Weise erfährt man über die Scheibe, was sich so um einen herum abspielt. Darunter fallen auch die „Snowdays", wo morgens in einem Laufband am unteren Bildschirmrand die Namen der Schulen zu sehen sind, die aufgrund des Schneetreibens im Winter geschlossen bleiben oder verspätet mit dem Unterricht beginnen.

Die Nachrichten sind fast so wie bei uns: Da kommt die nächste Terroristenwarnung, Meldungen über mexikanische Killerbienen bis zur Eilmeldung direkt vom Footballfeld. Mir kommen jedoch bei politischen Skandalen die „großen" Nachrichtensender wie FOX, ABC, MBC oder CNN etwas komisch vor. Schlagzeilen, die bei uns tagelang die Runde machen, werden in den USA nur einen Tag hochgehalten – danach ist leider alles vergessen, nichts hat sich geändert, die harte Kritik ist verflogen. Schade eigentlich.

Im Übrigen gab es mindestens einmal pro Woche eine Swat-Situation „live" in meiner Region – selbst in unseren deutschen Landeshauptstädten geht es weniger gewalttätig zu!

Alkohol

Alkohol ist ein wichtiges Thema. Unsere Kultur geht damit ganz anders um als die Amerikaner. In den USA ist das Trinken erst mit der Vollendung des 21. Lebensjahres (drinking age) erlaubt. Wer vorher schon mit dieser Droge in Berührung kommt, wird kräftig bestraft.

Während wir den Konsum von Alkohol in der Öffentlichkeit ganz normal empfinden, ist das in Amerika aufgrund vieler Gesetze unterbunden. Der Transport darf meist nur in Papiertüten erfolgen, am Sonntag werden vielerorts erst gar keine Spirituosen verkauft. Alkoholische Getränke dürfen nur mit einer speziellen Lizenz verkauft werden – und nur in abgetrennten Bereichen, um Jugendlichen sogar das Betrachten der bunten Flaschen zu erschweren.

Bei deinem Vertrag mit einer Austauschorganisation hast du garantiert, dich an das Gesetz des Gastlandes zu halten. Sollten diese nicht eingehalten werden, so ist dir der vorzeitige Rückflug fast garantiert! Ein Beispiel gab es in meiner Gegend: Eine junge Dame aus Australien verbrachte ihren ersten Abend mit ein paar netten amerikanischen Jungs im Park. Hier und da kreiste eine Dose Bier von Hand zu Hand. Doch die Ordnungshüter sahen dies sehr schnell. Ihr wurde nicht einmal der Alkoholkonsum nachgewiesen, doch musste die Australierin die Nacht im Gefängnis verbringen. Ein Schock für jede Gastfamilie. Zu der Scham müssen die Gastfamilien unzählige Dokumente unterschreiben. Natürlich bleibt auch der Anruf bei den leiblichen Eltern nicht erspart. 24 Stunden später war die Schülerin schon wieder zu Hause. Ein teurer Kurzurlaub, sag ich da nur – denn die Organisation erstattet keinen Cent! Überhaupt werdet ihr feststellen, dass die Polizeipräsenz in den USA stärker ist als bei uns und man sich keinen Fehler erlauben sollte ...

Feiertage und Ferien

In den USA gibt es zehn landesweite gesetzliche Feiertage sowie Sommer-, Herbst-, und Winterferien. Weitere Feiertage gibt es nicht in allen Bundesstaaten. Fast jeder Feiertag wird mit einer Art Fest oder Ritual gefeiert. Sollte ein Feiertag auf einen Sonntag fallen, so ist der folgende Montag ebenfalls ein Feiertag. Schulen und Geschäfte bleiben an den Hauptfeiertagen wie Independence Day und Weihnachten geschlossen, aber nicht unbedingt an Tagen wie President's oder Veterans Day. Ob und wann allgemeine gesetzliche Feiertage auch in den einzelnen Staaten gefeiert werden, hängt von der Gesetzgebung des betreffenden Bundesstaates ab.

Die zehn landesweit gesetzlichen Feiertage

1. Januar	*New Year's Day*	Neujahr
dritter Montag im Januar	*Martin Luther King's jr. Day*	Gedenktag zu Ehren des ermordeten Bürgerrechtlers
dritter Montag im Februar	*President's Day*	Geburtstag von George Washington, dem ersten Präsidenten der USA (1732–1799)
letzter Montag im Mai	*Memorial Day*	Gedenktag zu Ehren gefallener Soldaten
4. Juli	*Independence Day*	Unabhängigkeitstag, einer der wichtigsten Feiertage
erster Montag im September	*Labor Day*	Tag der Arbeit
zweiter Montag im Oktober	*Columbus Day*	Entdeckung Amerikas durch Christoph Kolumbus
11. November	*Veterans Day*	Ehrentag für US-Soldaten
vierter Donnerstag im November	*Thanksgiving Day*	Erntedankfest, Fest der Familie
25. Dezember	*Christmas Day*	Weihnachten

Weitere Feiertage

2. Februar	*Groundhog Day*	Vorhersage über das Fortdauern des Winters. Dazu werden öffentlich und teilweise im Rahmen von Volksfesten Waldmurmeltiere zum ersten Mal im Jahr aus ihrem Bau gelockt. Wenn das Tier „seinen Schatten sieht", also wenn klares, helles Wetter herrscht, soll der Winter noch weitere sechs Wochen dauern (Bauernregel).
12. Februar	*Lincoln's Birthday*	Geburtstag von Abraham Lincoln, dem 16. Präsidenten der USA (1809–1865)
14. Februar	*Valentine's Day*	Fest der Liebenden

17. März	*St. Patrick's Day*	Gedenktag zu Ehren des irischen Nationalheiligen St. Patrick. Er war der erste Missionar in Irland. Es wird unter anderem grüne Kleidung angezogen (nach dem Kleeblattgrün des irischen Symbols).
Sonntag nach dem ersten Frühlingsvollmond	*Easter*	Ostern
Zweiter Sonntag im Mai	*Mother's Day*	Muttertag: Man schenkt der Mutter etwas. Zum Beispiel einen Gutschein, Blumen und/oder eine Grußkarte.
14. Juni	*Flag Day*	Neben der Unabhängigkeit wird als deren Symbol auch die US-amerikanische Flagge besonders geehrt.
Dritter Sonntag im Juni	*Father's Day*	Vatertag
31. Oktober	*Halloween*	Halloween
Anfang November (alle vier Jahre)	*Election Day*	Wahl des US-Präsidenten. Riesiger Medienrummel. Wer wird Präsident?

Ferien

	Schulen	Universitäten
Frühlingsferien (Spring Break)	in der auf Ostersonntag folgenden Woche	zwei Wochen; eine Woche vor und eine Woche nach Ostern
Sommerferien	von der zweiten Juniwoche bis einschließlich der ersten Septemberwoche	von Anfang Juni bis einschließlich der dritten Septemberwoche
Weihnachten	vom 25. Dezember bis einschließlich 2. Januar	vom 17. Dezember bis einschließlich 2. Januar

Die Ferienpläne wechseln jährlich. Diese Angaben sind nur ungefähre.

Polizei

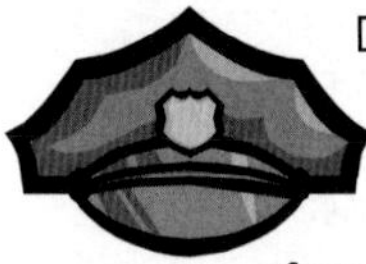

Die Polizeipräsenz in New Mexico war viel stärker als in Deutschland. Selbst meine kleine High School hatte ihren eigenen Sheriff. Ich hab mich natürlich nicht geniert, diese Ordnungshüterin anzusprechen. Mir wurden freundlichst ihre Schusswaffen, Handschellen, Schlagknüppel, Pfefferspray etc. gezeigt und erklärt. Auf Wunsch wurde ich in Handschellen gelegt und durfte auf der Rückbank des Überfallautos sitzen. Fast täglich grüßte sie mich. Sie war also sehr freundlich. Eine weitere Polizistin fuhr mich eines Tages nach Hause, da ich keine Fahrgelegenheit gefunden hatte. Doch aufgepasst: Sollte sich jemand trauen, gegen das Gesetz zu verstoßen oder sich gegen die Police zu wehren, wird er heftigst „an die Brust genommen". Die Polizei ist wachsam und überall zu finden. Ob Notrufsäulen, Tierschutzpolizei oder Beamte auf Pferden – die Kontrolle des Staates funktioniert. Mein 700-Seelen-Ort hatte eine eigene Polizeistation mit fünf Einsatzwagen. Auf der einen Seite fühlt man sich sicher, andererseits doch sehr beobachtet ...

Rauchen

Rauchen ist in den Vereinigten Staaten out. Wir sehen in der Werbung die „Marlboro-Cowboys", doch die gibt es in der Realität leider nicht. Rauchen ist an vielen öffentlichen Plätzen verboten – genauso wie Zigarettenwerbung. Die Firmen haben aus erfolgreichen Klagen in Millionenhöhe gelernt, machen sogar im TV selbst auf die Gefahren des Rauchens aufmerksam und bieten Tipps zur Entwöhnung. Um ehrlich zu sein: Ich habe mehr Volkswagen-Käfer als „Qualmstangen" gesehen. Nur wenige Haushalte haben überhaupt einen Aschenbecher. Übrigens ist Rauchen besonders bei Jugendlichen verpönt, da es den Leistungen im Sport gewiss schadet.

Drogen

Ich hatte mit diesem Thema nicht viel zu tun. Doch weiß ich, dass das Gramm Marihuana fast das Dreifache kostet wie bei uns. Während sich bei uns einige „den Kick" mit härteren Drogen verschaffen, gibt es in den USA spezielle Pilze und neue chemische Substanzen. Viele machen so ihr

Leben zunichte. Immer populärer wird unter anderem das „Sniffing“ – das Einatmen von Klebstoffen, Gasen und ähnlichen Chemikalien. Dies hat mir sogar Probleme bereitet, da ich, als ich noch siebzehn war, weder Alleskleber noch Spraydosen (für mein „Pimp-my-ride-Projekt“) kaufen konnte. Doch der gefährliche Cocktail aus Drogen und Schusswaffen ist wirklich schlimm. Deshalb sollte man sich von diesen Kreisen weit fernhalten. Drogen schienen in meiner Gegend öfter konsumiert zu werden als in Deutschland. Um aber nicht den schwarzen Peter an die Wand zu malen: Natürlich gibt es überwiegend Schüler, die sich auf bessere Weise „zu behaupten“ wissen. Dies alles liegt am Freundeskreis, den du dir selber aussuchst.

Genau wie beim Alkohol wurde mir am ersten Tag gesagt, dass man mich bei einem eventuellen Verdacht auf Drogenmissbrauch einem Rauschmitteltest unterziehen würde, denn da hört die Freundschaft auf!

Waffen

Ihr werdet eventuell die Möglichkeit bekommen, eine so genannte Gunshow oder einen Waffenladen zu besuchen. Falls du dann schon achtzehn bist und ein Bankkonto besitzt, darfst du einkaufen, was das Zeug hält! In Amerika ist man stolz auf das Recht und die Freiheit, Schusswaffen zu tragen. Dies ist sicher nützlich für den Hobbyjäger. Doch über 11.000 Tote pro Jahr durch Schusswaffengebrauch sind keine nette Sache. Meine Gasteltern haben zwar eine Abneigung gegenüber der „Waffe unterm Kopfkissen“, besitzen aber trotzdem ein Schrotgewehr zum Schutz vor Bären und Wölfen. Auf die Frage an meine Mitschüler, ob sie Waffen besäßen, gaben viele zu, eine oder gleich mehrere zu besitzen. Ein guter Kollege hatte sogar ein Maschinengewehr, deutsches Modell aus dem Zweiten Weltkrieg!

Natürlich habe ich dieses Thema mit Jugendlichen diskutiert wie alles andere auch. Meistens wird als Grund halt mit dem Recht auf Freiheit und Schutz argumentiert. Wir hätten unser Bier und die Autobahn, Amerika halt Waffen. Doch an dieser Sache ist etwas Wahres dran: Die Geschichte des Waffengebrauchs ist ebenso lang wie die Geschichte Amerikas selber. Im Schulfach US History habe ich erfahren, dass Waffen (wie bei uns Bier) zur Kultur gehören und akzeptiert sind. Und das Weiße Haus tut sich noch etwas schwer, die 250 Millionen Schusswaffen zu verbieten ...

Liebe und was dazugehört ...

Dies ist sicherlich ein interessantes Thema. Das klassische „Daten" wird noch heute umgesetzt. Dabei muss der Junge tief in die Tasche greifen und seine Liebe „verwöhnen", ob ins Kino oder zum Essen einladen. Als Frau hast du also deine Vorteile (bis auf Kosmetik, teure Kleider, ...).

Da wird es schon schwieriger, wenn man in der Heimat seine Beziehung beibehält. Für beide Partner kann ich mir das nur sehr schwer vorstellen. Als Beispiel dient eine Schülerin aus Deutschland. Sie hatte mit ihrem Freund fast jeden Tag telefoniert, doch nach vier Monaten war die Beziehung hinüber. Sie fand einen Neuen in den Staaten. Natürlich gibt es auch andere Beispiele.

Ich hatte mit meiner damaligen Freundin vereinbart, die Beziehung vorerst zu beenden und nur freundschaftlich in Kontakt zu bleiben. Ich denke, ihr ist die Entscheidung leicht gefallen. Heute sieht man, dass wir uns über das Jahr so verändert haben, dass ein Neuanfang unmöglich ist. Generell wird von allen Organisationen die „Zeugung eines Kindes" verboten. Denn, wenn dies passiert, geht's meistens sofort nach Hause, Klagen auf Unterhalt etc. folgen sicher. Also riskieren sollte man gar nichts. Du bist in deiner Umgebung überall bekannt: Jeder kennt den „weißen deutschen Europäer", und somit hast du direkt einen höheren Beliebtheitsgrad beim anderen Geschlecht.

Wie genau „das Verlieben" mit seinen guten und schlechten Seiten abläuft, kann ich nicht sagen. Den meisten Amerikanern zufolge sind sie neidisch auf „wild European sex", während wir durch zahlreiche Filme wie „American Pie" das Gleiche von ihnen denken. Aber in Amerika selber ist doch alles prüder. Besonders die Kirche verurteilt den „Akt vor der Ehe". Und viele Jugendliche gehen mit bestem Beispiel voran. Kein Sex vor der Ehe. Daten bzw. Flirten ist okay, nur bei „Liebe" bzw. Beziehung geht es um viel mehr. Meistens sind dann direkt die Eltern des Partners informiert, und dann gibt es eventuell Ärger mit deiner Gastfamilie, wie du dir das denn vorstellst, wenn du am Ende des Jahres wieder weg willst. Zuletzt muss deine Organisation die eventuellen Probleme ausbaden.
Jedoch gibt es auch die andere Seite: Vergewaltigungen oder Unwissenheit führen oft zu ungewollter Schwangerschaft in jugendlichem Alter. Sexualkunde in dem Sinne gibt es nicht, und durch verbotenen Alkoholkonsum ist die „Paarung" komplett. Jedes Jahr müssen Schüler aus der fünften bis achten Klasse (Middle School) Abtreibungen durchführen lassen.

Gehen wir von dem minder schweren Fall aus, sich verliebt zu haben. Nun geht das Jahr bekanntlich schneller als man will vorbei. Dann heißt es Fernbeziehung! Diese Sachen sollten also gut überlegt sein.
Ein gutes Beispiel: Eine ehemalige Gastschülerin bei meinen Gasteltern ist noch nach vier Jahren mit einem Gastschüler aus Spanien zusammen! Sie leben jetzt glücklich in Berlin.

Okay, nehmen wir an, du hast den „Partner deines Lebens" gefunden. Es wird sich schnell überall herumsprechen. Nun heißt es, sich gut zu behaupten, um eine glückliche Beziehung zu haben. Die Reaktion der Gasteltern ist sicher nicht unwichtig. Es ist generell schwieriger, beim anderen Geschlecht zu übernachten oder sich zusammen in ein Zimmer zu verziehen. Die Tür muss aus Höflichkeit vor den Eltern offen bleiben – wenn dies überhaupt erlaubt ist!

Außerdem gibt es das lustige System „to hook up with somebody". Entweder ist es das klassische „Verkuppeln" oder eine geplante Kurzbeziehung zum Testen mit bekanntem Ende. Es wird sich also kurz entschlossen verliebt. Entweder es ist nach drei Tagen vorbei oder es gibt (in seltenen Fällen) eine längere Beziehung.

(Falsche) Freunde finden

Wie auch bei uns kann nicht jeder dein Freund sein, und es wird auch Feinde geben. Manche wollen einfach nicht mit dir reden, andere nutzen dich aus. Wiederum andere „Freunde" wollen dir zeigen, wie man „cool" sein kann und lassen dich „Mutproben" bestehen. Dies kann vom „Pinchen Bier auf ex trinken" bis hin zu den wildesten und gefährlichsten Sachen gehen. Also einfach immer auf der Hut sein, und nach einiger Zeit wirst du ganz von alleine sehen, wer ein echter Freund werden könnte! Schwerer wird's, wenn du dich mehr mit Austauschschülern (schlimmer noch mit deinen Landsleuten) unterhältst als mit Amerikanern. Dies kann schnell zu einer Ausgrenzung der ganzen Gruppe führen.

In den Staaten ist es mehr oder weniger einfach Freunde zu finden. Wer hat schon einen Austauschschüler als Freund? Freundschaften sind sehr schnell geschlossen. Die extreme Gastfreundschaft ist zwar toll, aber man sollte es nicht zu ernst nehmen: Sagt dir jemand „If you are in my area, just come and visit me", ist nicht unbedingt gesagt, dass er/sie dich wirklich nochmal sehen will! „Gute" Freundschaften kommen manchmal auch dadurch nicht zu Stande, dass sich der Amerikaner bewusst ist, dass du nach einem Jahr „eh wieder weg“ bist. Der Kontakt schwindet also rapide, und bei den meisten gerät man in Vergessenheit.

Streets like Route 66

Die berühmte Route 66 war früher sicherlich eine wichtige Straße, sogar die erste, die die Westküste mit der Ostküste verbunden hat. Heute ist die Straße hauptsächlich der wunderschönen Landschaftsbilder wegen bekannt. Über das ganze Jahr habe ich diesen knapp 3600 Kilometer langen Asphalt fast täglich überquert.

Unter einem Highway verstehen wir leider fälschlicherweise eine Autobahn. Ein Highway ist aber mit einer Landstraße zu vergleichen. Je nach Bundesstaat variiert die Geschwindigkeitsbegrenzung. Trotz manchmal fehlender Seitensteifen ist am Highway, der an meiner Unterkunft vorbeigeht, die Geschwindigkeit auf maximal 65 Meilen pro Stunde (mph) beschränkt (speed limit). Dies entspricht zirka 100 Stundenkilometern. Die USA besitzt das größte Autobahnnetz der Welt. Platz zwei belegt übrigens Deutschland. Wenn Amerikaner was von uns kennen, dann ist es die „Ä-u-to-baan“. Vorgestellt als riesige Asphaltplatte von Nord nach Süd und West nach Ost. Wie eine superlange Flugzeuglandebahn – ohne Geschwindigkeitsbegrenzung!

Freeways und Interstates ähneln mehr den Autobahnen (getrennte, mehrspurige Fahrstreifen, kreuzungsfrei). Außer der Pkw-Maut in einigen Staaten gibt es keine großen Unterschiede. Das Speed limit auf den Interstates und Freeways beträgt generell 75 mph (ca. 120 km/h).

Auf den Straßen kann man sich schlecht verirren: Ungerade Nummern verlaufen in Nord-Süd-Richtung, gerade Nummern in Ost-West-Richtung. Wichtige Nord-Süd-Straßen enden mit der Ziffer 1, wichtige Ost-West-Straßen mit der Ziffer 0. Je weiter die Straße im Westen bzw. Süden gelegen ist, desto höher die Straßennummer. Im Gegensatz dazu verwenden die Interstate Highways ein umgekehrtes Nummernschema. Straßennummern über 101 sind Nebenstraßen, die von der Hauptroute abweichen; beispielsweise ist US Highway 331 die dritte Nebenstraße, die von der US 31 abzweigt. Zusätzlich steht unter dem Schild meist die Himmelsrichtung (North, East, South, West), in die die Straße führt.
Die Beschilderung und Verkehrsregeln sind den europäischen sehr ähnlich.

Übrigens wird in den USA auch auf der gleichen Seite wie bei uns – also rechts – gefahren. Die Engländer sind so ziemlich die Einzigen, die auf der anderen Straßenseite fahren. Politisch gesehen logisch, da Amerika bewusst alles „anders herum" macht als die Engländer. Dies geschah aus dem Drang nach Unabhängigkeit vom englischen Königreich, wofür der „Independence Day" vom 4. Juli 1776 steht.

Wetter: Sonne, Schnee und Hurrikans

In den USA ist das Wetter vielerorts extremer als in Europa. So ist es in Arizona staubtrocken, in Texas schwül-heiß, in Alaska herrscht Schneetreiben, während es in New York regnet und ein weiterer Tropensturm auf Florida zurast! Somit kann man sagen, dass die USA so ziemlich alle Klimaregionen beherbergen. Skifahren auf den Rocky Mountains, Heißluftballonfahren in New Mexico, Surfen in Miami – wegen dieser Vielfalt reisen Amerikaner lieber im eigenen Land! Die unglaubliche Natur mit ihrer Pracht und Formenvielfalt lockt jährlich Millionen Menschen aus allen Kontinenten an.

Besuch während des Jahres

Möchten dich deine Freunde oder deine Familie aus der Heimat besuchen, ist das bei einigen Organisationen erlaubt. Jedoch sollte dies möglichst am Ende des Gastschuljahres erfolgen, da der Abschied sonst doppelt so schwer fallen könnte und Heimweh auslöst. Ein Besuch sollte natürlich mit deinen Gasteltern abgesprochen sein und unbedingt auch vom Austauschschüler gewollt sein. Wenn du die Staaten zwischenzeitlich verlassen willst (wie ich zum Beispiel, als ich meine Eltern in Mexiko besucht habe), muss dies frühzeitig geplant werden. Beispielsweise brauchst du eine Genehmigung der US-Behörden zur Wiedereinreise.

Cowboys und Indianer

Wir alle wissen, dass Cowboys und Indianer wie wir sie aus Hollywood kennen in den USA nicht mehr existent sind. Aber, wenn man genau hinschaut, gibt es noch heute die „Einheimischen" und die „Räuber".

Mein Gastvater ist Hispanic, trägt aber einen „Cowboyhut". Für ihn ist dieser ein praktischer Sonnenschutz. Andere tragen den Hut zur Identifikation: als „starker Amerikaner".

Indianer gibt es auch heute noch. Diese leben zum Teil noch nach alten Bräuchen und eigenem Glauben. Doch sind sie gezwungen, die staatliche Schule zu besuchen und sind somit auch mit der „modernen Welt" verbunden. Ich habe selber einen Indianer gut gekannt. Die Indianer, die wieder ihr heimisches Land zurückbekommen haben, leben meistens in Reservaten. In Wohnungen vom Staat kämpfen die Ureinwohner Amerikas um ihre Tradition. Die Moderne mit Alkohol und Drogen wird jedoch vielen zum Verhängnis und führt zu Familientragödien und Kriminalität.

Auf Festen kann man je nach Pueblo (Stamm) das Gelände besichtigen. Jedoch ist das Betreten vieler Bereiche verboten. Falls man die Regeln nicht einhält, gibt es saftige Geldstrafen durch die Pueblo-Polizei. Meistens ist auch das Fotografieren verboten. Normalerweise breche ich gerne Regeln, aber in diesem Fall habe ich wirklich keine Fotos gemacht ... und wenn, dann nur da, wo es erlaubt war. Man sollte also unbedingt Respekt vor der aussterbenden und echten amerikanischen Kultur haben.

Essen

Das Essen in Amerika ist sicherlich vielfältig und in jeder Ecke anders. So hatte zum Beispiel das Essen in New Mexico einen mexikanischen und spanischen Einfluss, während es im Nordosten Amerikas dem europäischen ähnelt.

Je nach Lust und Laune kann man sich selber hochgesunde Nahrung zubereiten oder einfach in Junkfood bzw. Fast Food investieren: wobei Letzteres sicher einfacher, schneller und ungesünder ist! Aber ehrlich gesagt ist selbst Junkfood „köstlicher" als bei uns. Saftigeres Fleisch, mehr Beilagen und Auswahlmöglichkeiten. So gibt es überall unter anderem eine größere Auswahl an frischen Salaten und Gemüse. Gentechnik sei Dank.

Ein großer Unterschied zu unseren Lebensmitteln sind aber die Inhaltsstoffe. So kann etwas nach etwas aussehen, aber nach etwas ganz anderem schmecken. Ich rede von bananengelben Süßigkeiten, die nach

Erdbeere schmecken, und giftgrünem Gebräu, das wie normale Limonade schmeckt. Ein anderer Unterschied sind die höheren Mengen an Konservierungsstoffen. Bei einem fast vier Liter (eine gallon) fassenden Gefäß mit Milch ist das schon sinnvoll. Während wir geöffnetes Toastbrot nach ein paar Tagen wegen Schimmelbefalls wegschmeißen müssen, hält ein US-Brot ein bis zwei Wochen. Dies hängt natürlich auch vom jeweiligen Klima des Ortes ab.

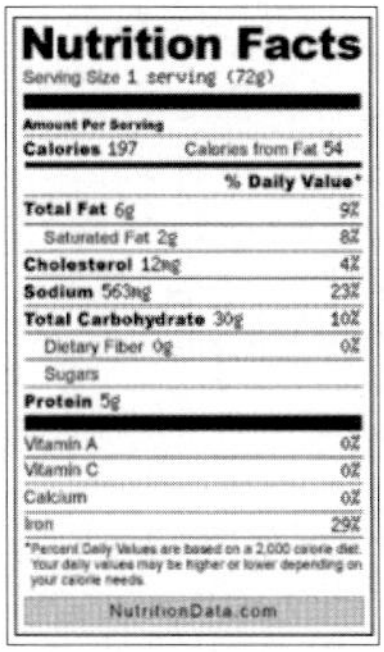

Nutrition Facts

Serving Size 1 serving (72g)

Amount Per Serving	
Calories 197	Calories from Fat 54
	% Daily Value*
Total Fat 6g	9%
Saturated Fat 2g	8%
Cholesterol 12mg	4%
Sodium 563mg	23%
Total Carbohydrate 30g	10%
Dietary Fiber 0g	0%
Sugars	
Protein 5g	
Vitamin A	0%
Vitamin C	0%
Calcium	0%
Iron	29%

*Percent Daily Values are based on a 2,000 calorie diet. Your daily values may be higher or lower depending on your calorie needs.

NutritionData.com

Auf jeder Produktverpackung befindet sich eine einheitliche Tabelle „Nutrition Facts" mit Informationen über die Inhaltstoffe, Kalorien, Fette, Vitamine, Mineralien und Co. Wer also Angst um seine Figur hat, kann sich dementsprechend verhalten und zum Beispiel Kalorien zählen.

Wenn die Ernährung zu ungesund erscheint, sollte man mit seinen Gasteltern reden. Denn die Nahrung ist garantiert eine große Umstellung für den gesamten Organismus. Am besten hilft jedoch, einfach mal anzubieten, mal selber zu kochen bzw. mitzuhelfen!

Selbst die Qualität des Schulessens ist staatlich kontrolliert. Das nützt aber nichts, wenn die Küche der School Cafeteria schlecht ist (so wie es auf meiner High School der Fall war). Notfalls kann man sich sein eigenes Lunchpaket mitbringen. Es gibt eine weite Palette von flüssiger Pampe bis zum kulinarischen Hochgenuss. Einfach Unbekanntes ausprobieren und nach dem Motto „Du bist, was du isst" leben!

Kaiserschmarren, Kuchen wie Weihnachtsstollen, Schnitzel, Brot oder Kartoffelpuffer bzw. Reibekuchen sind garantiert die Renner in den USA. Einiges ist einfach zu kochen, für andere gibt es spezielle Kochbücher, die deutsche Spezialitäten mit Rezeptur auf Englisch anbieten. Denn nicht nur die Messgrößen sind andere als bei uns, auch einige Zutaten wie zum Beispiel Quark kennt kaum ein Amerikaner.

Unter anderem findet man auf www.kochen-international.de und www.usa-kulinarisch.de viele tolle Rezepte aus der deutschen, amerikanischen und internationalen Küche.

Piercings und Tattoos

Der Trend „Fremdkörper am Körper“ ist sicher auch in den USA weit verbreitet. Fernab von den leiblichen Eltern könnte man doch schnell in Versuchung kommen, sich ein Piercing stechen zu lassen oder ein Tattoo in seiner Haut zu verewigen.

Jede Organisation hat ihre eigenen Regeln bezüglich dieser Mode. So kann es sein, dass es entweder ganz verboten wird oder nur mit vielen Einschränkungen erlaubt ist. Eine schriftliche Zustimmung deiner Eltern ist auf jeden Fall Voraussetzung. Wie man weiß, ist diese Mode auch mit Gefahren wie zum Beispiel Infektionen verbunden. Sollte also etwas schief gehen, ist es sehr schwer, als Austauschschüler den Künstler/Stecher zu verklagen. Hier ist auch wieder die Verantwortung deiner Gasteltern gefragt.

Am Anfang des Schuljahres musste ich in der Schule eine Art Vertrag unterschreiben, dass ich die Regeln und Kleiderordnung verstanden habe und befolgen werde. Der „Dress Code“ ist je nach Schule unterschiedlich. Zwar gibt es auf den meisten öffentlichen Schulen keine Schuluniform, aber eine Regelung hinsichtlich „Do’s and Don’ts“ der Kleidung. Bauchfreie Kleidung, zu kurze Röcke oder Piercings waren strikt verboten. Sicherlich gibt es Ausnahmen, wo ein Piercing/Tattoo zu sehen sein darf, aber sein Ansehen verliert man meistens gegenüber Erwachsenen und den Gasteltern ... Piercings und Tattoos haben ihren Ursprung im Piratenleben und bei afrikanischen Stämmen. Willst du ein einsamer „Captain Hook“ werden?

Post und Versand

Wie bei uns die Deutsche Post gibt es in Amerika die United States Postal Service (kurz USPS). Die Kosten sind je nach Größe und Gewicht unterschiedlich.

Nationale Preise:
Postkarte: 0,23 US-$ Brief: 0,37 US-$ 5-kg-Paket (11 lbs): ab 14,00 US-$

Der Buchversand ist günstiger. Paketpreise variieren je Zielort innerhalb des Landes. Ein Brief oder Päckchen quer durch die USA dauert zirka zwei Tage. Wenn man weit auf dem Land lebt, kann man noch ein, zwei Tage dazurechnen.

USA nach Europa – Internationale Preise:
Postkarte: 0,70 US-$ Brief: 0,80 US-$ 5-kg-Paket (11 lbs): ab 27,00 US-$

Ein Brief bzw. eine Postkarte nach Deutschland dauert zirka eine Woche via Luftpost. Das hier errechnete 5-kg-Paket dauert zirka vier bis zehn Wochen, da es mit dem Schiff transportiert wird. Schneller geht es per Luftpost (eins bis zwei Wochen), allerdings für den doppelten Preis. Wenn es nur zwei bis drei Tage dauern soll, zahlt man über das Dreifache (5 kg = 92,00 US-$).

Grundsätzlich gilt: Der Versand ist mit anderen Versandanbietern (UPS, Fedex, DHL) nur selten günstiger. Nicht in allen Preisen ist eine Versandversicherung inbegriffen.

Der Versand von Büchern aus den USA ist zum Teil viel günstiger als normale „Post". Bücher kann man wunderbar versenden, besonders wenn man am Ende des Jahres zu viel Gepäck hat.

Unter www.usps.com (Menüpunkt „Calculate Postage") kann man einfach die aktuellen Preise ausrechnen lassen. Die Preise in andere Länder sind überwiegend gleich.

Deutschland – international / USA:
Postkarte: 1,00 Euro Brief: 1,55 Euro 5-kg-Paket: ab 32,00 Euro (DHL)

Ein Brief bzw. eine Postkarte nach Amerika dauert zirka eine Woche via Luftpost. Das hier errechnete 5-kg-Paket dauert zirka vier bis acht Wochen, da es mit dem Schiff transportiert wird. Für 16 Euro mehr geht es auch per Luftpost (eine Woche). Versicherung bis 500 Euro kostet noch einmal 6 Euro. Päckchen unter zwei Kilogramm gibt es ab 12,90 Euro. Auch hier ist die Deutsche Post meistens günstiger als andere Versandanbieter.

Statt eines Briefes kann man auch ein Aerogramm (gefalteter Bogen Briefpapier bis 5 g) für einen Euro senden. Unter www.dpwn.de (Menüpunkt „Produkte und Leistungen") kann man einfach die aktuellen Preise ausrechnen lassen. Die Preise für andere Länder sind überwiegend gleich.

Es gibt einige Einschränkungen: Die Zollbestimmungen sollte man unbedingt beachten und ehrlich ausfüllen. Bei Waren mit höherem Wert kann es zu Gebühren kommen. Alkohol und Bargeld dürfen nicht versendet werden. Mehr Infos bietet ein US-Konsulat und www.zoll.de.

Military

Das Militär in den USA ist sicher etwas anderes als bei uns. Das hoch aktive Military of the United States ist aufgeteilt in Army, Marine, Air Force, Navy und Coast Guard. Jährlich geben die USA für die Erhaltung der Freiheit mehr Geld aus als China, Russland, Japan, England, Frankreich, Deutschland, Italien und dreizehn weitere Staaten zusammen!

Die Wehrpflicht (Draft) ist in den USA seit 1973 abgeschafft. Somit mangelt es an Streitkräften für die aktuellen Kriege. Wie ihr in meinem Tagebuch lesen könnt, wurde auch ich gefragt, ob ich nicht für einen vierstelligen Betrag in die Armee eintreten wolle. Ausländer werden laut meinem US-History-Lehrer mehr als je zuvor genommen. Eine Greencard würde ich auch noch gratis bekommen! Also, falls ihr plant, in den Staaten noch ein paar Jahre ins Militär zu gehen, um dann die Staatsangehörigkeit zu bekommen und ziemlich sicher in Irak und Co. sterben wollt – hier ist die Chance. Ich denke, dass hinter der US-Armee viele hoch motivierte Personen stehen, die ihr Land und dessen Freiheit verteidigen. Aber mal ehrlich: Die „coole" Werbung und Sprache der Army zieht besonders ärmere Familien an. Denn statt eines teuren Studiums können die Schüler schon nach der elften Klasse in die Armee eintreten und etwas verdienen. Für viele der einzige Weg aus der Armut. Bestraft wird man mit dem Einsatz im Krieg. Kommt der oder die Heldin in einem Jahr zurück, ist die Freude groß und er/sie wird gefeiert. Viele berühmte Militär-Universitäten zeichnen sich durch ihre Leistungen in der Ausbildung und im Sport aus. So ist mein US-Neffe Antonio für die US Army im Ringkampf (Wrestling).

Gesunder Patriotismus

In den USA gibt es sicher einen starken Nationalstolz. Somit hat man sofort schlechte Karten, wenn man Amerika pauschalisiert bzw. im Gesamten kritisiert. Ich habe schnell erfahren, dass nicht alle Kulturen in Amerika mit der aktuellen Politik übereinstimmen, aber trotzdem stolz wie Oskar auf die eigene Flagge sind. Meiner Meinung nach ist dies ein durchaus gesunder Patriotismus, der bei uns nicht so stark ausgeprägt ist. Die Menschen packen so gemeinsam an, helfen sich und sind meist friedlicher gegenüber anderen Kulturen und Gästen. Ausländer passen sich deshalb dem Land besser an und leben friedlicher. Aber Ausnahmen gibt es natürlich immer.

Reisen, Reisen ...

Besonders schön ist es, im Gastland zu reisen, wenn man doch schon mal da ist. Doch dies ist natürlich mit weiteren Kosten verbunden, die man vor einem Auslandsjahr mit einkalkulieren sollte. Vielleicht kann man seine Gasteltern zu einem größeren Ausflug überreden. Ich bin damals mit meiner Betreuerin und den anderen Gastschülern meines Gebietes gereist. Doch ohne die Erlaubnis deiner Eltern, Gasteltern und der Organisation geht nichts! So sollten von einer Reise immer alle informiert und eine ältere Person mit dabei sein. Bei Reisen in ein Nachbarland (wie zum Beispiel von den USA nach Kanada oder Mexiko) gibt es auch selten Probleme. Ausreisen kann man immer – nur wieder in dein Gastland einzureisen könnte zum Problem werden. Hier weiß die Organisation Bescheid. Ich musste zum Beispiel einen Teil meines Visums nach Boston schicken, um meine Wiedereinreise-Erlaubnis zu erhalten! Melde dich von deiner großen Erkundungsreise regelmäßig bei deinen (Gast-)Eltern, denn sie sind immer noch verantwortlich, falls dir etwas passiert.

Religion und Glaube

In den USA ist der religiöse Glaube weitaus bedeutsamer als in Deutschland: Zirka 86 Prozent der Bevölkerung gehören dem Christentum an. 7,5 Prozent gehören zu keiner Religion, der Rest entfällt auf Agnostiker, Islam, Unitarier, Buddhismus, Hinduismus und indianische Religionen. Zu den Mormonen bekennen sich 2,8 Millionen, die Zeugen Jehovas sind mit zirka 1,8 Millionen vertreten, für Scientology werden mindestens 150.000 Mitglieder geschätzt (laut eigenen Angaben über acht Millionen).

Es kann also durchaus passieren, dass du in einer Mormonenfamilie landest. Laut internationalen Regeln ist dies aber wenig problematisch: Gasteltern dürfen dich in deinem Glauben nicht beeinflussen, so solltest du auch deren Glaube nicht kritisieren.

Vieles ist anders als in Deutschland, wie zum Beispiel die Sonntagsmesse. Deshalb solltest du auf jeden Fall wenigstens einmal mitgehen und dir das anschauen. Es war für mich eine riesige Erfahrung. Jedes Wochenende besuchte ich mit meinen Gasteltern die kleine Kirche in Chilili. Ich ging zwar nicht mit riesiger Begeisterung mit, sondern für meine Gasteltern. Je nach Gastfamilie ist es doch komisch, nicht mitzugehen. Dies ist natürlich jedem selbst überlassen.

Eines Tages wollte ich unbedingt in die Stadt, und mein Gastvater hat sich geweigert, zu fahren. Aus Überreaktion sagte ich: „Ihr fahrt jedes Wochenende in die Kirche, warum fahrt ihr mich nicht in die Stadt?" – Hier hatte ich eindeutig die Grenze überschritten, und er fand das gar nicht lustig. Zum Glück war am nächsten Tag Sonntag. Ich ging mit in die Messe und „dem Nächsten" war vergeben! Religion schafft also Frieden.

Auch in der „Pledge of Allegiance" heißt es: „... one Nation under God". Gemeint sind die Vereinigten Staaten, die unter Gottes Schutz stehen. In der Schule wird das Gelöbnis täglich gesprochen: Doch da man die Schule von Religionen und Evolutionstheorie abgrenzen will, wird seit Jahren diskutiert, ob dieser Satzteil nicht die Freiheit der Schüler einschränke ... Ich hab's immer mit aufgesagt.

Shopping!

Einkaufen in den USA habe ich als viel angenehmer empfunden als in Deutschland. Die Verkäufer sind freundlicher, die Geschäfte sind zum Teil sauberer und besser klimatisiert. Die Toilettennutzung ist auch unkomplizierter als bei uns!

In den riesigen amerikanischen Discounter-Ketten, die mittlerweile Europa erobern, kann man alles kriegen. Von der Tablette über Brillen und Jagdgewehre bis hin zu Haribo-Goldbären und Nutella. Wie Walmart haben auch große Geschäfte rund um die Uhr, also „24/7" geöffnet. Keine Mittagspause, keine Hektik! Sogar die kleinsten „Tante-Emma-Lädchen" nehmen Kreditkarten und Reisechecks an. Viele Ladenketten spezialisieren sich auch auf nur eine bestimmte Rubrik an Artikeln. So gibt es Geschäfte, die nur Computerspiele verkaufen, und andere, die alleine Sitzsäcke verkaufen! Zu viel Geld? – Hier wird man sein Geld sicher los!

Telefonieren innerhalb der USA

Meine Gasteltern haben viel telefoniert. Manchmal stundenlang. Da blieb mir immer wenig Zeit zum Telefonieren. Okay, stundenlang habe ich natürlich auch telefoniert. Zufälligerweise wollte meine Gastmutter immer dann telefonieren, wenn ich wollte. Und wenn mich jemand anrief, gab es manchmal Ärger, da sie dachte, der Anruf sei für sie. Sicherlich ist diese Situation in jeder Gastfamilie anders. Am besten redet man mit den Gasteltern über die Sprechzeiten. Darf ich die Rufnummer meiner Gasteltern Schulkameraden weitergeben? Muss ich etwas zahlen? Gespräche innerhalb eines Ortes sind kostenlos.

Telefonnummern sind normalerweise zehnstellig und folgendermaßen aufgebaut:

123	456	7890
Area Code	Local Code	Number
normalerweise je nach Bundesstaat verschieden	Gebiet, Region	Telefonanschluss

- Wenn man also seinen Nachbarn anrufen will, wählt man immer den Local Code und dann die Nummer.

- Telefonieren außerhalb des Local Code ist kostenpflichtig.
  Um in einen anderen Staat (andere Area) zu telefonieren, wählt man 1 + Area Code + Local Code + Number

- Um aus den USA ins Ausland zu telefonieren: 011 + Country Code + Nummer; für Deutschland also: 011 49 1234 5678 – wobei die erste 0 der Vorwahl entfällt. Country Codes: Deutschland – 49, Schweiz – 41, Österreich – 43.

- Kostenlose Vorwahlen wie Servicenummern und Calling-Cards: 1-800, 888, 887. Bei vielen Telefonzellen und Mobiltelefonen zahlt man pro Gespräch einen einmaligen Betrag von 0,25 US-Dollar.

- Abends und am Wochenende ist Telefonieren deutlich günstiger. Zum Telefonieren ins Ausland sollte man einen speziellen Tarif haben, eine Calling-Card, oder man lässt sich aus Deutschland anrufen!

- Der angerufene Gesprächsteilnehmer bezahlt nichts.

- Mobil telefonieren ist teurer und kostet immer. Es muss immer die komplette Nummer mit der 1 voran gewählt werden. Die nationale Auskunft erreicht man unter der 411, die Polizei und die Feuerwehr unter 911.

Calling-Cards

So genannte Calling-Cards kann man in fast jedem Supermarkt oder an der Tankstelle erwerben. Diese enthalten ein bestimmtes Minutenpaket, das man abtelefoniert. Man ruft normalerweise die kostenlose Telefonnummer der Calling-Card an, gibt einen PIN ein und wählt dann die Nummer, die man erreichen will. Somit wird die Telefonleitung des Anschlusses nicht belastet. Funktioniert auch in Telefonzellen und bei Mobiltelefonen.

Calling-Cards sind im Inland sowie im Ausland die günstigste Möglichkeit, zu telefonieren.

Telefonieren von Deutschland ins Ausland

Man wählt einfach 00 + Country Code + gesamte Rufnummer inklusive Area Code.
Der Country Code (Ländervorwahl) für die USA ist 1.
Man wählt also: 00 1 123 456 - 7890.

Wir haben so genannte Vorvorwahlen, die uns erlauben, günstiger zu telefonieren. Bekannt ist zum Beispiel 01013 oder 01015 + Rufnummer. Diese ist je nach Uhrzeit verschieden.
Unter www.billiger-telefonieren.de findet man die günstigste Vorvorwahl. So kann man in die USA für teils weniger als 0,02 Euro pro Minute telefonieren. Dies ist wesentlich günstiger (0,05–0,16 US-$ die Minute) als mit einer Calling-Card von den USA nach Deutschland. Vorvorwahlen gibt es in den USA leider nicht. Der angerufene Gesprächsteilnehmer bezahlt nichts.

Also der günstigste Weg ist, sich einfach vom Heimatland aus anrufen zu lassen! Ich habe mit meinen Eltern eine feste Zeit vereinbart. Wenn ich angerufen habe, bat ich immer um Rückruf!

Zeitzonen

In den USA gibt es insgesamt sechs Zeitzonen. Je weiter man in den Westen reist, desto größer ist die Zeitverschiebung. Somit gilt: Wenn es bei uns 12 Uhr mittags ist, ist es in New York 6 Uhr morgens und auf Hawaii erst 1 Uhr morgens. Ein „netter" Scherz zu den Mitschülern: „Wenn es bei euch große Katastrophen gibt, wissen wir schon sechs bis elf Stunden früher Bescheid!"

Und so sehen die Zeitzonen aus:

- EST: Eastern Standard Time = MEZ –6 Stunden
- CST: Central Standard Time = MEZ –7 Stunden
- MST: Mountain Standard Time = MEZ –8 Stunden
- PST: Pacific Standard Time = MEZ –9 Stunden
- AKST: Alaska Standard Time = MEZ –10 Stunden
- HST: Hawaiian Standard Time = MEZ –11 Stunden

MEZ = Mitteleuropäische Zeit (Berlin) = CET (Central European Time)

Oft verlaufen die Grenzen der Zeitzonen zwischen den Bundesstaaten. In einigen Bundesstaaten, wie in Nebraska, gibt es aber zwei Zeitzonen, da die Grenze direkt durch den Bundesstaat verläuft.

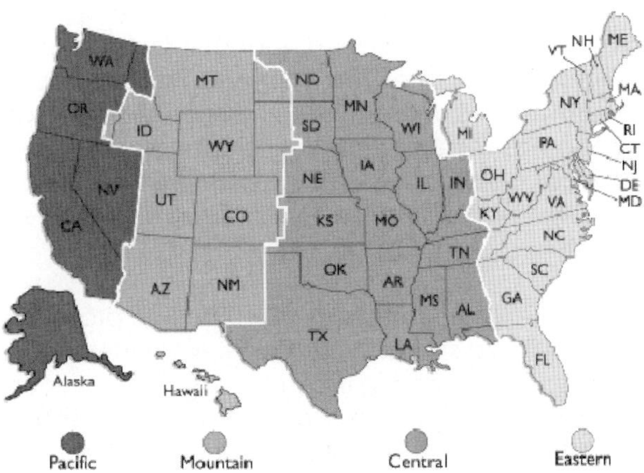

Original time zone map provided by www.worldatlas.com.

Zeitumstellung in den USA, in Kanada und Mexiko

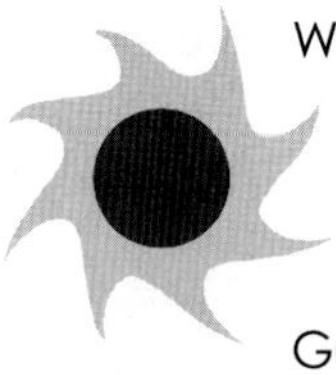

Wer immer auch das System der Zeitumstellung erfunden hat: Am letzten Sonntag im Oktober wird die Uhr auf Winterzeit gestellt. Am ersten Sonntag im April beginnt wieder die Sommerzeit. In den US-Bundesstaaten Arizona, Hawaii und Teilen von Indiana (mit Eastern Time) sowie in Puerto Rico, Guam, den Virgin Islands und American Samoa gibt es keine Zeitumstellung. In Kanada (außer in der Provinz Saskatchewan) und Mexiko sowie auf Kuba und auf den Bahamas gelten die gleichen Zeitumstellungsregeln wie in den USA.

Neu: Ab 2007 beginnt die Sommerzeit in den USA immer am zweiten Sonntag im März. Zudem wird auch der Wechsel von der Sommerzeit zur Winterzeit/Normalzeit verschoben. Hier gilt dann zukünftig der erste Sonntag im November als Umstelltermin. Amerika „tickt" dann anders, da man herausgefunden hat, dass der Wechsel an anderen Tagen zu erheblicher Stromersparnis führt.

Ein gute Eselsbrücke um sich die Richtung der Zeitumstellung zu merken: „Spring forward – Fall back"!

Politik

Das politische System der USA ähnelt mehr oder weniger unserem. Es gibt zwei Regierungsebenen: die des Gesamtstaates und die der 50 Gliederstaaten nach dem Prinzip des Föderalismus. Im Folgenden nun eine kleine Erläuterung über das politische System. Es ist immer sinnvoll, sich vor einem Gastjahr mit der Geschichte und der Politik auseinander zu setzen und sich zu informieren.

Laut Verfassung ist die Regierungsform der USA eine präsidiale Demokratie. An der Spitze steht der Präsident, vermittelt über Wahlmänner und von den amerikanischen Bürgern für vier Jahre gewählt. Der Kongress besitzt zwei Kammern. Das Repräsentationshaus wird alle zwei Jahre gewählt. Die Anzahl der Abgeordneten im Weißen Haus hängt von der Einwohnerzahl der verschiedenen Bundesstaaten ab.

Im Senat wird alle zwei Jahre ein Drittel der Abgeordneten gewählt. Sogar der kleinste US-Staat hat das Recht auf zwei Senatoren. Durch die beiden Staatsorgane in einem System ist eine gegenseitige Kontrolle (checks and balance) gewährleistet. Der Supreme Court (Judikative) wacht über die Einhaltung der Verfassung.

Die führenden Parteien sind die Republikanische Partei (Republicans) und die Demokratische Partei (Democrats). Bei der Präsidentschaftswahl finden zuvor Vorwahlen (Primaries) statt. Die jeweiligen Gewinner stehen dann zur Wahl (Election).

Das Parteiensystem der USA wird momentan von der Republikanischen Partei mit konservativer Ausrichtung und der Demokratischen Partei mit liberaldemokratischer Ausrichtung dominiert. Für die Republikaner stand 2004 George W. Bush zur Wiederwahl und für die Demokraten John F. Kerry. Vice-President von Bush ist Dick Cheney.

Das politische System ist in den USA ungewöhnlich stabil. Seit 200 Jahren wird die Demokratie aufrechterhalten.

Am 4. Juli 1776 gewannen die bis dahin nur dreizehn Bundesstaaten die Unabhängigkeit von England. Die Declaration of Independence wurde unterschrieben.

Die Bill of Rights von 1789 gab jeden Bürger wichtige Grundrechte, die bis heute in der Constitution verankert sind.

Die Constitution of the United States ist die Mutter der Verfassung, entstanden aus dem Streit zwischen Föderalisten und Anti-Föderalisten.
Trotz der Religionsfreiheit und der eigentlichen Trennung von Staat und Kirche ist die Politik von christlichen Werten beeinflusst. So enden die Reden des Präsidenten mit den Worten „God bless you" (Gott segne dich). Das Motto der Union ist „In God We Trust". Es erscheint im Staatsemblem sowie auf Münzen und Geldscheinen.

Das House of Representatives kann man mit unserem Bundestag vergleichen. Es besteht aus Vertretern aller Bundesstaaten.

Die 50 Staaten der Vereinigten Staaten von Amerika

Staat *State*	Abkürzung *Abbreviation*	Rufname *Nickname*	Hauptstadt *Capital*
Alabama	AL	The Heart of Dixie	Montgomery
Alaska	AK	Last Frontier	Juneau
Arizona	AZ	Grand Canyon State	Phoenix
Arkansas	AR	Natural State	Little Rock
California	CA	Golden State	Sacramento
Colorado	CO	Centennial State	Denver
Connecticut	CT	Constitution State	Hartford
Delaware	DE	First State	Dover
Florida	FL	Sunshine State	Tallahassee
Georgia	GA	Peach State	Atlanta
Hawaii	HI	Aloha State	Honolulu
Idaho	ID	Gem State	Boise
Illinois	IL	Prairie State	Springfield
Indiana	IN	Hoosier State	Indianapolis
Iowa	IA	Hawkeye State	Des Moines
Kansas	KS	Sunflower State	Topeka
Kentucky	KY	Bluegrass State	Frankfort
Louisiana	LA	Pelican State	Baton Rouge
Maine	ME	The Pine Tree State	Augusta
Maryland	MD	Old Line State	Annapolis
Massachusetts	MA	Bay State	Boston
Michigan	MI	Wolverine State	Lansing
Minnesota	MN	North Star State	St. Paul
Mississippi	MS	Magnolia State	Jackson
Missouri	MO	Show Mc State	Jefferson City
Montana	MT	Treasure State	Helena
Nebraska	NE	Cornhusker State	Lincoln
Nevada	NV	Silver State	Carson City
New Hampshire	NH	Granite State	Concord
New Jersey	NJ	Garden State	Trenton
New Mexico	NM	Land of Enchantment	Santa Fe
New York	NY	Empire State	Albany
North Carolina	NC	Tar Heel State	Raleigh
North Dakota	ND	Peace Garden State	Bismarck
Ohio	OH	Buckeye State	Columbus
Oklahoma	OK	Sooner State	Oklahoma City
Oregon	OR	Beaver State	Salem
Pennsylvania	PA	The Keystone State	Harrisburg
Rhode Island	RI	The Ocean State	Providence
South Carolina	SC	Palmetto State	Columbia
South Dakota	SD	Mt. Rushmore State	Pierre
Tennessee	TN	Volunteer State	Nashville
Texas	TX	Lone Star State	Austin
Utah	UT	Beehive State	Salt Lake City

Vermont Virginia Washington West Virginia Wisconsin Wyoming	VT VA WA WV WI WY	Green Mountain Old Dominion State Evergreen State Mountain State Badger State Equality State	Montpelier Richmond Olympia Charleston Madison Cheyenne
District of Columbia (in Maryland)	DC	Hauptstadt der USA Capital City	Washington

Es gibt mehr Nicknames; hier ist jeweils nur der bekannteste genannt.

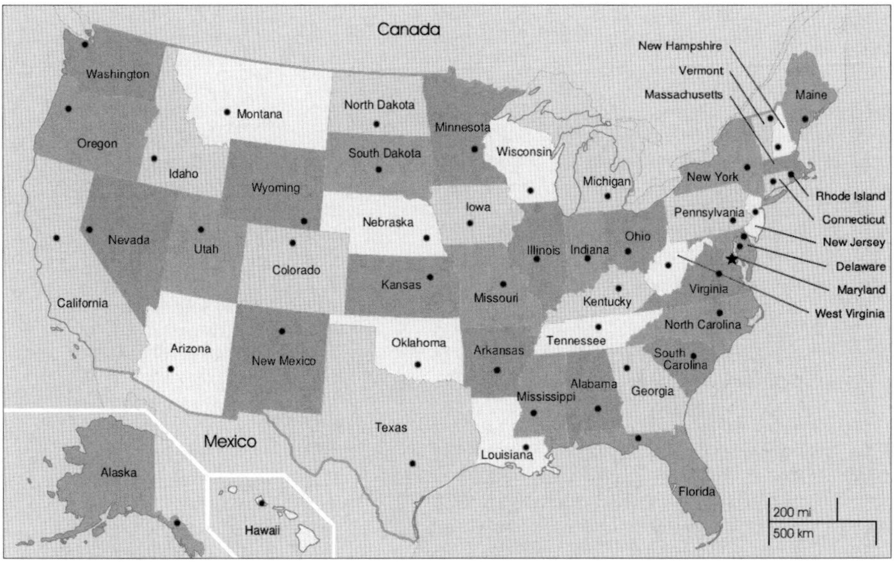

Legende zur Karte:

- Landeshauptstadt (Capital) eines Bundesstaats
- ★ Bundeshauptstadt (Capital City) Washington DC

Chronologie der US-Präsidenten

Nr.	Name	Lebensdaten	Partei	Beginn der Amtszeit
1	George Washington	1732–1799	P	30. April 1789
2	John Adams	1735–1826	F	4. März 1797
3	Thomas Jefferson	1743–1826	J	4. März 1801
4	James Madison	1751–1836	J	4. März 1809
5	James Monroe	1758–1831	J	4. März 1817
6	John Quincy Adams	1767–1848	J	4. März 1825
7	Andrew Jackson	1767–1845	D	4. März 1829
8	Martin Van Buren	1782–1862	D	4. März 1837
9	William H. Harrison	1773–1841	W	4. März 1841
10	John Tyler	1790–1862	W	4. April 1841
11	James Knox Polk	1795–1849	D	4. März 1845
12	Zachary Taylor	1784–1850	W	4. März 1849
13	Millard Fillmore	1800–1874	W	9. Juli 1850
14	Franklin Pierce	1804–1869	D	4. März 1853
15	James Buchanan	1791–1868	D	4. März 1857
16	Abraham Lincoln	1809–1865	R	4. März 1861
17	Andrew Johnson	1808–1875	D	15. April 1865
18	Ulysses S. Grant	1822–1885	R	4. März 1869
19	Rutherford B. Hayes	1822–1893	R	4. März 1877
20	James A. Garfield	1831–1881	R	4. März 1881
21	Chester A. Arthur	1830–1886	R	19. September 1881
22	Grover Cleveland	1837–1908	D	4. März 1885
23	Benjamin Harrison	1833–1901	R	4. März 1889
24	Grover Cleveland	1837–1908	D	4. März 1893
25	William McKinley	1843–1901	R	4. März 1897
26	Theodore Roosevelt	1858–1919	R	14. September 1901
27	William Howard Taft	1857–1930	R	4. März 1909
28	Woodrow Wilson	1856–1924	D	4. März 1913
29	Warren G. Harding	1865–1923	R	4. März 1921
30	Calvin Coolidge	1872–1933	R	2. August 1923
31	Herbert Hoover	1874–1964	R	4. März 1929
32	Franklin D. Roosevelt	1882–1945	D	4. März 1933
33	Harry S. Truman	1884–1972	D	12. April 1945
34	Dwight D. Eisenhower	1890–1969	R	20. Januar 1953
35	John F. Kennedy	1917–1963	D	20. Januar 1961
36	Lyndon B. Johnson	1908–1973	D	22. November 1963
37	Richard M. Nixon	1913–1994	R	20. Januar 1969
38	Gerald R. Ford	* 1913	R	9. August 1974
39	Jimmy Carter	* 1924	D	20. Januar 1977
40	Ronald W. Reagan	1911–2004	R	20. Januar 1981
41	George H. W. Bush	* 1924	R	20. Januar 1989
42	Bill Clinton	* 1946	D	20. Januar 1993
43	George W. Bush	* 1946	R	20. Januar 2001

Legende:

- P = Parteilos
- F = Föderalist: Als Federalists oder Federalist Party bezeichnete sich im

Ursprung jene Parteirichtung, welche die amerikanische Verfassung von 1787 unterstützte.

- J = Jefferson-Republikaner: Die Demokratisch-Republikanische Partei entstand in den Anfangsjahren der Vereinigten Staaten von Amerika als republikanische Partei (nicht zu verwechseln mit den heutigen Republikanern). Da Thomas Jefferson ihr angehörte und großen Einfluss auf ihr Programm hatte, nennt man sie auch Jefferson-Republikaner.
- W = Whig: Die US-amerikanische Whig Party war eine politische Partei in den Vereinigten Staaten von Amerika. Die Partei wurde in Opposition zur Politik von Andrew Jackson ins Leben gerufen und nannte sich selbst Whig Party in Analogie zu den englischen Whigs, die sich dem königlichen Machtstreben in der Restaurationszeit widersetzt hatten.

- D = Demokrat: Die Demokratische Partei (Democratic Party, Democrats) ist neben der Republikanischen Partei eine der beiden großen Parteien in den USA. Ihr inoffizielles Wappentier ist der Esel, obwohl er im Gegensatz zum Elefanten der Republikaner nie offiziell als solches angenommen wurde. Die Parteifarbe der Demokraten ist Blau.
- R = Republikaner: Die Republikanische Partei (Republican Party, auch als Republicans, oder Grand Old Party, GOP, bezeichnet) ist eine der beiden großen Parteien der USA. Sie wurde als Partei unter anderem im Kampf gegen die Ausbreitung der Sklaverei gegründet. Derzeit gilt sie als die konservativere der beiden großen Parteien. Ihr Wappentier ist der Elefant, und die inoffizielle Farbe (die bei Fernsehübertragungen von Wahlergebnissen auf der Landkarte erscheint) ist Rot.

Ein Präsident darf nicht länger als zwei Legislaturperioden regieren.

Vom ersten bis zum heutigen (43.) Präsidenten wurden alle demokratisch gewählt. Somit besitzt die USA eines der stabilsten Demokratien der Welt.

Die Geschichte der USA

1607	Erste englische Ansiedlung in Jamestown
1683	Eintreffen von Krefelder Mennoniten mit dem Schiff „Concord"
1776–1783	Unabhängigkeitskrieg der dreizehn Kolonien von England
1783	Pariser Friede – Ende des Unabhängigkeitskrieges
1787	Verabschiedung der amerikanischen Verfassung
1789	Wahl George Washingtons zum ersten Präsidenten der „Vereinigten Staaten von Amerika"
1791	Erklärung der Menschenrechte („Bill of Rights")
1800	Washington wird Hauptstadt
1803	Kauf Louisianas von den Franzosen
1812–1814	Krieg mit Großbritannien in der Amtszeit von Präsident James Madison
1819	Adams-Onis-Vertrag mit Spanien (USA erhalten Florida)
1823	Monroe-Doktrin
1845	Aufnahme von Texas in die Union
1846–1848	Krieg mit Mexiko in der Amtszeit Präsident James Knox Polk (USA erhalten Kalifornien und Neumexiko)
1847	Mormonen-Zug nach Utah
1848	Beginn des Goldrausches in Kalifornien
1854	Gründung der Republikanischen Partei
1861–1865	Sezessionskrieg der elf Südstaaten (Konföderierte Staaten von Amerika) gegen die Nordstaaten in der Amtszeit des Präsidenten Abraham Lincoln
1862	Homestead Act
1866	Civil Rights Act
1867	USA kaufen Alaska von Russland
1898	Spanisch-Amerikanischer Krieg (Annexion von Puerto Rico, Philippinen, Guam, Hawaii und des Protektorats Kuba) in der Amtszeit von Präsident William McKinley
1914	Eröffnung des Panamakanals
1917	Eintritt in den Ersten Weltkrieg in der Amtszeit von Präsident Thomas Woodrow Wilson
1918	Präsident Wilsons „14-Punkte-Programm"
1919	Beginn der Prohibition in den USA (Ende 1933)
1920	Senat lehnt Friedensvertrag von Versailles ab
1929	Schwarzer Freitag an der New Yorker Börse, Beginn der Weltwirtschaftskrise
1933	Erstes New-Deal-Maßnahmenpaket
1934	Zweites New-Deal-Maßnahmenpaket

1941	Eintritt in den Zweiten Weltkrieg in der Amtszeit von Präsident Franklin D. Roosevelt
1947	Truman-Doktrin
1948	Beginn des Marshallplan-Hilfsprogramms
1949	Gründung der NATO
1950–1953	Koreakrieg
1955	Vereinigung der Gewerkschaftsverbände AFL und CIO zum Dachverband AFL-CIO; Beginn der Busboykotte durch Martin Luther King in Alabama
1956	Eisenhower-Doktrin
1962–1972	Amerikanisches Vietnam-Engagement und Vietnamkrieg
1962	Kubakrise
1963	Ermordung des Präsidenten John F. Kennedy, Rassenunruhen in Alabama
1964	Civil Rights Act
1968	Ermordung von Martin Luther King und Robert Kennedy
1969	Landung des Astronauten Neill Armstrong auf dem Mond
1972	Präsident Nixon in Peking, Ratifizierung des SALT-1-Abkommen ratifiziert
1972–1974	Watergate-Affäre, auf die der Rücktritt von Präsident Nixon folgt
1979	Friedensschluss von Camp David zwischen Israel und Ägypten
1979–1980	Besetzung der US-Botschaft in Teheran
1986	Bombenangriff auf Libyen
1987	Iran-Contra-Affäre
1991	Golfkrieg
1998–1999	Amtsenthebungsverfahren gegen Präsident Clinton
2001	George W. Bush wird 43. Präsident
11. 9. 2001	Terroranschläge auf New York und Washington
15. 9. 2001	NATO stellt erstmals in der Geschichte den Bündnisfall fest
7. 10. 2001	Beginn der Operation „Enduring Freedom" mit Militärschlägen gegen Afghanistan
20. 3. 2003	Beginn der Operation „Iraqi Freedom" mit Militärschlägen gegen den Irak

Detaillierte Informationen und Geschichten zur Entstehung der Vereinigten Staaten von Amerika findet man im Internet und in zahlreichen Büchern. Diese Zusammenstellung stammt von www.auswaertiges-amt.de.

Die US-Nationalhymne: Star-Spangled Banner

Bei offiziellen Anlässen (Veranstaltungen, Sportwettkämpfe etc.) wird normalerweise nur die erste Strophe des Star-Spangled Banner gesungen. Die dritte Strophe wird wegen ihrer stark antibritischen Tendenz nicht zur Nationalhymne gezählt. Fast überall ist der „Sternenbanner“ (US-Flagge) gehisst. Auf meiner Schule gab es in jedem Klassenzimmer eine.

*1. O, say can you see,
by the dawn's early light,
what so proudly we hailed
at the twilight's last gleaming,
whose broad stripes and bright stars,
thru the perilous fight,
o'er the ramparts we watched
were so gallantly streaming?
And the rockets red glare,
the bombs bursting in air,
gave proof through the night
that our flag was still there.
O, say, does that
Star-Spangled Banner yet wave
o'er the land of the free
and the home of the brave?*

*2. On the shore dimly seen
thru the mist of the deep,
where the foe's haughty host
in dread silence reposes,
what is that which the breeze,
o'er the towering steep,
as it fitfully blows,
half conceals, half discloses?
Now it catches the gleam
of the morning's first beam,
in full glory reflected
now shines in the stream.
This the star-spangled banner
o long may it wave
o'er the land of the free
and the home of the brave!*

*3. And where is that band
who so vauntingly swore
that the havoc of war
and the battle's confusion
a home and a country
should leave us no more?
Their blood has washed out
their foul footsteps' pollution.
No refuge could save
he hireling and slave
from the terror of flight,
or the gloom of the grave:
And the star-spangled banner
in triumph doth wave
o'er the land of the free
and the home of the brave!*

*4. Oh! thus be it ever,
when freemen shall stand
between their loved homes
and the war's desolation!
Blest with vict'ry and peace,
may the Heav'n-rescued land
praise the Power that hath made
and preserved us a nation.
Then conquer we must,
for our cause it is just,
and this be our motto:
„In God is our trust.“
And the star-spangled banner
in triumph shall wave
o'er the land of the free
and the home of the brave!*

Im Gesetzbuch der USA wird die erwartete Körperhaltung dazu vorgeschrieben:

1. Wenn die Flagge gehisst ist,
   a) sollen alle Anwesenden mit Ausnahme derjenigen, die eine Uniform tragen, strammstehen, sich zur Flagge wenden und die rechte Hand auf das Herz legen;
   b) sollen Männer, die keine Uniform tragen, ihre Kopfbedeckung mit ihrer rechten Hand abnehmen und sie so an die linke Schulter halten, dass sich ihre Hand über dem Herzen befindet;
   c) sollen uniformierte Personen von der ersten bis zur letzten Note der Hymne salutieren.
2. Sollte keine Flagge gehisst sein, sollen sich alle Anwesenden in die Richtung der Musik wenden und sich so verhalten, als würde die Flagge gezeigt.

Nach der großen Stille und dem Ende des Gesangs folgt ein begeisterter Jubel und der Beginn der Veranstaltung.

Pledge of Allegiance – Der Treueschwur

Die „Pledge of Allegiance" ist seit dem 11. September 2001 wieder sehr populär geworden. So ist es in vielen Schulen und Universitäten Gebrauch, diesen Spruch jeden Tag aufzusagen. Auf der Estancia High School wurde eine entsprechende Durchsage gemacht. Dabei steht man auf, hält die Hand aufs Herz und spricht nach. Ich denke, es kann nix schaden.

I pledge allegiance to the Flag of the United States of America,
and to the Republic for which it stands,
one Nation under God,
indivisible, with liberty and justice for all.

(Ich schwöre Treue auf die Fahne der Vereinigten Staaten von Amerika
und die Republik, für die sie steht,
eine Nation unter Gott,
unteilbar, mit Freiheit und Gerechtigkeit für jeden.)

Maße und Gewichte

In den USA gibt es viele andere Maßeinheiten. Einige davon sind für uns viel komplizierter, da sie nicht auf unserem Zehnersystem basieren (vergleiche etwa Zentimeter mit Inches). Komischerweise haben Amerikaner mit unseren Systemen auch ihre Probleme, trotz Zehnersystem. Hier die gängigsten Tabellen und Formeln zum schnellen Umrechnen von amerikanischen Einheiten in deutsche und umgekehrt.
Es gibt viele kostenlose Programme und Webseiten online. Moderne Handys besitzen zum Teil integrierte Umrechner.

Gewichtsmaße

Einheit	Kürzel		Einheit
1 ounce	(oz)	=	28,35 g
1 gram	(g)	=	0,35 oz
1 pound	(lb)	=	0,45 kg
1 kilogram	(kg)	=	2.20 lb
1 pound	(lb)	=	16 oz
1 ounce	(oz)	=	0,0625 lb
1 ton	(t)	=	907,2 kg

Mengen in cup

Mehl und Puderzucker

1/8 cup	15 Gramm
1/4 cup	30 Gramm
1/3 cup	40 Gramm
3/8 cup	45 Gramm
1/2 cup	60 Gramm
2/3 cup	75 Gramm
3/4 cup	85 Gramm
1 cup	120 Gramm

Butter und Zucker

1/8 cup	30 Gramm
1/4 cup	55 Gramm
1/3 cup	75 Gramm
3/8 cup	85 Gramm
1/2 cup	115 Gramm
2/3 cup	150 Gramm
3/4 cup	170 Gramm
1 cup	225 Gramm

Flächenmaße

1 square inch	(in^2)	=	6,45 cm^2		
1 cm^2		=	0,155 in^2		
1 square foot	(ft^2)	=	144 in^2 = 929 cm^2		
1 cm^2		=	0,00108 ft^2		
1 square yard	(yd^2)	=	0,840 m^2		
1 m^2		=	1,197 yd^2		
1 acre		=	0,4047 ha		
1 ha		=	2,4711 acres		
1 square mile	(mi^2)	=	2,589 km^2		
1 km^2		=	0,386 mi^2		

Hohlmaße

1 cubic inch	(in^3)	=	16,39 cm^3		
1 cm^3		=	0,061 in^3		
1 cubic foot	(ft^3)	=	1728 in^3	=	28,3 dm^3
1 liter		=	1 dm^3	=	0,0353 ft^3
1 U. S. pint	(pt)	=	0,472 l		
1 liter		=	2,1136 pt		
1 U. S. quart	(qt)	=	2 pt	=	0,946 liter
1 liter		=	1,0568 qt		
1 U. S. gallon	(gal)	=	4 qt	=	3,785 liter
1 liter		=	0,2643 gal		

Längenmaße

1 inch	(i / '')	=	2,54 cm
1 centimeter	(cm)	=	0,39''
1 foot	(ft)	=	0,30 m
1 meter	(m)	=	3,28 ft
1 yard	(yd)	=	0,91 m
1 meter	(m)	=	1,09 yd
1 mile	(mi)	=	1,61 km
1 kilometer	(km)	=	0,62 mi

Kleidergrößen

Damenkleidung

D	34	36	38	40	42	46
USA	8	10	12	14	16	20

Damenschuhe

D	36	37	38	39	40	41	42
USA	5	6	7	8	9	10	11

Herrenkleidung

D	44	46	48	50	52	54	56	58
USA	34	36	38	40	42	44	46	48

Herrenhemden

D	36	38	39	41	42	43	44	45
USA	14	15	12½	16	16½	17	17½	18

Herrenschuhe

D	39	40	41	42	43	44	45	46
USA	7	7½	8	8½	9½	10½	11	11½

Kinderkleidung
Das Alter des Kindes entspricht der Größe. Ist ein Kind also zum Beispiel vier Jahre alt, so ist die US-Größe 4.

Temperaturangaben

- Umrechnung Fahrenheit in Celsius: minus 32, das Ergebnis wird durch 1,8 dividiert.
- Umrechnung Celsius in Fahrenheit: multipliziert mit 1,8, dem Ergebnis werden 32 hinzuaddiert.

°F	°C	°C	°F
0	–17,5	–50	–58
10	–12,2	–40	–40
20	–6,7	–30	–22
30	–1,1	–20	–4
40	4,4	–10	26
50	10,0	0	32
60	15,5	10	50
70	21,1	20	68
80	26,7	30	86
90	32,2	40	104
100	37,8	50	122

Kulturschock back home!

Auf dem Rückflug schwirrt alles durch den Kopf: Man hört die Stimmen der eigenen Landsleute, liest deutsche Magazine der Airline und hört deutsches Radio. Beim Aussteigen wird es noch viel verrückter! Für einige kann dies in einem Kulturschock enden. Langeweile, verlorene Liebe, Gefühle, Zurückkehren der alten Zustände, Erinnerungen an das schöne Jahr, Nahrung, Schlafrhythmus: Das alles kann in einem relativ kurzen Zeitraum zu einem Kulturschock führen. Man bekommt schlechte Stimmung, möchte nichts essen, niemanden sehen und nur noch in das Gastland telefonieren. Dann machen sich auch noch die leiblichen Eltern Sorgen und ziehen eventuell die Gasteltern zur Verantwortung. Aber auch hier gilt: Versuche, dich aktiv wieder einzuleben, überwinde den Jetlag und geh nach draußen! Doch sei nicht verwundert, wenn deine Freunde nicht so begeistert über dein Auslandsjahr sind. Sie können sich nur wenig in deine Lage versetzen. Das kann nur eines der vielen individuellen Probleme werden. Denke immer daran: Das, was du in diesem einen Jahr erlebt hast, ist von unschätzbarem Wert und wird dich dein ganzes Leben begleiten!

Falls du Beschäftigung vermisst, kannst du dich schon einmal auf die neue Schule vorbereiten und dein Leben strukturieren. Ein neues Leben starten? Dein Zimmer neu einrichten, neue Klamotten kaufen, neue Freunde finden!

Tipps zum Wiedereinleben

Auch wenn du nach dem Jahr wieder zu Hause bist, könnte ein ziemlicher Kulturschock „ausbrechen". Dies war bei mir der Fall. Es fühlt sich alles wieder alt und doch fremd an. Aber die Anpassung geht meistens schneller als bei der Ankunft im Gastland. Tipps zum Wiedereingewöhnen:

- Schwärme vor deinen Eltern nicht zu sehr von deinen Gasteltern. Dies kann deinen Eltern Sorgen bereiten.
- Wundere dich nicht, wenn du spannende Geschichten erzählst, die Leute aber nach kurzer Zeit nicht mehr zuhören. Es wird ihnen schwer fallen, deine Erlebnisse nachvollziehen zu können. Hilf dir mit Bildern und Souvenirs.
- Akzeptiere dein Heimatland. Du hast in einem Jahr so viel erlebt, dass du den Eindruck haben könntest, das Leben im Ausland sei viel

aufregender. Du hast wirklich in einem Jahr so viel erlebt, was einige deiner Schulkameraden (hier und im Gastland) nicht mal in ihrem ganzen Leben erlebt haben.

- Beschäftige dich und versuche deine Erfahrungen zu nutzen. Halte den Kontakt zu anderen Austauschschülern. Sie verstehen dich am besten. Lerne neue Leute kennen und hilf, andere Kulturen und Menschen zu schätzen.
- Akzeptiere, dass man sich auseinander lebt: Über ein Jahr hat man sich sehr verändert. Es benötigt einige Zeit, sich wieder aneinander zu gewöhnen.
- www.ikkompetenz.thueringen.de bietet weitere Tipps zum Wiedereinleben.

Mehr Infos?

Dieses Buch ist natürlich kein Lexikon zum Thema Austauschschuljahr. Dies ist auch überhaupt nicht möglich, da die Seitenanzahl sonst eine vierstellige Quersumme erreichen würde. Die Grundinformationen kennst du – und beim Lesen des „Tagebuches" erfährt man noch einiges mehr. Doch ich versichere dir, dass die von dir ausgewählte Organisation jede Frage beantworten wird. Während meiner Vorbereitung konnte ich mit dem ganzen Informationsmaterial glatt die Alpen in Form von Papierstapeln 1:1 rekonstruieren! Jede Organisation besitzt eine Hotline und/oder eine E-Mail-Adresse. Fragen werden dir dort gerne beantwortet.

Unter www.daniel-bartel.de findest du einige weitere Informationen zum Thema. Fragen per E-Mail werde ich auch gerne persönlich beantworten! Dies ist mein Service für dein gesamtes Jahr – ob während der Planung bis hin zu den Problemchen, die nach dem Austauschjahr eintreten könnten. Natürlich gibt es auch Antworten im Forum.

Viele Schulen und Vereine bieten auch spezielle Informationsabende an. Dort haben Austauschschüler von ihren Erlebnissen berichtet und Vertreter der Schule wertvolle Tipps gegeben.

Statements zum Thema Schüleraustausch

Die folgenden Kommentare geben dir einen Eindruck und eine Portion Motivation für einen Schüleraustausch bzw. ein Gastschuljahr.

Als ich realisiert habe (nach ungefähr zwei Tagen), dass mein Bruder nach Amerika geflogen ist, fühlte ich mich wie ein Zwölfjähriger, dessen Eltern für ein paar Tage wegfahren. Ich hatte sturmfrei! Na ja, irgendwie genoss ich es auch ohne die kleine Streitereien zu leben, aber bald sollte sich herausstellen, dass mir genau diese kleinen Streitereien in meinem Leben fehlten. Ich vermisste meinen kleinen Bruder ... irgendwie – und meine Freude war groß, als er endlich nach einem Jahr wieder zu Hause war.
Kay Bartel (19), mein Bruder

An entire year in another country, sharing your experiences, and living your dreams. It is a year that you will never forget and always will be reminded of. I can not imagine how my life would be now, had I not been abroad. My advice: If you ever get a chance to do something like this, take it, or you will regret it for the rest of your life. What else can I say? You will not fully understand all that I just said without having done something like it.
Sjors van Fulpen (19, aus den Niederlanden), war 2004/2005 in New Mexico

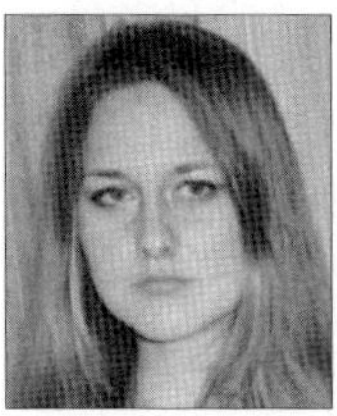

Meine Mutter hatte die Idee, und ich fand es einfach nur toll für ein Jahr nach Amerika zu reisen. Außerdem wollte eine andere gute Freundin von mir auch weg, und so hatte ich die meiste Zeit eher Vorfreude als Angst; die kam erst so zwei Monate vorher. Mut hat man meiner Ansicht, wenn man eigentlich Angst davor hat und sich dann traut, diese Angst zu überwinden. Bei mir war in dieser Anmeldungsphase überhaupt keine Angst vorhanden, das einzige, was mich beschäftigte, welche Kurse ich in USA belegen muss, damit ich die Elfte überspringen kann. Ich wollte sowieso einfach mal raus und brauchte den Abstand von allem ...
Jane Schmidt (22), war 2000/2001 mit 16 Jahren in New Mexico

Mein Austauschjahr in den USA war das bewegendste, einflussreichste und wichtigste Jahr meines Lebens. Ich habe viel über mich und meine Grenzen gelernt, aber vor allem das Lachen. Relaxen und Spaß mit Freunden statt Stress und Einzelkämpfer-Dasein. Jetzt sehe ich vieles positiver, alles hat einfach einen anderen Stellenwert im Leben bekommen. Das Jahr hat mich zu dem gemacht, was ich jetzt bin und in Zukunft sein werde.
Wiebke Siemann (19), Gastschülerin (2004/2005) in Nebraska

The reason I love EF and my job is because of the people. It is amazing to watch the students grow and experience America and New Mexico. My family is extended around the world. Every year students come back to visit and it is wonderful. It is an awesome experience to share New Mexico with the world.
Mary Wetterman, EF-Betreuerin (RC und IEC) in New Mexico. Sie hat sich unermüdlich für ihre Gastschüler eingesetzt, Gasteltern ausgewählt und mein Jahr unvergesslich gemacht.

Uns Eltern ist wichtig, dass unser Sohn bereits im Alter von 17 Jahren aufgrund der fortschreitenden Globalisierung internationale Erfahrungen sammelt. Ein Schuljahr in den USA in einer einheimischen Familie und das tägliche Miteinander mit Gleichaltrigen in einer anderen Kultur sollten hierzu die besten Voraussetzungen bieten, Fremdsprachen fern der Heimat spielerisch zu erlernen und Anpassungsfähigkeit, Flexibilität und Selbstständigkeit außerhalb der heimischen Familie zu optimieren. Auch das sind für uns Gründe für einen elfmonatigen Aufenthalt in den USA.
Claus und Heidemarie Bartel, meine Eltern

I had the best time ever in America, and I have enough awesome memories to last a lifetime!
Birgitte Jensen, Gastschülerin (2004/2005) und Camp-Returnee aus Dänemark

Ich hatte schon immer den Traum irgendwann mal ein Jahr im Ausland zu verbringen, ob vor oder nach meinem Schulabschluss. Der Hauptgrund, warum ich diesen großen Schritt wagen wollte, war, die Sprache flüssig sprechen zu können, eine andere Kultur kennen zu lernen, die Erfahrung, mit einer anderen Familie zu leben und natürlich neue Freunde zu finden. Nun bin ich hier.
Ich bin sehr glücklich mit meiner Gastfamilie. Wir verstehen uns sehr gut. Ich habe zwei kleine Gastgeschwister, drei und fünf Jahre alt. Sie sind total süß, und das tolle daran ist, dass ich nun sozusagen zwei kleine Halbgeschwister habe. In Deutschland habe ich keine Geschwister, und deswegen war es erst eine kleine Umstellung, aber nun kann ich mir gar nicht mehr vorstellen, ohne sie zu leben. Genau dasselbe Problem habe ich mit meinen Gasteltern – ich habe sie so in mein Herz geschlossen, dass ich sie gar nicht mehr verlassen möchte. Natürlich vermisst man seine Eltern und Freunde. Manchmal besonders, wenn man vielleicht mal krank ist, aber das wird mit der Zeit immer besser, da einem die Gastfamilie ja auch zur Seite steht, und da man hier ja auch neue Freunde findet.
Es gibt schon echt verrückte Amerikaner. Hier auf der Schule laufen echt alle möglichen Leute rum. Ich muss sagen, auf eine amerikanische High School zu gehen, bringt mehr Spaß, als in Deutschland zur Schule zu gehen. Es ist viel einfacher, und man kann über 250 Fächer wählen. Besonders als Einzelkind, denke ich, ist es wichtig. In Deutschland bin ich viel betüttelt worden, aber nun bin ich eine selbstständige junge Frau geworden, und ich denke, es ist sehr wichtig, denn bald ist man erwachsen und muss auch selbst zurechtkommen.
Ich bin nun erst ein halbes Jahr hier und Weihnachten steht vor der Tür, aber ich kann jetzt schon sagen, dass dieses Jahr sicher das beste meines Lebens sein wird!
Lena-Marie Bremer (16), Gastschülerin (2005/2006) in Port Washington, New York

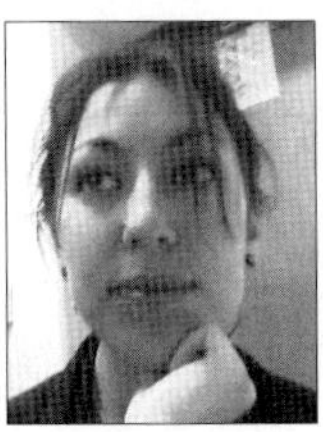

An international exchange between two countries has been a great experience because not only have I learned about another country but also being around somebody from another part of the world has been extraordinary because I can see another lifestyle and culture and different opinions.
Victoria Padilla (16), US-Schülerin aus New Mexico

Ein Austauschjahr ist in vielerlei Hinsicht eine Bereicherung – persönlich, zwischenmenschlich, kulturell und vor allem auch sprachlich.
Als Sprachlehrer kann ich den Wert eines solchen Jahres gar nicht hoch genug einschätzen, denn eine Sprache lernt man am besten immer dort, wo sie auch gesprochen wird.
Rainer Book, Englischlehrer, Berufskolleg Düren

The reason we have liked to have foreign exchange students is because it is very interesting to learn how other countries can be so different from ours. The United States is a country very different from other countries in the way people live. We have experienced having several students that most of our students are very motivated and hard working. In our era we were hard working but it seems that our younger generations (in the US) are very lain back and lazy. But to me it has been a great experience to see how students in other countries are more eager to learn. We have had a great opportunity to visit other countries and this has been a great experience to us.
Navolena und Gilbert Lucero, meine Gasteltern (2004/2005)

Ein einjähriger Aufenthalt in den USA ist aus Sicht des Fachs VWL zu empfehlen. Die Schüler lernen dort die reine Marktwirtschaft als Wirtschaftsordnung kennen und können diese mit der sozialen Marktwirtschaft in Deutschland vergleichen. Auch Unterschiede in der Wirtschaftspolitik, gestützt auf unterschiedlichen Theorien, zum Beispiel zur Bekämpfung der Inflation, werden als Teil der Gastfamilie erlebt.
Silke Fürst, Fachlehrerin für Volkswirtschaftslehre, Berufskolleg Düren

To have an exchange student was an eye opening experience for me and my children.
To see how other countries see the United States and how different the school systems are.
Silvia Newton, US-Bürgerin und Gastmutter aus New Mexico (2004/2005)

We had a wonderful time in the US.
We laughed a lot and we learned a lot, like a hot dog just doesn't taste right without a ball game in front of it. We made a lot of new friends, but sometimes when life was hard we kept this in mind: When no one loves you, you have to pretend that everyone loves you! The time we spent there was the best! And we would definitely do it over, if we got the chance! Go America!
Sven Schimmel und Marthe Berg Reffhaug, Gastschüler (2004/2005) und Camp-Returnees aus Deutschland und Norwegen

Ich war im Schuljahr 2004/2005 Austauschschüler in Weiser, Idaho, in den USA. In diesem Jahr bin ich auf die High School gegangen und konnte viele neue Sachen ausprobieren, die ich vorher nicht kannte. Football, Prom oder auch nur das amerikanische Essen sind definitiv eine Entdeckungsreise wert. Auch persönlich habe ich mich in diesem Jahr weiterentwickelt und bin erwachsener geworden.
Mein Englisch und meine Erfahrungen sind eine große Hilfe und werden mich immer begleiten, genauso wie die vielen Freunde und eine zweite Familie, die ich in einem Jahr gewonnen habe. Ich wünsche mich jede Minute an die Stelle von jemandem, der dieses großartige Erlebnis noch vor sich hat. Es kann das schönste Erlebnis deines Lebens sein!
Christopher Behrens, Gastschüler (2004/2005) und Camp-Returnee aus Deutschland

Mein Austauschjahr in Kanada ist jetzt nicht mehr weit und ich zähle seit einem Monat die Tage bis zu meinem Abflug.
Als ich erfuhr dass ich das Jahr 2006/2007 bei den Mulders in Belleville, Ontario, verbringen würde, war ich total glücklich, dass mir diese einmalige Chance, ein Austauschjahr zu erleben, ermöglicht wurde.
Ich freue mich riesig darauf und bin gespannt, was mich dort alles erwartet.
Carola Midori Nafz, Gastschülerin (2006/2007) aus Heidelberg

Stichwortverzeichnis

Dank

gilt meinen Eltern Claus und Heidemarie Bartel, Gilbert and Navolena Lucero and Family, Familie Bartel, meinen Geschwistern Heike und Kay, meiner Schwester und Verlegerin Kerstin Piribauer und Ehemann Helmut, Wiebke Siemann

EF Foundation Berlin, Thomas Rachel (MdB)

American Red Cross, La Cruz Roja Mexicana, Deutsches Rotes Kreuz und Jugendrotkreuz im Landesverband Nordrhein, Kreisverband Jülich, und Ortsverein Linnich

Städtische Realschule Linnich, Berufskolleg kaufmännische Schulen des Kreises Düren – Klasse WG1a (Abi 2008)

Sjors van Fulpen and the Team of the „Language & Culture Camp 2005"

Jennifer mit ihren Eltern Schmidt-Kowalsky, Jane Schmidt und Freund Florian, Stefan Mayrhofer, „The Wettermans", „The Newtons"

Familie Witkopp, Maria Mock, Dr. Axel Beck, Patrick Hecht, Mark Hartmann, meinen ehemaligen Klassenlehrerinnen Frau Barbara Engels und Frau Eva Geppert

the Community of Estancia and Chilili, New Mexico, Estancia Municipal Schools

... und allen meinen Freunden und Feinden, die vor, während und nach dem Austauschjahr zu mir gehalten haben!